"一校一策"课程体系建设丛书　　杨四耕　　丛书主编

李百艳
刘玉华
主编

「一校一策」课程实施

华东师范大学出版社
·上海·

图书在版编目(CIP)数据

"一校一策"课程实施/李百艳,刘玉华主编.
上海:华东师范大学出版社,2025.—("一校一策"
课程体系建设丛书).—ISBN 978-7-5760-5866-6

Ⅰ.G423

中国国家版本馆 CIP 数据核字第 2025FZ2414 号

"一校一策"课程体系建设丛书

"一校一策"课程实施

主　　编　李百艳　刘玉华
责任编辑　刘　佳
项目编辑　林青荻
特约审读　李　瑞
责任校对　陈梦雅
装帧设计　卢晓红

出版发行　华东师范大学出版社
社　　址　上海市中山北路 3663 号　邮编 200062
网　　址　www.ecnupress.com.cn
电　　话　021-60821666　行政传真 021-62572105
客服电话　021-62865537　门市(邮购)电话 021-62869887
地　　址　上海市中山北路 3663 号华东师范大学校内先锋路口
网　　店　http://hdsdcbs.tmall.com

印 刷 者　浙江临安曙光印务有限公司
开　　本　787 毫米×1092 毫米　1/16
印　　张　16.5
字　　数　177 千字
版　　次　2025 年 4 月第 1 版
印　　次　2025 年 4 月第 1 次
书　　号　ISBN 978-7-5760-5866-6
定　　价　56.00 元

出 版 人　王　焰

(如发现本版图书有印订质量问题,请寄回本社客服中心调换或电话 021-62865537 联系)

编委会

主编

李百艳　刘玉华

编委

高　萍　陆　英　唐广贤　徐　汶
严联红　杨丽莉　尤庆荣　朱孔洋

丛书总序

众所周知,课程文化是课程研究的重要领域。然而,课程文化是一种怎样的存在? 它是由什么构成的? 课程文化的本质是什么? 如何推进学校课程文化变革? 怀特海在《过程与实在》一书中指出:事件才是宇宙的唯一组成部分。维特根斯坦在《逻辑哲学论》中也指出:世界是一切发生的事情;世界是事实的总体,而不是事物的总体。应该说,事物和事实是不同的,我们看到的世界不是静止孤立的单个事物,而是处于不断变化中的事实状态。基于这一观点,笔者认为,课程是文化的存在,文化是课程的存在方式和存在本身。课程文化不仅仅是事物的集合,更是事件的生成,并以事件本体论立场赋予自身以合法性。课程文化是课程的事物形态和课程的事实状态的合生体,应该从"事物"和"事件"两个方面进行理解。

从"事物"角度看,课程文化是一组文化要素。 文化是人类精神活动的产物以及衍生出来的实物,其中蕴含信仰、价值观、规范、技术和语言等要素。从"事物"角度看,课程文化包含信仰、价值观、规范、技术和语言等文化要素,这些文化要素构成了课程文化的此在和基质。

课程文化的内核是信仰。信仰是课程文化的价值系统,是课程文化的核心要素,是对课程价值基础的笃信和奉行。课程文化是信仰的文化表达,信仰是课程文化的终极体现。信仰是一种精神追求,是学校课程发展的精神动力。从这个意义来说,课程文化是一种力量。

课程文化的基石是价值观。价值观是基于思维而作出的认知、理解、判断和选择,也就是明辨是非的思维取向。价值观的本质是一种判断、一种选择。课程文化内蕴价值系统,特定的价值观为课程文化导航,是课程文化的基石。

课程文化的载体是规范。课程文化包含着明文规定或约定俗成的标准,如课程制度等。学校课程制度是为学校课程开发和实施提供价值引领与行为索引,为学校课程变革提供价值辩护、程序说明、技术规范以及改进提升的工具,具有教育性、价值性、策略性、规约性和反思性等基本特征。可以说,制度规范是课程文化的运行载体,是课程文化的合理构成。

课程文化的表现是技术。技术是关于特定领域有效的理论和研究方法的全部,以及在该领域为实现一定目标而设计解决问题的规则的全部,核心是回答"做什么"和"怎么做"的问题。文化内蕴着行动,如何行动便成为课程文化的旨趣。课程文化是一种自为的实践文化,有着清晰的行动逻辑与技术要旨。技术的基本任务是规划课程、设计课程、编制课程、实施课程、评价课程以及管理课程,以更好地满足学生的学习需求。

课程文化的家园是语言。海德格尔说:语言是存在的家。每一种课程文化都有自己的语言,都有自己的假设、目的和要求。文化不同,语言自然不同,其中的思想、观念也就很不一样,假设和要求自然也就不同。课程文化是澄明着和遮蔽着的道的存在,语言和文化具有共生性。课程文化总是以语言的形式存在,总是寓于语言之中,或澄明,或遮蔽,只要在场,就会有意义。

一句话,从"事物"角度看,课程与文化不是二元的,而是密不可分的整体。课程内蕴文化,文化渗透课程,二者的完美结合生成了意义整体——课程就是文化,我们谓之为"课程文化"。

从"事件"角度看,课程文化是一个生成过程。课程文化不是简单的要素组合。正如巴迪欧在《存在与事件》一书中所言:"真正的哲学并非始于文化的、语言的、制度的等结构事实,而是仅始于发生的事件,始于仍保持完全不可逆料的突现形式的事件。"实质上,事件是通向解放的唯一方式。换言之,作为"事件"的课程文化之真理即是在完整的课程实践中成就人、发展人和完善人。从"事件"角度看,课程文化是一个不可能重复出现的生成过程,处于不断运动变化着的育人实践状态之中。

作为"事件",课程文化是"合生"的过程,是课程文化诸要素相互参与和多维互动的创造过程,是"事件"的生成与发生过程。"一种文化首先意味着一种眼光。"课程文化是我们做事的眼光、处事的方式或思维的习惯,是生长着的"事件",是我们理解课程实践、推进课程变革的眼光。

值得说明的是,课程文化虽然是一个"事件",但在本体论意义上,课程文化仍然是一种不易感知的"事件"。文化与日常生活融为一体,无法分辨,文化以未被审视的方式作用于人。人们一般意识不到他们身边的文化,因为此类文化表现为平常的生活,表现为看上去正常和自然的东西;文化以无意识的状态或者说未被检查的状态悄悄地让我们作出选择、进入生活。课程文化也是如此,它总是以无意识的状态悄悄地作用于课程育人实践,总是在人们蓦然回首时静悄悄地发生。

当然,课程文化的这种无意识状态并不妨碍我们认识课程文化,我们仍然可以用智慧感知课程文化的存在,仍然可以用眼睛捕捉课程物质文化、制度文化、行为文化和精神文化。课程物质文化是以物质形态存在的设施和空间,这是课程文化赖以存在的物质基础与场域条件;课程制度文化是学校制定的规约课程实践的活动程序和价值规范,是在学校课程变革过程中形成的价值体系和活动规则;课程行为文化是行为主体在长期的课程实践过程中形成的处理课程事务的一以贯之的行为方式,这种行为方式具有长期稳定性、潜意识性和自觉性等特点;课程精神文化是学校课程文化的核心,是主导学校课程实践的理念和精神,通常会借助富有哲理的语言加以概括,如办学理念和课程理念等。这些课程文化要素,我们可以"看见"它们的合生性存在,也可以"分辨"它们的原子性存在。

综上,课程文化作为"事件",不仅仅是一个静态概念,而且是动态的、实践的和生成着的过程。在更宽泛的意义上,课程文化作为"事件"表征着参与事件的人与物之间的关系。因此,有关课程文化的阐释需要从"事件本体论"的角度予以确认。"事件本体论"以事件作为课程文化知识表征单元,为求解课程文化的内涵提供了新的思路,以文化的生成性标示了学校课程文化变革的进路。基于此,我们可将课程文化理解为事件之展开而不仅仅是事物之集合,由此所展现的将是课程文化要素、课程文化形态、课程文化主体共同构成的一幅兼容动人的文化图景。

2023 年,教育部办公厅印发《基础教育课程教学改革深化行动方案》,要求坚持因校制宜"一校一策",制订学校课程实施规划,把国家统一制定的育人"蓝图"细化为学校的育人"施工图",明确课程教学改革的具体路线和措施,提出问题破解之策。学校要立足办学理念和学生发展需要,分析资源条件,因校制宜规划学校课程及其实施,以促进学生全面而有个性地发展,高质量落实国家课程,建设校本课程,构建体现学校办学特色的课程育人体系。"'一校一策'课程体系建设丛书"正是在这样的背景下产生的。

马克思说:"社会生活在本质上是实践的。凡是把理论诱入神秘主义的神秘的东西,都能在实践中以及对这种实践的理解中得到合理的解决。"实践是课程文化价值实现的根本途径,推进学校课程文化变革,需要进一步把握学校课程实践的内在机制。

"一校一策"课程体系建设系列成果说明:立足课程文化的"事物"与"事件"本

质,推进学校课程文化变革可以采取"概念先行——实践验证"的方式,也可以采取"实践探索——归纳提炼"的方式。大多数情况下,学校课程文化变革宜采取"理论、研究与实践互动"的方式,这种方式不完全依赖于概念或理论,也不脱离学校实际情境。在学校课程实践中,我们可以学校课程情境为基础,以课程实践问题为切入点,以理论为指导,以概念为圆心,边研究边行动,在实践中总结提炼,又在实践中加以验证与改造,在理论与实践的互动互补、碰撞对话中生成学校独有的课程文化框架。

杨四耕

2024 年 7 月 5 日于上海市教育科学研究院

目　录

前言

问题导向的学校课程发展模式 / 1

第一章

价值的弥漫性：将教育哲学渗入课程实施 / 1

作为一种观念性存在，学校教育哲学是学校文化的本质抽象和精神提取，它是立足学校独特的历史传统和发展定位而提炼出来的教育价值观和内涵发展方法论，对于促进课程发展具有不可替代的价值。学校教育哲学的提炼要坚持学校的特色性和主体的创造性统一、文化的继承性和发展的趋势性统一、参与的民主性和决策的集中性统一、理念的系统性和实践的整体性统一。

一校一策

聚光灯课程：
给予儿童点亮
世界的能量

第一节　为成长汇聚光芒 / 7

第二节　让生命充满光芒 / 11

第三节　汇聚知识的能量 / 12

第四节　让生活绽放光芒 / 17

第二章

目标的聚焦性：以育人目标引领课程实施 / 41

育人目标是学校教育价值观的集中体现，决定着学校的办学方向，是课程实施的出发点和归宿。纵观当下课程变革实践，很多学校热情很高，但成果却呈现出拼盘式、大杂烩或碎片化的状态。学校课程变革应基于理性精神之诉求，按照过程哲学指引下的目标管理要求,确定学校育人目标、厘定学校课程目标、建构学校课程体系,围绕育人目标的实现来推进课程育人过程。

一校一策

"祥π"课程:
给予每一个生命
无限美好的体验

第一节　为生命播下美好种子 / 46

第二节　让童年遇见无限美好 / 48

第三节　让每一个生命体验无限美好 / 51

第四节　让每一个生命开出至善至美的花朵 / 56

第三章

框架的结构性:以科学分类支撑课程实施 / 73

　　每一所学校都应有自己的课程结构,要明确学校课程体系中各种课程类型及具体科目的组织、搭配所形成的合理关系与恰当比例。因此,学校课程实施要处理好课程质的结构、类的结构和量的结构之间的关系,以科学的分类构建课程框架,支撑课程的实施。实践表明,课程框架的构建要关注"实质结构""形式结构"和"时间结构",基于特定的逻辑对学校课程进行科学分类,做到不交叉、不重复,准确把握学校课程设计的价值取向、分类布局和时间分配。

一校一策

竞千帆课程:
让每一个生命
扬帆远航

第一节　汇聚儿童扬帆远航的能量 / 76

第二节　让每一个生命心有所向 / 79

第三节　给予儿童乘风破浪的力量 / 86

第四节　扬起逐梦未来的风帆 / 90

第四章
内容的生成性：以丰富的内容完善课程实施 / 103

课程是生成性的。教师依托多样化的课程内容促进学生积极参与，激发其深度思考与理解，进而通过多元素间的交互作用，衍生出更为丰富的生成性课程内容。学生在构建知识体系的过程中，通过与文本和同伴的交流互动形成个性化的理解和认知。教师、学生、文本三者间的对话所衍生的内容，呈现出动态性、丰富性的特征，体现了课程内容的生成性。

一校一策

幸福港课程：
让每一艘生命航船
驶向幸福的港湾

第一节　让每一艘生命航船驶向诗和远方 / 106

第二节　让每一个儿童成为有力量的航船 / 110

第三节　让每一艘生命航船满载安宁幸福 / 116

第四节　让每一艘航船奋力驶向幸福港湾 / 121

第五章
学习的境脉性：以多维路径激活课程实施 / 145

课程实施的本质是以交往为主的实践活动，是师生共同的实践经历。深刻理解学习的境脉性，把握课程实施的实践逻辑，通过多维路径激活课程实施，是减小课程落差的关键。在课程实施过程中，师生携手构建学习的境脉，通过课堂教学、学科育人、社团活动、研学旅行、作业创意、家校共育、节庆活动等多维路径激活课程实施，达成课程改革的愿景。

一校一策

小潮童课程：
让儿童感受生命
成长的独特韵律

第一节　聆听生命成长的和谐韵律 / 151

第二节　吹响弄潮逐浪的嘹亮号角 / 154

第三节　搭建潮童成长的智慧阶梯 / 156

第四节　编织绚丽多彩的潮和画卷 / 157

第六章
评价的生长性：以多元评价促进课程实施 / 167

　　学校课程评价是课程研究的重要领域，是学校课程实施的重要促进力量。对学校课程进行科学评价，可以系统描述学校课程的存在样态与实际效果。课程是一个生长、改善和进步的过程，通过对课程的多元评价，可以全面了解学生的知识掌握和综合素质的发展情况，并以此为基础改进课程，促进课程的实施。

一校一策

泥之香课程：
让每个生命散发出
丝丝飘香的泥土气息

第一节　让生命散发出泥土气息 / 170

第二节　成长为接地气的中国人 / 172

第三节　给予生命蓬勃向上的力量 / 181

第四节　扎根泥土充分生长 / 189

教师参与课程有利于提高课程的适应性，推动课程的创造性实施。以专业力量深化课程实施，首要的是教师主体的积极参与。架构课程制度，激活课程意识；掌握课程知能，设计课程内容；点燃课程智慧，强化课程生成；唤醒课程主体，创意课程评价；依托课程联盟，参与课程治理。敦促教师专业主体参与课程实施过程，提高教师的课程建设能力，使教师参与课程建设的实践走深走实，真正促进课程改革。

一校一策

润红心课程：
给予每一个生命
积极向上的力量

第一节　擦亮每个孩子的生命底色 / 209

第二节　充盈每个孩子的成长之力 / 212

第三节　激发每个生命的希望之火 / 223

第四节　开启每个生命的绽放之旅 / 226

第五节　守护每个生命的成长之路 / 236

后记 / 240

前　言

问题导向的学校课程发展模式

学校是落实立德树人根本任务、实施国家课程的基本单位。学校课程是国家课程、地方课程和校本课程在学校场域中有机整合的结果,具有学校现实性、内容全面性、实施统整性、操作具体性和行动扎根性等特点。

我们经过十多年的学校课程实践,以评估诊断为基,设计推进课程改革路径,提炼学校课程实践智慧,建构了由问题诊断(Analysis)、系统设计(Plan)、实施推进(Practice)和反思提升(Reflection)四步循环、行之有效的 APPR 课程发展模式。

一、问题的提出

2001 年,《基础教育课程改革纲要》提出改变课程管理过于集中的状况,实行国家、地方、学校三级课程管理,增强课程对地方、学校及学生的适应性,由此结束了大一统课程局面,学校的课程意识被唤醒。2014 年,教育部发布《关于全面深化课程改革落实立德树人根本任务的意见》,肯定了课程改革在立德树人工作中发挥的重要作用,提出要"坚持系统设计""坚持重点突破""坚持继承创新",这为学校课程建设指明了方向。然而,在实践过程中,学校课程还存在以下现象。

1. 有碎片,无计划,随意性较强。学校课程在起步阶段,大多以教师设计实施为主,随意性大,缺少对学生需求的调研、调控,缺少专家和同行的专业指导。

2. 有框架,无逻辑,大杂烩堆积。学校有课程框架意识,但各校本课程间缺少关联,缺少与国家课程、地方课程的统整;实施过程缺少科学监管,整体的逻辑性、系统性无法得到保障,逻辑体系没有形成。

3. 有经验,无反思,低水平重复。学校有大量的课程经验,但缺少在反思基础上的提升,始终处于低水平重复状态。

本成果聚焦于问题导向的学校课程实践,要解决的主要问题是:如何诊断、分析学校课程发展的基础和问题? 如何形成合理有效的、符合逻辑的学校课程架构? 如何在实践中与时俱进地对学校课程进行校本化的迭代更新? 如何形成相关机制,让更多学校投入课程改革之中?

二、解决问题的过程和方法

（一）解决问题的过程

从 2006 年至今，我们经历了四个实践探索阶段。

1. 点上探索，积累经验。围绕"一所学校，一类课程"的实践探索理念，光明学校在建设"琴棋书画"特色课程的基础上提出"人文探究学校"的理念，逐渐形成了1—9 年级分层递进的课程框架，积累了学校课程建设的经验，形成了学校课程发展的基本架构。

2. 整体设计，建构模型。把光明学校的经验移植到南汇二中，研制学校课程规划，整体设计学校课程。运用分析综合的方法，将课程发展的目标模式、过程模式、实践模式、情境模式、理解模式和文化模式等予以整合，建构 APPR 课程发展模式，总结其实践操作要点。

3. 校际联动，学区辐射。将 APPR 课程发展模式应用到学区内的初中学校，实现校际联动和学区辐射。我们补充了上海市"绿色指标"评价数据的问题诊断系统；基于文献梳理和问卷调查，诊断、分析学校课程的优势与问题，完善学区内初中学校课程体系，并通过"圆点—涟漪"辐射到学区学校，优化了学区内初中学校的课程体系。并由九年一贯制学校先行，将诊断工具针对小学阶段特征进行调整，后延伸至学区内小学试行。

4. 全面优化，多向推广。根据"绿色指标"结果做增值分析，更新可选追因评价模块，借鉴 OECD 的 PISA、TALIS 数据等，全面优化学校课程发展工具。我们运用循环实证的方法，层层推进，多向推广，结合活动展示、报告、论文和操作性文本等不同形式，全方位辐射。在上海市第四期"双名工程"攻关基地 9 校、区校长基地、区名校长基地校等 5 所跨地域课程共同体校形成了"标杆—扩散"联动机制，产生了积极的反响。

此外，我们通过讲座形式在教育部校长中心、贵阳市、海南省白沙县、浦东新区教学工作会议、区青干班等单位或区域对成果进行展示和辐射推广。

（二）解决问题的方法

1. 问题诊断法。基于课程理念对学校相关文献进行梳理，对学校师生、校长进行问卷调查与访谈，深刻分析学校课程的优势与发展空间，以架构学校课程体系。在实践中结合上海国际化发展方向完善了校长问卷、教师问卷和学生问卷，修改了分析框架,增强了学生、教师和校长的自我意识,从最初的"外来者视角"过渡到学校与师生的"自我评价"视角,实现工具引领的课程主体转换。

2. 经验提炼法。主要采用三种提炼方式:基于三十余所学校的课程管理实践经验直接提炼;对通过调查获取师生信息中的间接经验进行提炼;科研专家对所指导区域和学校的课程实践经验进行再提炼。

3. 分析综合法。梳理多种课程模式理论,整合目标模式、过程模式、实践模式、情境模式、理解模式、问题解决模式等若干课程模型,完善实践路径。

4. 循环实证法。APPR课程模式的概念本身包含了由问题诊断、路径设计、实施推进和反思提升四步循环形成的行动模式,每一轮实践的反思即是以新的问题诊断开始,其结论也是下一个路径设计优化的起点。我们的课程实践也符合这一特征,从一所所学校的实践中层层推进,不断优化。

5. 评价导引法。在学校课程推进中特别注重评价研究,学校在推进每一项课程的实施时先基于文献与经验制定出评价方案,以评价引导实践。

三、成果的主要内容

在整理二十余种课程设计模式的基础上,形成基于评估诊断及循环实践的APPR学校课程发展模式:由问题诊断(Analysis)、系统设计(Plan)、实施推进(Practice)和反思提升(Reflection)四步循环。

(一) 问题诊断

开发了学校课程问题诊断工具群,清晰把握课程发展基础。即APPR的问题诊断包括三个层面:宏观层面指学校所在地域文化特征分析,中观层面指学校课程现状分析,微观层面指校内的课程问题与师生需要分析。宏观视角的文化分析包括两个方面:一方面是分析学校及其地域文化的历史视角,分析学校可继承的文化优势及发展空间;另一方面处于上海这个教育国际化之地,我们也要把学校、学生与教师放在国际教育发展的大背景之下,进行面向未来的分析。

诊断的方法包括观察法,查阅学校相关文献资料,根据教师问卷、学生问卷、校长问卷与访谈,由表及里,对学校概况、学校课程情境进行诊断评估,分析学校课程的优势与可发展空间,挖掘学校特色与教师、学生和社会文化资源。

1. 观察。指校外人员通过校园环境观察、学校大型活动、听课等活动对学校课程情况进行简单评估。

2. 文献。包括学校督导报告、绿色指标报告、学校课程规划文本等。(1)督导报告：以外来专家实地考察的形式形成的专业报告，对学校优势和发展空间有专业的把握，可以作为学校进一步发展的评价依据。(2)课程规划：学校每年会上交课程计划或课程规划，体现学校对于自身发展的主观意愿和实践愿景。(3)绿色指标：上海市统一的学生素养评价，每三年一次，初中主要针对初三学生。此外，通过家长、学生、教师、校长四个方面的问卷对 6 个一级指标、17 个二级指标进行了分析，涉及学校课程在非成绩因素方面的效果评价。绿色指标数据对学校特征的描述有科学性、权威性，当然也有片面性，因为它更关注结果性评价，只采用了一个年级学生的数据，学科分布也比较窄。

3. 问卷。我们在上海市"绿色指标"综合评价学校报告的基础上，补充了若干追因评价模块，根据学校"绿色指标"数据报告进行针对性使用，拓展了学校课程分析、诊断、完善的空间。在课程实施过程中，创造性地利用历年数据、信息纵向比较，清晰地把握了学校课程增值指数。

模块 1：跨年级追因。对报告中呈现的学校存在的某些问题，进行跨年级追因，确证此问题不只是表现在九年级，则需针对全校进行干预。

模块 2：细化指标追因。对报告中存在的某些问题，进行细化指标追因，如学生作业过多问题，分学科、年级进行作业量调查，探寻系统化干预策略。

模块 3：课程规划与实施补充模块追因。此模块重点分析学校课程规划与实施情况，与绿色指标数据进行相关分析。此外结合 OECD 相关数据进行问卷设计也保障其指向未来的前瞻性，把参与问卷作为一次培训过程，引导学校各主体清晰认识全球化趋势下上海教育的发展趋势。

4. 访谈。设计问卷时，借助访谈进行优化；深度追因时，通过访谈了解数据背后的故事。考虑到教师、校长、学生对问题会有不同侧面的理解，以三角互证的视角分析不同主体对学校课程的思考。问题诊断找准问题是学校课程发展的关键点，这个过程可以是动员学校师生的力量共同寻找潜在的发展可能性，也可以是学校主动地、以开放的心态借助校外专家或研究资源发起的活动。学校师生是最了解学校微观细节的学校主体，借助师生力量可以发挥学校、教师和学生的主体性。同时学校课程情境的构成因素复杂多样，学校师生的视野可能缺少高瞻远瞩的全面性和广阔性，因而也需要借助校外人员的力量（如专家或学区、基地团队等）为学校课程发展提供更广阔的思考空间。

（二）系统设计

学校课程的顶层设计需要以系统化的思路解决学校课程碎片化、无逻辑等问题。为此我们需要综合对学校课程进行问题诊断、结合学校课程哲学与育人目标，以关联和整合为总的原则，对学校课程进行整体规划。我们实行了"明确学校教育哲学、分解学校育人目标、架构学校课程系列、设计实施与评价策略"的四步设计法。

1. 建立教育哲学，确定课程理念。个性与社会力成为张力的两极，需要在实践中达到最佳平衡。学校课程观应该是以学生的发展为中心，既要考虑学生的课程需求，更要引导师生认识世界的未来发展，在此基础上参与学校课程的架构，成为课程建构的对话者、实施的参与者。如实验东校的课程哲学是"与生命相连，与生活相通，与生态相融"，建平西校的课程哲学是"让每一个生命蓬勃生长"等。

2. 确立育人目标，厘定课程目标。如果说学校的课程哲学具有"传承性"，体现学校的文化底蕴，那学校的育人目标就更具有时代特征和灵活性。学校需以"五育并举"为引领，结合其育人目标，在每一个年级进行分解，形成学校课程目标。如南汇二中"五个一"的课程目标："一颗美丽的心灵、一个智慧的头脑、一副健康的体魄、一双敏锐的眼睛、一身过硬的本领"，指向德、智、体、美、劳五育而非一一对应，"一副健康的体魄"并非对应体育课程，更不是体育课，而是在各学科和学校活动中体现的"健康"意识与健康能力，包括心理建设、课间活动等；"一双敏锐的眼睛"也不只对应美术课，而是指向在各学科学习和学校活动中发现美、创造美的能力，如各学科内在感性美与理性美、教室校园美、日常书写美与规则美等；"一身过硬的本领"更不是对应劳技课，而是在社会实践与职业体验等活动中综合能力的表现。将这种体现各学校智慧的"通学段""跨学科""融德育"的育人目标分解到各个年级，形成阶梯递进的目标体系。

3. 建构课程框架，丰富课程体系。学校课程体系的建立需要有"破与立"的观念，即既要保持原有学科课程的完整性，又要打破原有的学科界限，建立学科与学科之间的关联，形成相互关联的学科群。如语文与英语同为语言类，这一类之下可能还包含地方语言或日语、韩语等，其学习可以以原有学科的学习为主，但教师也要有"通学科""跨学科"的意识与能力，通过对比学习法进行领域内跨学科学习。对于"跨学科"的学习，目前多见的是STEM课程和项目化学习，但绝不限于此。除了前面提到的学科群内的跨学科，还存在更广泛的跨领域的跨学科学习，如数学史的内容可能涉及数学、天文物理、历史、哲学、音乐、美术等多个领域；武术课的内容可能涉及体育、韵律、哲学等领域；表演可能涉及编剧、舞台美学、服装美学、语言美学、动作美学、摄影和后期制作以及沟通合作能力等。在"学科群"的建设过程中，我们需要引导教师关注学科教育哲学的引领作用，在学科教育哲学与课程目标的引领下，建构各"学科群"的课程体系与评价方法，发动更广泛的教师参与到学校课程建设中来。如南汇二中的15个学科课程群，以数学学科为例：以"数学再创造"为学科教育哲学，以国家课程为基础，整合数学实验、数学史、数学游戏、数学制作等学科课程，形成学科课程群。

4. 设计实施路径，考虑评价方法。实践推进的科学性，在于实践之前的实践路径设计，涵盖了从学校环境设计、学校课堂教学、学校育人育德、学校活动、项目化学习活动等18个设计突破点，指向学生成长的学校活动都涵盖在学校课程之中。实践中我们特别重视评价的设计，要求教师在设置课程时实践与评价同步。没有评价设计，课程实践与课程目标就容易形成"两张皮"；没有评价的优化，实践的改进也缺少方向引领。在学校课程规划与学科课程建构的过程中，"评价"常常是被忽略的部分，但在APPR课程发展模式中，特别关注评价意识、评价工具的进步性，使师生能够有更先进的评价理念，促进课程的不断优化发展。此处评价分为四种不同程度的评价，一是研究评价，二是学校课程整体评价，三是教师的课程评价方式，四是学生学习评价。以学校课程评价的18种创意为基础，提供给学校和教师多视角的评价方式，以激活课程评价的活力与张力。

(三) 实践推进：激活了学校课程实施的多维途径和方式

我们参考斯腾豪斯过程模式和施瓦布的实践模式规划学校课程的实施推进方法。课程对人的成长与发展的影响是整体性的，其内在的力量是系统发生的，我们需要多维度地系统聚合，以促进课程与生活的全面融通。因此，多维的课程实施路径、多元的课程评价方法以及多角度的课程管理体系是学校课程深度变革的"生态系统"。推进学校课程深度变革必须激活这个"生态系统"，才有可能真正使学校课程变革"扎根过程"，才有可能真正触及每一个儿童真实的自我，帮助他们获得独特的成长经历与体验。因此，学校从学科群课程建设、课堂教学优化、校园活动与环境文化等方面践行学校教育理念，促进育人方式变革，探索课程评价方式，深度推进学校课程建设,落实立德树人根本任务。

在学校课程管理方面,我们形成了学校课程管理的 18 个智慧,其中特别关注制定学校课程管理机制与评价细则,收集对比性证据,实证课程实施成效。实证意识是课程评价的关键,实证性不仅体现在制定评价细则、实践推进和管理等方面,还体现在评估与反思等各个阶段。

以 18 个智慧引导学校选择或再创课程管理智慧,学校的管理智慧借以提升,在此基础上还再创了课程研修、课题聚焦、资源盘活、课程计划、迭代发展等学校管理方式,通过多视角的管理,保障了学校课程的有序推进。

(四) 反思提升:把握学校课程发展的迭代更新技术

社会是发展变化的,这决定了先进的学校课程也不可能是一成不变的。对学校课程实践及时反思总结,进行再设计,如此循环推进,可促进学校课程的迭代发展。

杜威认为反思是有意识地探究行动和结果之间的联系,并在深层上使二者实现意义联结。学校课程变革是一种反思性实践,是一种主动且持续地审视理论、信念和假设的过程,它可以帮助我们在课程实践中审视每一个专业判断之下的潜在逻辑,选择合适的方式应对可能的情境。

APPR 课程发展模式以行动研究为线索,每一发展周期(如学年)结束后,借助更新的诊断工具对课程规划与推进实施成效进行反思总结及再设计,如此循环推进螺旋上升,即可促进学校课程保持其应对各种变化的适应性。

四、效果与反思

在 APPR 课程发展模式推广运用的过程中,我们能利用"圆点—涟漪"辐射机制,以一校为核心,有重点、有梯度地逐层向外辐射,促进紧密型学区建设;再以"标杆—扩散"联动机制,以学区各类学校案例为标杆和样本推进市基地学校和区基地学校的课程共同建设,最后将成果深度应用于惠南学区学校、上海市"双名工程"攻关基地校、浦东新区名校长基地校等。截至 2021 年底,该成果总计惠及 3 122 名教师和 39 386 名学生。

(一) 实践效果

1. 均衡各学科学习,提升了选课自主性、认可度、自信心、睡眠指数。对比 2015 年和 2018 年绿色指标数据,以南汇二中为例,学科保持了综合的高位运行,薄弱学科科学提升了 1 级(级别分为 1—9 级,9 级为最高),学生学习自信心提升了 2 级,学生的睡眠指数提升了 2 级。以上海市"双名工程"校长攻关基地成员校九校中三年(2018—2021)数据对比为例,学生对学校课程的整体认可度由 60.17% 提升至 72.26%,对自己参与选课的自主性由 64.4% 提升至 71.73%,对学校 9 类专题教育的认同度有明显提升,有 4 项指标提升 10 个百分点以上,5 项指标提升 5—10 个百分点。

2. 教师课程意识明显增强,课程领导力明显提升。以上海市"双名工程"校长攻关基地成员校三年(2018—2021)数据对比为例,见表 0-1。

表 0-1　上海市"双名工程"校长攻关基地成员校数据

评价方向	2018 年前测数据	2021 年后测数据
教师的"课程领导者"意识认同	28.32%	37.4%
教师的"家长参与课程"实践认同	13.63%	25%
教师对学校课程制度的认同度	33.49%	44.72%
教师对学校课程奖励的认同度	17.39%	45.33%
教师对学校课程的认同度	34.08%	43.7%
教师对学校课程培训的认同度	32.31%	44.82%

3. 学校美誉度明显提升,学校课程领导共同体得以凝聚。第一个进行课程实践的光明学校在 2015 年被评为上海市第二批新优质学校。南汇二中牵头组建的惠南学区,在 2020 学年获浦东新区"集团化学区化"考核优秀、排名第一。上海市"双名工程"刘玉华校长攻关基地成员校家长对学校课程整体认同度由 83.44% 提升到 89.55%,其中的一所学校于 2021 年成为上海市特色高中。基地成员校中有多位校长评到特级校长、正高级教师,"上海教育年度新闻人物"以及上海市优秀校园长等。

4. 有思想观点、有具体模型,有实践案例,推广辐射影响力大。在梳理相关课程理论的基础上,强调"学校是落实立德树人根本任务、实施国家课程的基本单位""学校课程是国家课程、地方课程和校本课程在学校场域中的有机整合"等观点,形成不少实践成果。

（二）反思

通过 APPR 课程发展模式的实践,学校的课程设计与实践能力得以提升,学校课程得以优化,教师与学生得以发展。

我们在实践中提炼 APPR 课程发展模式在以下方面得到发展。一是问题导向性。APPR 课程发展模式是问题导向的课程发展模式,问题导向可以精准确定发展方向、制定课程规划。问题导向也是挖掘内在发展动力,促进自主发展的动力源泉。二是实践聚焦性。APPR 课程发展模式是实践聚焦的课程发展模式,这一模式立足于学校的课程推进,通过诊断充分挖掘学校课程潜力,以案例为引导,引领学校课程实践。"绿色指标"有 4 项指标提升 10 个百分点以上,5 项指标提升 5—10 个百分点,适合于不同层次的学校使用。三是螺旋上升性。APPR 课程发展模式的实践不是一蹴而就的,而是以行动研究的方式循环推进,螺旋上升。在此过程中,反思性研究是重点,而反思又建立在下一个诊断的基础之上。四是理据多维性。综合运用情境模式、问题解决模式、目标模式、过程模式、理解模式等多个理论进行合理架构,解决实践问题,充分扩大各种课程模式的优势,规避其不足,实现实践的不断优化。五是发展灵活性。布迪厄以为实践离不开"场域"和"习性"的共同作用,因而实践在个人"习性"与社会"场域"的相互作用下表现出更多的灵活性。

APPR 课程发展模式增强了学校课程发展的理性自觉,增强了学校课程发展的自我提升能力,增加了学校整体课程的逻辑性和系统性,推进了学校课程深度变革。

（撰稿者:上海市浦东教育发展研究院、上海市南汇第二中学　刘玉华）

第一章

价值的弥漫性：
将教育哲学渗入课程实施

　　作为一种观念性存在，学校教育哲学是学校文化的本质抽象和精神提取，它是立足学校独特的历史传统和发展定位而提炼出来的教育价值观和内涵发展方法论，对于促进课程发展具有不可替代的价值。学校教育哲学的提炼要坚持学校的特色性和主体的创造性统一、文化的继承性和发展的趋势性统一、参与的民主性和决策的集中性统一、理念的系统性和实践的整体性统一。

有学者认为,学校教育哲学是基于学校实践活动、存在于学校个体情境中的一种观念性存在,是由本体观、属性观、目的观、人性观和实践观组成的结构体系,是促进学校进步的强大精神力量。① 我们认为,作为一种观念性存在,学校教育哲学是立足学校独特的历史传统和发展定位而提炼出来的教育价值观和内涵发展方法论,对学校发展具有价值引领作用,是学校办学理念的精神内核,也是学校课程理念的基本来源。

学校教育哲学是学校文化的本质抽象和精神提取,是学校课程发展的灵魂和关键。新时代呼吁高质量的学校教育,需要学校重新审视自己的教育哲学。当前,学校课程发展中存在着学校教育哲学缺位的现象,主要表现为概念模糊、主体不明、内容不清、表达随意,这在很大程度上影响了学校课程发展的价值引领作用。

作为观念性存在的学校教育哲学不会自动产生,必须经历一个提炼过程,才能从常识经验上升为科学理论,上升为教育价值观和内涵发展方法论。提炼学校教育哲学,必须深刻回答时代赋予的"为何办学、办何种学校、育何种人"的重大命题,围绕追求卓越教育、打造优质学校、培育杰出人才三大核心,通过立足实际、继承传统、与时俱进、洞察未来、明确责任等原则进行。我们认为,学校教育哲学的提炼,需通过以下四个重要途径。

一是从学校情境中提炼文化内核。每个学校都有其独特的历史传统、文化氛围和发展定位,这些元素共同构成了学校的情境。在提炼学校教育哲学时,我们需要从学校情境中提炼出文化内核,将其作为教育哲学的重要组成部分。学校的文化内核是学校在长期发展过程中形成的独特文化积淀和精神财富,反映了学校的办学理念、价值追求和行为准则。通过深入挖掘和提炼学校的文化内核,我们可以更好地理解和传承学校的文化传统,使教育更加贴近学生的生活实际,更具针对性和实效性。同时,在地文化也是学校教育哲学提炼的重要资源。每个地方都有其独特的文化资源和历史传统,这些元素为课程实施提供了丰富的素材和灵感。通过挖掘和利用这些资源,并将其融入课程中,可以丰富课程内容,增强学生的文化认同感。

二是从时代精神中提取价值精髓。时代精神是一个时期内社会普遍认同的价

---

① 沈曙虹.学校教育哲学的观念要素与结构体系[J].教育研究,2019,40(9):87—94.

值观、信仰和追求,它反映了社会的发展趋势和人们的精神风貌。在提炼学校教育哲学时,我们必须紧密关注时代精神,从中提取出与教育相关的价值精髓。时代精神的作用在于为学校教育提供方向,它告诉我们,在当前的社会背景下,学校应该培养什么样的人以及如何培养人。通过深入理解时代精神,我们可以更好地把握教育的时代使命,使教育更加符合社会的需求和期望。在提取价值精髓时,我们需要关注时代精神的核心要素,如创新、合作、包容等,为我们提炼学校教育哲学提供参考。

三是从未来趋势中洞察教育走向。随着社会的不断发展,教育领域也面临着新的机遇和挑战。在提炼学校教育哲学时,我们需要从未来趋势中洞察教育走向,把握教育发展的脉搏。未来教育趋势可能包括:更加注重学生的全面发展、更加注重培养学生的创新能力和实践能力、更加注重教育的公平性和普及性等。通过关注这些趋势,我们可以更好地理解教育的未来发展方向,为学校教育哲学的提炼提供参考。

四是从校长团队中凝聚教育共识。校长团队是学校发展的核心力量,他们的教育理念、价值追求和管理方式直接影响着学校的教育质量和办学水平。在提炼学校教育哲学时,我们需要从校长团队中凝聚教育共识,将他们的教育理念和价值追求融入学校教育哲学中。通过加强校长团队的建设和培训,提高他们的教育素养和管理能力,更好地发挥他们的引领和示范作用,推动学校教育哲学的提炼和发展。同时,校长团队也需要积极参与学校教育哲学的提炼过程,提出建设性的意见和建议,共同推动学校教育哲学的不断完善和发展。

一句话,学校教育哲学通过学校情境、时代精神、未来趋势和校长团队四个维度得以提炼与聚焦,我们可以将教育哲学转化为具体的课程理念,提升课程的质量和效果。这既是对学生全面发展的有力支持,也是对教育事业的深度贡献。在未来的教育实践中,我们应继续深入探索教育哲学的价值,发挥其在课程实施中的引领作用,推动教育的持续发展和创新。

学校教育哲学的提炼是一项艰巨的工作,每一所学校都有其特定的教育传统和教育环境,有不同的教师和学生,有不同的教育任务和要求,因而每一所学校的教育哲学,都具有高度个性化的特征。学校教育哲学的提炼必须注重表达的精炼与独特,兼具学理性与艺术性,方能提升其吸引力和感染力,引领学校走向更加辉煌的未来。我们认为,学校教育哲学的提炼要坚持以下原则。

第一,学校的特色性和主体的创造性统一。在学校教育哲学的提炼过程中,确保学校的特色性与主体的创造性相统一,是构建独特教育品牌的关键。这不仅要求校长拥有前瞻性的教育视野,还需要全校师生共同努力,以形成与众不同的办学理念和学校形象。为实现这一目标,首先,学校应深入挖掘和提炼自身的特色元素。这不仅包括校徽、校服和标志性建筑物等外在展现,更应体现在教育理念、课程设置、教学方法等核心要素上。通过精心设计和传播,使这些特色元素成为公众辨识学校的独特标签。其次,对校名、校训和校风中的教育思想进行深入挖掘和传承。这些传统元素往往承载着学校的历史积淀和文化底蕴,是学校教育哲学的重要组成部分。通过对其进行深入解读和阐释,有助于激发师生的归属感和自豪感,进而形成共同的教育追求和价值观。同时,学校应积极开展专题性宣传活动,将自身的教育哲学和办学特色广泛传播给社会公众。这些活动不仅要有创意和吸引力,更要注重实效性,确保每一次对外展示都能有效地提升学校的知名度和美誉度。最后,校长和全体师生应共同努力,将学校的特色性和创造性融入日常的教育教学实践中。通过不断创新和尝试,形成具有自身特色的教育模式和教学方法,从而培养出更多具有创新精神和实践能力的学生。总之,确保学校的特色性和主体的创造性相统一,是提炼和深化学校教育哲学的重要途径,只有这样,学校才能在激烈的竞争中脱颖而出,成为公众心中的独特存在。

第二,文化的继承性和发展的趋势性统一。文化的继承性和发展的趋势性统一是提炼学校教育哲学的关键要素,在探讨这两者之间的关系时,我们不仅要注重传统的承袭,更要关注在时代变迁中如何赋予传统以新的生命力和发展方向。继承性强调对学校优良传统的珍视,这些传统可能包括学校的历史文化、教育理念、教育方法等,是学校在长期发展过程中积累下来的宝贵财富。通过对这些传统的深入研究和挖掘,我们可以找到学校教育的独特性和优势,为学校教育哲学的构建提供有力的支撑。同时,我们也不能忽视发展的趋势性。随着社会的不断发展和教育改革的深入推进,一些传统的教育理念和方法可能已经不再适应新的教育环境。因此,我们需要根据时代的要求和教育改革的趋势,对传统的教育思想和内容进行重新审视和评估,剔除其中过时的、不符合发展需要的内容。在继承性和发展趋势性的统一中,前瞻性原则尤为重要。校长作为学校的领导者,需要具备前瞻性的眼光和战略思维,深入研究教育改革的趋势和时代发展的要求,结合学校的实际情况,系统考虑学校的使命、发展定位和培养目标,精心谋划今后的发展方向。通过前瞻性的规划和实施,我们可以使学校教育哲学更加符合时代的要求,更加具有针对性和实效性。总之,文化的继承性和发展的趋势性统一是学校教育哲学提炼的重要原则。我们需要在继承中改革,在改革中发展与创新,通过前瞻性的规划和实施,使学校教育哲学更加符合时代的要求和教育的需要。

第三,参与的民主性和决策的集中性统一。在构建学校教育哲学时,参与的民主性与决策的集中性的统一是至关重要的。这一统一不仅体现了学校共同体成员间的协同合作,还确保了教育信仰的广泛认同和深入贯彻。首先,参与的民主性是提炼学校教育哲学的基石。学校共同体成员包括教师、学生、家长以及社区代表等,他们的不同声音和视角都是宝贵的教育资源。因此,在提炼学校教育哲学的过程中,必须充分尊重和发挥每个成员的作用,鼓励他们积极参与讨论和协商,共同为学校的教育信仰贡献力量。其次,虽然学校共同体成员之间存在差异,但这些差异并非障碍,而是促进人际互动和交流的动力。学校应该珍视并充分利用这些差异,通过协商和对话,将不同成员的观点和理念整合为一个共同的教育信仰。这种整合不是简单的妥协或折中,而是在深入理解和尊重彼此的基础上,达成一种超越个体差异的共同目标。在提炼学校教育哲学的过程中,校长个人的办学理念无疑具有重要影响,然而,校长的理念不能代替整个学校的教育哲学,而是需要与其他成员共同协商和讨论,最终形成共识。在这一过程中需要校长展现出开放和包容的态度,倾听各方意见,并勇于调整自己的观点,以实现学校教育哲学的共同构建。最后,决策的集中性是在民主参与的基础上实现的。通过广泛的讨论和协商,学校共同体成员将形成一个共同的教育信仰和办学理念。在此基础上,学校需要明确教育哲学的核心内容和指导原则,并将其落实到具体的教育实践中。在这一过程中,校长需要发挥领导作用,确保教育哲学的有效实施和持续发展。总之,参与的民主性与决策的集中性相统一是提炼学校教育哲学的关键。通过民主参与和协商讨论,学校共同体成员可以共同构建一个符合学校特色和时代要求的教育信仰;通过集中决策和有效实施,学校可以将这一信仰贯穿于教育实践的始终,实现教育的真正价值和意义。

第四,理念的系统性和实践的整体性统一。这种统一不仅要求我们在理念上具备系统性思维,更要在实践中实现整体性布局。首先,理念的系统性体现在对学校整体发展的全面考量。学校作为一个多部门组成的复杂组织系统,其运行和发展需要各部门之间的协调与配合。因此,在构建学校教育哲学时,我们必须从全局出发,注重各部门之间的关联性和互动性,确保学校教育哲学能够贯穿并指导学校的各项工作。其次,实践的整体性要求我们在实际操作中保持一致性。学校内部各部门的工作虽然各有侧重,但都应围绕学校教育哲学的核心展开。这就要求我们在实际工作中,无论是课程教学、德育、校园文化建设还是课外活动,都要体现学校教育哲学的精神实质,确保学校教育哲学在实践中得到全面落实。同时,学校作为社会组织系统,其运行和发展不可避免地受到外部社会环境的影响,因此,在构建学校教育哲学时,我们还需要考虑学校与外部社会环境的关系,确保学校教育哲学既符合社会发展的需要,又能引领学校向更高层次发展。为了实现理念的系统性和实践的整体性统一,我们需要采取以下措施:一是加强顶层设计,明确学校教育哲学的核心内容和指导原则,为学校各项工作的开展提供明确的方向;二是加强部门之间的沟通与协作,确保各部门在理解和贯彻学校教育哲学上保持一致,形成合力,推动学校整体发展;三是建立有效的反馈机制,及时收集和分析实践中的问题和经验,对学校教育哲学进行修正和完善,确保其始终符合学校发展的需要。综上所述,理念的系统性和实践的整体性统一是学校教育哲学构建中的核心要求。只有实现了这一统一,我们才能确保学校教育哲学在引领学校发展中发挥最大作用,实现学校的持续健康发展。

总之,学校教育哲学作为学校文化的本质抽象和精神提取,是学校课程发展的灵魂和关键,它基于学校实践活动,由本体观、属性观、目的观、人性观和实践观组成,对于促进学校进步和引领课程发展具有不可替代的价值。在当前新时代背景下,学校教育高质量发展的需求要求学校重新审视和提炼自己的教育哲学,以应对学校课程发展中存在的教育哲学缺位现象。学校教育哲学的提炼是一项复杂而重要的工作,需深入探索学校情境、时代精神、未来趋势、校长团队四个维度的内涵,并通过这些维度的渗透与贯穿,将教育哲学转化为具体的课程理念,进而提升课程的质量和效果。在提炼过程中,必须具备学理性与实践性、独特性与艺术性、要素性与系统性、民主性与深刻性、继承性与前瞻性相统一的原则,以确保学校教育哲学能够引领学校走向更加辉煌的未来。因此,作为教育工作者,我们应当充分认识到学校教育哲学的重要性,并在未来的教育实践中不断深入探索其价值,发挥其在课程实施中的引领作用,推动教育的持续发展和创新,为学生的全面发展和教育事业的繁荣做出更大的贡献。

一校一策

聚光灯课程:
给予儿童点亮
世界的能量

　　上海师范大学附属浦东临港小学成立于 2021 年 9 月,学校位于上海东南端,距离东海仅 1.8 千米。学校以"做心中有光的人"为办学理念,以"质量立校、优师兴校、特色强校"为办学思路,探索构建促进师生共同发展的聚光灯课程体系,为培育"心中有光的人"而不懈努力,致力于推进学生"德智体美劳"全面发展。开办仅两年,学校已先后被评为"上海浦东东方语言文化发展研究院语言文化素养培养基地""上海市绿色学校""上海市青少年集邮活动特色学校""小小艺术家成长营上海师范大学附属浦东临港小学基地""上海电机学院国际教育交流中心国际中文教育专业硕士研究生培养实践基地""上海海事大学实习基地""上海师范大学武术特色课程实践基地"。学校根据教育部《关于全面深化课程改革落实立德树人根本任务的意见》(2014 年)《关于深化教育教学改革全面提高义务教育质量的意见》(2019年)《基础教育课程教学改革深化行动方案》《义务教育课程方案和课程标准(2022年版)》和各学科标准之精神,推进课程建设,取得了显著的效果。

第一节　为成长汇聚光芒

一、教育哲学:聚光教育

　　学校根据临港自贸新片区和上师大的相关办学要求,结合学校及学生未来发展的实际需要,以"聚光教育"为哲学,涵盖了聚光德育、聚光课堂、聚光管理、聚光教师和聚光校园等多个方面,旨在培养具有深度思考能力、个性化发展和实践创新能力的学生。在这种教育哲学的指导下,学校致力于提供一个聚焦、专注和深入的学习环境,使每一个学生都能得到全面发展。聚光德育强调培养学生的道德品质和社会责任感,使他们成为有担当、有情怀的公民;聚光课堂则注重深度学习,鼓励学生探索知识的深度和广度,培养他们的批判性思维和解决问题的能力;聚光管理强调科学、规范和具有人文关怀的管理,为师生创造一个和谐、有序、高效的工作和学习环境;聚光教师则重视教师的专业发展和教育教学能力的提升,通过培训和研修,使教师成为学生的引路人和成长伙伴;聚光校园致力于打造一个充满活力和创意的校园环境,通过丰富多彩的校园文化活动和社会实践,让学生在学习之余也能得到全面的发展和提升。最终,这种"聚光教育"指向培养具有深度思考能力、个性化发展和实践创新能力的学生,促进他们的全面发展,为社会的繁荣贡献自己的力量。

"聚光教育"是多彩的教育,它犹如一束聚光灯,将每个个体的独特照亮,让每个人都能在教育的舞台上自由张扬个性,展现自我。在聚光教育的照耀下,每个孩子都如同一颗独特的星星,他们的天赋和才能被充分发掘和尊重。无论是艺术的才华,科学的智慧,还是运动的潜能,都在这里找到展现的舞台。教育者们如同导演,精心策划每一场"演出",让每个孩子都能在最适合他们的领域发光发热。每个孩子都被鼓励去尝试,去探索,去创新,可以在课堂上自由发表观点,在活动中自主选择角色,在挑战中自我超越。这种教育让每个孩子都充满活力和创造力,都敢于追求自己的梦想、敢于展现自己的独特光芒。

"聚光教育"是灿烂的教育。这里的"灿烂"不仅指外在的光彩夺目,更是指内在的精神灿烂。在聚光教育的熏陶下,每个学生的精神世界都得到了充分的滋养和升华。首先,聚光教育注重培养学生的积极心态和乐观精神。它鼓励学生面对困难和挑战时保持坚韧不拔的毅力,用乐观的态度去迎接每一个新的挑战。在这样的教育环境下,学生们学会了如何积极应对生活中的各种困难,用灿烂的笑容去迎接每一天。其次,聚光教育还注重培养学生的创造力和创新精神。它鼓励学生敢于突破传统的束缚,勇于探索未知的领域,不断追求创新和进步。在这样的教育引导下,学生们的精神世界得到了充分的拓展和升华,他们敢于挑战权威,勇于提出新的想法和见解,为社会的进步和发展贡献自己的力量。最后,聚光教育还注重培养学生的责任感和使命感。它让学生明白,作为社会的一分子,自己有责任为社会做出贡献。在这样的教育熏陶下,学生们的精神世界变得更加充实和有意义,他们愿意为了社会的繁荣和进步而努力奋斗,用自己的行动去践行责任和使命。

"聚光教育"是专注的教育。它独具特色,致力于培养每个学生的专注力和深入探索的精神。它鼓励学生将注意力集中在当前的学习任务上,不被外界干扰。教育者通过精心设计的教学方法和环境,帮助学生培养专注的习惯,让他们能够全身心地投入学习中,提高学习效果。同时,聚光教育还注重培养学生的深入探索精神。它鼓励学生不满足于表面的知识,而是深入挖掘事物的本质和内在规律。教育者会引导学生提出问题、思考问题,并鼓励他们通过实践和探索来寻找答案。在这样的教育环境下,学生们逐渐培养出一种深入探索的习惯,他们能够主动思考、积极探索,不断拓展自己的知识领域。此外,聚光教育还具有鲜明的特色。它根据学生的个体差异和兴趣爱好,提供多样化的教育资源和课程选择。这样,每个学生都能在自己感兴趣的领域得到深入的培养和发展,充分展现自己的个性和特长。这种特色化的教育模式不仅提高了学生的学习兴趣和动力,也为他们未来的职业发展和人生道路奠定了坚实的基础。

"聚光教育"是生态的教育,它强调多维力量的参与和协同作用,共同构建一个富有活力和创造力的教育生态系统。在这个生态系统中,教育者、学生、家长以及社区等各方力量都扮演着重要的角色。教育者不仅是知识的传授者,更是学生成长道路上的引导者和伙伴。他们关注学生的需求和发展,提供多样化的教育资源和支持,激发学生的学习兴趣和潜能。学生则是这个生态系统的主体,他们在教育者的引导下,积极参与各种学习活动和实践,不断提升自己的综合素质和能力。同时,学生之间也形成了一种互助合作的关系,彼此分享学习经验和资源,共同成长和进步。家长在这个生态系统中也发挥着重要的作用。他们积极参与孩子的教育过程,与教育者保持密切的沟通和合作,共同关注孩子的成长和发展,由此增强了教育的效果,也为孩子提供了更多的成长机会和空间。此外,社区也是这个生态系统的重要组成部分。社区提供了丰富的教育资源和活动平台,为学生提供了更多的实践机会和展示舞台。同时,社区也积极参与到学生的教育中来,为学生提供各种支持和帮助。这种多维力量的参与和协同作用,使得"聚光教育"成为了一个富有活力和创造力的教育生态系统,在这个生态系统中,各方力量相互支持、相互促进,共同为学生的成长和发展创造更好的条件和机会。这种生态化的教育模式不仅提高了教育的质量和效果,也为学生的全面发展奠定了坚实的基础。

基于上述教育哲学,学校的办学理念是:做心中有光的人。这一理念正在逐渐成为全体师生的共同愿景。同时,学校确立了"质量立校、优师兴校、特色强校"的办学思路,探索构建促进师生共同发展的聚光灯课程,贯彻"五育并举"、因材施教的课程实施原则,促进学生全面发展。

二、课程理念:给予儿童点亮世界的能量

每个孩子都有自己的独特性,为了尊重他们的个性特点和发展需求,为每一个孩子营造一个温暖、阳光的环境,让他们在关爱与支持中茁壮成长,绽放出属于自己的色彩,我们提出如下课程理念:给予儿童点亮世界的能量。具体内涵如下。

——课程即儿童。聚光灯课程目标在于创造一个以儿童为中心的学习环境,让他们在课程中获得充分的发展和成长。通过对知识探索、技能培养、情感表达、价值观塑造和个体发展等方面的关注,培养儿童成为有思想、有情感、有责任感的人,为他们的成长奠定坚实的基础。

——课程即能量。课程所蕴含的能量来自多方面。首先,课程内容中本身就包含着丰富的知识和信息,能够激发学生的思维和好奇心。其次,课程能量的作用在于激发学生的内在潜能,帮助他们发现自己的优点和特长,从而在学习过程中更加自信和有动力。同时,课程能量的激发也能够培养学生的自主学习能力和创造力,让他们在未来的学习和工作中更加具有竞争力。

——课程即点亮。"聚光灯课程"不仅仅是传授知识的工具,更是引导学生发现自我、发挥潜力、实现自我价值的途径。通过系统地学习各类聚光灯课程,学生可以获取扎实的知识基础,逐渐明确自己的梦想,找到为之奋斗的动力。聚光灯课程的开设,为学生提供了实现梦想的支持和引导,让他们在学习的道路上不断成长、飞翔。不同的课程设置能够激发学生的兴趣和潜力,促使他们思考自己未来的方向和目标。

——课程即生长。课程生长的实质是课程内容的一种调整,是一个不断优化、精品化的过程。在"做心中有光的人"的办学理念引领下,确立"给予儿童点亮世界的能量"为课程理念,根据学校条件、学生发展需求,挖掘教师、家长和社区资源,为课程资源注入活水,丰富课程内容,培养学生综合素养和实践能力,在教育教学实践中激活教师心中的"光",并点燃学生心中潜在的"光",促进师生都成为"心中有光的人"。

总之,我们的课程目的在于给孩子们带得走的能力,促成一个孩子的健康成长,并使其受益终身。"聚光灯"课程涵盖小学教学过程中所需的各个要素,有利于学生在适宜的教学环境下养成会关爱、会生活、会探究的品格,其最终目的是使孩子获得自由、和谐、健康的发展。正因为学生的核心素养是一个统整的体系,涉及学生全面发展的各个要素,所以作为提升学生核心素养重要载体的"聚光灯"课程的建构也不是单一的,而是一个完整的课程体系。

第二节 让生命充满光芒

一、育人目标

学校倡导每一个人都做心中有光的人,为此,把"会关爱,有人格之光;会探究,有智慧之光;会生活,有兴趣之光"作为育人目标,具体特质如下。

——会关爱,有人格之光:热爱祖国,关爱集体,待人友善。

——会探究,有智慧之光:追求卓越,探索未知,力行实践。

——会生活,有兴趣之光:品味艺术,享受生活,追寻情趣。

学校的育人目标深刻而全面,涵盖了关爱、探究与生活三大核心领域,旨在培养具备完善人格、智慧光芒与生活情趣的新时代少年。

在关爱层面,学校强调"会关爱,有人格之光",这要求学生不仅要热爱祖国,关心集体,更要具备友善待人的品质。这种关爱之心,是学生人格魅力的体现,也是他们成为社会栋梁的基石。通过培养关爱之心,我们期望学生能够用真挚的情感去感知世界,用善良的行动去温暖他人。

在探究层面,学校倡导"会探究,有智慧之光",鼓励学生追求卓越,探索未知,力行实践。这种探究精神,是学生智慧的体现,也是他们不断进步的动力。通过培养探究能力,我们期望学生能够敢于挑战未知,勇于探索真理,用智慧的光芒照亮前行的道路。

在生活层面,学校提倡"会生活,有兴趣之光",引导学生品味艺术,享受生活,追寻情趣。这种生活态度,是学生生活情趣的体现,也是他们享受人生、创造美好的源泉。通过培养生活情趣,我们期望学生能够发现生活的美好,享受生活的乐趣,用兴趣点亮精彩的人生。

二、课程目标

依据以上要求,我们将学校育人目标进行细化,形成五个年级的课程目标,旨在通过一系列精心设计的课程活动和实践,全面培养学生的关爱之心、探究精神和生活情趣,使他们成为内心有光、智慧闪耀、生活精彩的新时代少年。

一是点亮人格之光。通过品德教育、社会实践等活动,培养学生的爱国情怀、集体意识和友善品质,使他们成为具有高尚人格魅力的人。二是启迪智慧之光。通过学科学习、科研探索等方式,激发学生的求知欲和探究精神,培养他们的创新能力和实践能力,使他们成为具有卓越智慧和探索精神的学者。三是绽放生活之光。通过艺术教育、生活技能培养等途径,提升学生的审美能力和生活情趣,使他们能够品味生活的美好,享受生活的乐趣,成为具有丰富生活情趣的人。

通过实现这些课程目标,学校期望能够培养出内心充满光芒、智慧与情趣并存的新时代少年,为他们的未来发展奠定坚实的基础,也为社会的进步贡献更多的人才和力量。

第三节　汇聚知识的能量

学校以"聚光灯课程"为抓手,致力于培养"会关爱,有人格之光;会探究,有智慧之光;会生活,有兴趣之光"的少年,据此建构了学校课程框架与体系。

一、课程逻辑

依据"聚光教育"的教育哲学,及"做心中有光的人"的办学理念和学校的育人目标,学校梳理现有课程,建构体现"给予儿童点亮世界的能量"的课程理念的"聚光灯课程"体系,以实现"会关爱,有人格之光;会探究,有智慧之光;会生活,有兴趣之光"的育人目标。"聚光灯课程"逻辑图如下(见图1-1)。

二、课程结构

依据学校的办学理念,我们致力于点亮每个孩子内心的能量,培养他们成为拥有足够发光能量的个体。为此,我们特别设计了"聚光灯课程"结构,旨在通过丰富多样的课程内容,为儿童提供全方位的知识和技能培训,让他们在未来的道路上能够自信地展现自我。

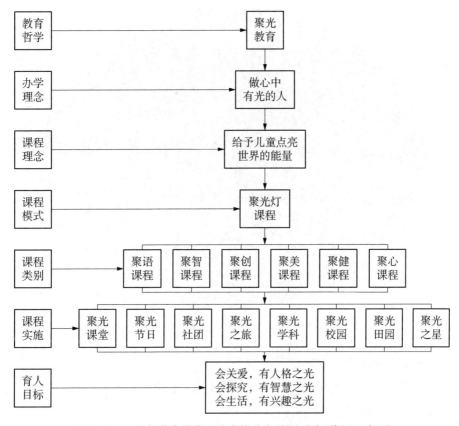

图1-1 上海师范大学附属浦东临港小学"聚光灯课程"逻辑图

在"聚光灯课程"中,我们注重激发儿童的学习兴趣和积极性,通过生动的课堂讲解、实践操作和互动交流,引导他们主动探索、发现新知。课程内容涵盖了语言、数学、科学、艺术等多个领域,旨在培养儿童的综合素养和创新能力。同时,我们也关注儿童的个性发展和情感体验,鼓励他们表达自己的想法和感受,培养他们的自信心和同理心。在课程中,我们设置了多种形式的团队合作和互动活动,让儿童在合作中学会沟通、分享和尊重,从而培养他们的团队合作精神和社会适应能力。

通过"聚光灯课程"的学习,我们希望每个孩子都能拥有足够的"发光"能量,也期待看到他们在未来的舞台上自信地闪耀,用自己的光芒照亮周围的世界。

我们相信,通过这样的课程设置和教学安排,孩子们一定能够在知识的海洋中畅游自如,汇聚起属于自己的光芒和能量,成为社会的栋梁之才(见图1-2)。

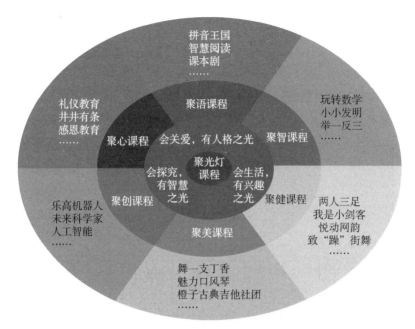

图1-2 上海师范大学附属浦东临港小学"聚光灯课程"结构图

上图中,各板块课程内涵如下。

1. 聚语课程。崇尚言辞优美,热衷沟通交流,具备沟通能力。包含以下课程:经典诵读、英语绘本、智慧阅读、故事大王、汉字思维等。

2. 聚智课程。崇尚思维卓越,乐于探索知识,拥有严谨逻辑。包含以下课程:趣味奥数、计算小能手、举一反三、快乐数独、数学故事、数学欣赏、数字谜语、加减乘除等。

3. 聚创课程。崇尚创意无限,乐于探索新知,拥有创新思维。包含以下课程:无人机、计算机编程、乐高机器人、科学故事、科普讲堂、认识周围的动植物、垃圾分类、蚕宝宝变形记等。

4. 聚美课程。崇尚艺术至美,乐于发展特长,拥有独特的审美观点。包含以下课程:童声合唱团、古典吉他、唱游、小小节奏师等。

5. 聚健课程。崇尚健康为本,乐于锻炼身体,拥有健康身心。包含以下课程:击剑、武术、乒乓、两人三足、毛毛虫、篮球、踩高跷、滑滑梯、游乐园等。

6. 聚心课程。崇尚心灵生长,乐于洋溢美德,拥有正向行为。包含以下课程:

礼仪教育、洗耳恭听、井井有条、文明学员、感恩教育、品质教育、励志教育等。

三、课程设置

根据国家基础课程安排，结合学校课程资源、课程门类，考虑到学生的学习兴趣和发展需求，学校按照年级水平对课程内容进行系统建构，形成"聚光灯课程"六大领域课程设置的具体框架(见表1-1)。

表1-1　上海师范大学附属浦东临港小学"聚光灯课程"设置表

课程\\年级	学期	聚语课程	聚智课程	聚创课程	聚美课程	聚健课程	聚心课程
一年级	上学期	拼音王国 智慧阅读 绘声绘语 趣味字母 习字修身 ……	"数"你最棒 数学王国 计算小能手 玩转数学 ……	认识周围的动植物 自然故事 自然幻想画 乐高机器人 未来科学家 ……	折纸 创意儿童美术 魅力口风琴 衍纸 书法 ……	两人三足 短绳 篮球 滑滑梯 游乐园 ……	洗耳恭听 井井有条 明理导行 感恩教育 "新"花怒放 ……
	下学期	拼音王国 智慧阅读 绘声绘语 趣味字母 习字修身 ……	"数"你最棒 数学王国 计算小能手 玩转数学 小小发明 ……	自然故事 思维导图 自然幻想画 乐高机器人 未来科学家 ……	折纸 创意儿童美术 魅力口风琴 衍纸 书法 ……	两人三足 短绳 篮球 滑滑梯 游乐园 ……	洗耳恭听 井井有条 明理导行 感恩教育 ……
二年级	上学期	古诗词 日语 课本剧 智慧阅读 英语绘本 习字修身 汉字思维 ……	玩转数学 活学活用 计算小达人 ……	人工智能 计算机编程 乐高机器人 科学故事 思维导图 ……	精美的邮票 彩泥 童声合唱团 古典吉他 舞蹈 渲染泼墨 唱游童年 ……	武术 击剑 毛毛虫 呼啦圈 篮球 ……	洗耳恭听 井井有条 感恩教育 文明学员 励志教育 公民教育 ……

课程 \ 年级	学期	聚语课程	聚智课程	聚创课程	聚美课程	聚健课程	聚心课程
	下学期	古诗词 日语 课本剧 故事大王 智慧阅读 绘本故事 习字修身 汉字思维 ……	玩转数学 三阶数独 活学活用	人工智能 计算机编程 乐高机器人 科学幻想画 思维导图 ……	童声合唱团 古典吉他 舞蹈 渲染泼墨 画出彩虹 唱游童年 ……	武术 击剑 毛毛虫 呼啦圈 篮球 ……	洗耳恭听 井井有条 感恩教育 文明学员 励志教育 礼仪教育 ……
三年级	上学期	英语绘本 古诗词 课本剧 创业家 经典诵读 沪言沪语 ……	奥数思维 破茧"称"蝶 举一反三 数学展报 数学故事 ……	科学故事 科学幻想画 计算机编程 无人机 乐高机器人 思维导图 ……	童声合唱团 古典吉他 渲染泼墨 舞蹈 陶塑 ……	武术 网球 足球 呼啦圈 篮球 ……	井井有条 明理导行 感恩教育 文明学员 ……
	下学期	英语绘本 古诗词 课本剧 小小创业家 经典诵读 沪言沪语 ……	奥数思维 玩转数学 举一反三 数学展报 数学故事 活学活用	科学故事 科学幻想画 计算机编程 无人机 乐高机器人 思维导图 ……	童声合唱团 古典吉他 渲染泼墨 陶塑 乐动心弦 舞蹈	武术 网球 足球 短绳 呼啦圈 篮球	井井有条 明理导行 感恩教育 文明学员 ……
四年级	上学期	雅韵传承 习字修身 智慧阅读 小小讲解员 小小演说家 仿词识音 古诗词 ……	玩转数学 加减乘除 一站到底 数学展报 数学故事 数学达人 举一反三 ……	无人机 计算机编程 乐高机器人 科普大讲堂 思维导图 科学知识 ……	舞动童心 唱游童年 吹音如梦 小小节奏师 笔墨生花 趣味拼贴 乐动心弦 陶塑社团 ……	短绳 呼啦圈 篮球 ……	临港小兵 励志教育 公民教育 礼仪教育 感恩教育 ……

课程＼年级	学期	聚语课程	聚智课程	聚创课程	聚美课程	聚健课程	聚心课程
	下学期	雅韵传承 习字修身 智慧阅读 小小讲解员 小小演说家 仿词识音 古诗词 ……	玩转数学 加减乘除 一站到底 数学展报 数学故事 数学达人 举一反三 ……	无人机 计算机编程 乐高机器人 科普大讲堂 思维导图 ……	舞动童心 唱游童年 吹音如梦 小小节奏师 笔墨生花 趣味拼贴 乐动心弦 陶塑社团 ……	网球 武术 足球 艺术体操 ……	临港小兵 励志教育 公民教育 礼仪教育 感恩教育 ……
五年级	上学期	雅韵传承 古诗词 习字修身 智慧阅读 小小讲解员 小小演说家 美音美文 ……	玩转数学 加减乘除 一站到底 数学展报 数学故事 计算达人 举一反三 ……	玩转科学 乐高机器人 计算机编程 无人机 科普大讲堂 思维导图 公园观鸟 ……	陶塑社团 乐动心弦 唱游童年 舞动童心 美妙涂鸦 小小节奏师 ……	网球 足球 武术 艺术体操 ……	井井有条 明理导行 感恩教育 文明学员 礼仪教育 ……
	下学期	雅韵传承 古诗词 习字修身 智慧阅读 小小讲解员 小小演说家 美音美文 ……	玩转数学 加减乘除 一站到底 数学展报 数学故事 计算达人 举一反三 ……	玩转科学 乐高机器人 计算机编程 无人机 科普大讲堂 思维导图 公园观鸟 ……	陶塑社团 乐动心弦 唱游童年 舞动童心 美妙涂鸦 小小节奏师 ……	网球 足球 武术 艺术体操 ……	了解自我 励志教育 公民教育 礼仪教育 ……

第四节　让生活绽放光芒

通过课程实施，"聚光教育"才能落地开花，让更多的学生从中受益；学生才能茁壮成长，绽放出属于自己的光芒。为此，学校通过"聚光课堂""聚光节日""聚光社团""聚光之旅""聚光校园""聚光田园""聚光之星""聚光学科"等丰富多样的课程践行"做心中有光的人"的办学理念,"让每一束光如其所是地闪耀"。

一、构建"聚光课堂",提升课程实施质量

学校对课堂文化在原有的基础上进行了调整,聚焦核心素养,以体现教学理念的解放、教学目标的饱满、教学内容的丰富、教学方法的互动、教学评价的激励。

(一)"聚光课堂"的内涵与实施

"一枝独放不是春,百花齐放春满园"。"聚光课堂"重视教与学的多样性、师生间思维的大碰撞;注重培养学生的多向思维,鼓励学生发出自己的声音,让学习过程、思考过程看得见;鼓励从"错误"中开出"智慧的火花"。它包含着以下五个关键词。

1. 解放。"聚光课堂"是理念解放的课堂。解放儿童的头脑,释放儿童的天性;解放儿童的双手,培养其动手能力;解放儿童的时空,将更多学习的主动权交给学生,以形成各美其美的教学境界。

2. 饱满。"聚光课堂"是教学目标饱满的课堂。它不仅关注知识的学习,还注重培养学生的综合素质和能力。在具体的教学中,发挥国家课程的基础作用,为学生的进步学习打下坚实的基础,同时培养学生的学习能力以及审美鉴赏能力。

3. 丰富。"聚光课堂"是教学内容丰富的课堂。它不仅涵盖了教材中的知识点,还引入了各种拓展性内容,以满足学生的多元化需求。"聚光课堂"鼓励教师多角度解读教材、二度开发教材,对不同的学科进行整合,组成丰富的教学内容,为培养未来高素质的人才提供支持。

4. 互动。"聚光课堂"是教学方法互动的课堂。学习过程中的生生互动、师生互动,使教学过程成为师生共同开发、探讨、丰富课程的过程。在互动中,学生真正成为学习的主体,同时发挥自己的个性和创造能力,并最大程度地提升相应的核心素养。

5. 激励。"聚光课堂"是注重激励式教学评价的课堂。教师善用激励性评价激发学生的学习热情,增强学生学习的动力,鼓励他们以饱满的激情投入课堂学习,让学生得到自主发展。

(二)"聚光课堂"的课程评价

根据"聚光课堂"的内涵,学校制定以下评价标准(见表1-2)。

表 1-2　上海师范大学附属浦东临港小学"聚光课堂"课程评价表

评价主题	评价标准	评分
解放的教学理念(5分)	1. 符合新课标的理念,注重培养学生的核心素养。(2分)	
	2. 有开放的教师观和学生观,一切以学生的发展为本,将更多的学习主动权交给学生。(2分)	
	3. 面向全体,张扬个性,使每个学生都能得到相应的发展。(1分)	
饱满的教学目标(10分)	1. 教学目标的制定符合年龄段特点以及学生的认知基础,将教学与学生的经验世界相勾连,激活思维。(3分)	
	2. 目标涵盖三个维度,帮助学生在原有基础上得到发展。(2分)	
	3. 各门学科各有所长、各负其责,共同培养多样化人才。(3分)	
	4. 能根据教学目标的需要,对"聚光课堂"进行重组、整合。(2分)	
丰富的教学内容(30分)	1. 正确把握教材,并能创造性地使用教材,根据教学需要来开发课程资源,丰富教学内容。(10分)	
	2. 教学内容有层次、有梯度,在把握基础性知识的基础上注意适度拓展,使不同程度的学生各有发展。(10分)	
	3. 符合学生的学习基础、发展水平,唤起学生的发展经验,使学生主动参与学习。(10分)	
互动的教学过程(40分)	1. 根据教学内容来创设恰当的教学情境,教学活动设计科学、组织形式灵活多样,能引导学生主动思考。(5分)	
	2. 设计统整性的问题,练习有价值、有弹性,鼓励学生质疑、创新。(10分)	
	3. 突出学科思维方法,注重探究,恰当、合理地组织有效的合作学习和互动交流,促进学生的自主学习。(10分)	
	4. 根据课堂教学情况与课堂生成,恰当地调整教学预设,以便适应变化、互动的课堂。(10分)	
	5. 在和谐、平等的师生对话的基础上,根据学生的个性发展,促成对话的丰富、多维。(5分)	
激励的教学评价(5分)	1. 能用激励性的语言评价学生的课堂表现,及时、准确、富有个性,能够包容、激励学生。(3分)	

评价主题	评价标准	评分
	2. 评价方式多样,从尽可能多的角度来满足学生在认知、情感、个性方面的差异。(2分)	
教学的效果 (10分)	1. 学生积极参与学习活动,课堂民主、思维活跃,不断有智慧火花绽放。(2分)	
	2. 学生的主体性地位得到体现,乐于动脑、动口、动手,感受到学习的快乐。(3分)	
	3. 学生学会学习、得到发展,并能促进教学相长。(5分)	

二、创设"聚光节日",落实节庆文化课程

"节日文化"作为一种丰富而独特的课程资源,不仅承载着深厚的历史底蕴,更蕴含着无尽的创新与表现空间。我们精心打造这一平台,旨在为学生提供一个展示自我、放飞梦想的舞台,让他们在这个舞台上尽情地展现才华,实现自我价值,尽情挥洒汗水,释放激情,用他们的才华和努力赢得掌声与认可。我们期待每一个孩子都能在这个舞台上找到属于自己的位置,绽放属于自己的光芒,成为社会的璀璨之星。

(一)"聚光节日"的创设方法

学校的节日庆典方式多样,有的是结合传统节日而开展的,比如清明节的"网上祭英烈"活动;有的是根据现代节日而形成的,如国庆节"庆盛世华诞";还有的是校园节日,如"强国有我,健我体魄"体育节,"出彩少年梦,才艺伴我行"艺术节,"千年上巳传雅韵,时代春风润童心"上巳节,等等,这些特别的节日都是学生们所爱的。

1. 传统节日课程。开展以传统节日为主题的活动,目的是让学生大力弘扬中华民族优秀传统文化,增强学生对民族传统节日的喜爱,激发他们对传统文化的热爱与认同。在农历正月初一,我们推出"欢乐迎新春"主题活动。学生将参与以下活动:一是巧手剪窗花、写春联,通过动手实践感受年俗文化的韵味;二是坚持锻炼身体,培养健康生活习惯;三是劳动打卡,通过劳动体验增强责任感和勤劳精神。农历三月初三,我们举行"上巳节"活动。活动内容包括学校艺术社团的精彩汇演,展现学生多样化的艺术才华;为一年级学生举办开笔礼,预示着他们正式开启求学之路,书写人生新篇章。公历四月五日前后,即清明节期间,我们开展"清明祭英

烈"系列活动。通过升旗仪式和主题班(队)会,引导学生缅怀先烈、铭记历史;同时,组织制作青团、创作古诗等活动,让学生在体验中感受清明文化的深厚内涵。农历五月初五端午节,我们推出"淡淡粽叶香 浓浓端午情"活动。升旗仪式和主题班(队)会将拉开节日序幕;学生将亲手编织彩绳、制作手抄报,通过实践体验端午节的独特习俗和传统文化。农历八月十五中秋节,我们举办"花好月圆 情满中秋"活动。升旗仪式和主题班(队)会将营造浓厚的节日氛围;学生将学习制作月饼、手绘中秋梦想,通过创意表达展现对中秋节的热爱与祝福。农历九月初九重阳节,我们开展"九九重阳日 浓浓敬老情"活动。升旗仪式和主题班(队)会将引导学生尊老爱老、传承孝道;学生将参与拍摄重阳照片、分享敬老故事等活动,通过实际行动表达对长辈的敬爱和关怀。

2. 现代节日课程。学校通过现代节日课程,开展多样文化的熏陶,激发学生热爱生活、热爱学习、热爱校园的情感,为他们搭建展示自我的平台。例如,在1月1日的元旦节,我们举办"新的一年一起出发"和"元旦文艺汇演"活动,大家都积极参与,共同迎接新年的到来。3月12日的植树节,我们围绕"植初心种未来"的主题,开展了"校内植物种植""发放梦想种子"等活动,让学生更加关注环保,珍惜绿色生命。劳动节期间,我们举办了一系列与劳动相关的活动,让学生深刻体会到劳动的价值和辛勤工作的意义。儿童节时,我们举办丰富多彩的活动,如"快乐六一,放飞梦想"等,让孩子们度过一个难忘的儿童节。

3. 校园节日课程。学校的特色节日,特具仪式感与教育性,已成为学生感受校园文化、陶冶情操、进行自我展示的特殊载体。以下是校园节日课程的具体内容。三月,我们迎来了学科节。在这一节日中,我们将举办学科教学成果展示活动,让学生们直观感受学习成果;特色作业评比将鼓励学生发挥创意,展现个性;演讲比赛则为学生提供了锻炼口才、展示自我的机会。进入四月,科技节将点燃学生的探索热情。我们将举办航天科普讲座、海洋科普讲座以及人工智能科普讲座,带领学生走进科技的奇妙世界;无人机展则将展示科技的魅力,让学生近距离感受科技的力量。五月,体育节将点燃校园的运动热情。教职工运动会将增进师生之间的友谊,提升团队凝聚力;花样跳绳和广播操比赛将展现学生的活力与风采;趣味运动会则让学生在轻松愉快的氛围中感受运动的乐趣。六月,艺术节将为学生提供展示艺术才华的舞台。爱心"shu"儿童乐器演奏将让学生用音乐传递爱与温暖;戏剧表演将展现学生的表演才华和创造力;国家宝藏展览则带领学生领略中华文化的博大精深。

通过这些节日课程,我们希望为学生提供一个丰富多彩的学习环境,让他们在轻松愉快的氛围中培养兴趣爱好,增强凝聚力,共同创造美好的校园回忆。

(二)"聚光节日"的课程评价

我们根据"聚光节日"的内涵,以评优、表彰先进为契机,设计了以下表格(见表1-3)。

表1-3 上海师范大学附属浦东临港小学"聚光节日"课程评价表

评价目标	评价内容	权重	得分
活动方案	1. 主题鲜明,寓意深远,具有时代性、教育性、针对性。 2. 内容贴近学生生活实际,紧扣时代脉搏,指向学生的核心素养培养。 3. 活动设计有特色、接地气、有创意,凸显出节日的特点。	30分	
活动实施	1. 活动有方案,有评价,有成果展示。 2. 按照"近、亲、实"的原则选择活动,活动内容设计综合考虑节日特色以及学生的实际情况,充分满足学生个性发展需求。 3. 采取多种形式呈现活动内容,具有开放性和拓展性,不断给学生以新鲜感,促进其思维发展。 4. 师生互动,有情趣;学生参与面广,懂得与他人合作,互帮互助,在体验中感受节日氛围,培养实践能力与合作精神。	40分	
活动效果	1. 活动目标明确,有明确的导向性和时代特点。 2. 活动形式新颖、别致、多样,开放互动,给予学生充分展示自我的平台。 3. 通过节日课程对学生进行传统教育、自我教育,学生在活动中有所得。 4. 学生情感态度、价值观得到提升。	30分	

三、建设"聚光社团",落实兴趣爱好课程

"聚光社团"依据小学新课标理念,结合学校"聚光灯课程",有效地实施素质教

育,激发学生潜能,拓展学生特长,使学生个性得到发展的社团活动。社团依据学校课程规划实施的团体性、系统性的活动课程,由专业老师组织和指导,孩子们根据自己的兴趣、爱好,自由选择,不定期训练研习。为满足不同学生个性发展的需要,提高学生综合素质,同时也为了促进教师继续学习和专业成长,学校立足实际,要求每位教师拥有一项特长或才艺,能教好一门社团课程。

"聚光社团"是发展个性的社团。各种社团课程缤纷绚丽,多姿多彩,不受教材的束缚,学生在自己的社团中尽情展现个性。"聚光社团"是传承赋能的社团。将传承民族文化精神融入课程和特色活动中,用赤子之心,点燃文化的火炬。"聚光社团"是培养能力的社团。"走班制"是社团课的基本形式。参加社团课程的学生来自不同年级、不同班级,多角度多侧面的信息来源使学生们不断取长补短,共同提高。"聚光社团"是挖掘潜能的社团。促进所有学生的全面发展,拓展学生的视野,发展学生的思维,陶冶学生的情操,实现教育角色和学习方式的转变,培养学生的兴趣和一技之长。

(一)"聚光社团"的主要类型

学校从学科拓展、综合、科学创新、文体等专题入手,在丰富原有社团的基础上,开设了四大类社团课程。

1. 语言类社团。拓展学生知识视野,提高学科素养和综合能力,包括沪言沪语社团、诗画古诗词社团、经典诵读社团、日语社团、课本剧社团、英语绘本社团等。

2. 逻辑类社团。提升逻辑思维能力和综合素质。趣味数学思维、数海拾贝奥数社团等。

3. 科学创新类社团。帮助学生深入了解科学知识、提高实验技能和创新能力,包括人工智能社团、未来科学家社团、计算机编程社团、乐高机器人社团、无人机社团等。

4. 文体类社团。以文化、体育、艺术等为主题的社团,旨在为学生提供丰富多样的娱乐活动和文体锻炼的机会,包括少儿武术社团、儿童舞蹈社团、陶艺社团、古典吉他社团、童声合唱团等。

(二)"聚光社团"的评价要求

所有社团课程教师要做到有计划、有教案、有考勤、有考核。学生学期考查分优秀、良好、一般、差四个等级。各辅导教师必须认真整理、搜集好工作计划、教案、工作记录、考勤记录表等资料,适时开展演(展)出汇报。学校将对各社团开展情况进行检查,在学期结束时,根据各社团实际开展辅导的时间,教师上交教案、计划、活动记录的数量和质量,学生的培训效果及各种参赛获奖情况予以考核和奖励,凡按学校规定完成上述任务,可视为达到职称评审基本条件中关于"有组织的辅导学生课外小组"的要求。社团活动按每周1课时计入工作量。对于考核合格、优秀的社团和学员予以奖励(见表1-4)。

表1-4 上海师范大学附属浦东临港小学"聚光社团"课程评价表

项目	标准解读	评估方式	得分
制度 (30分)	认真制定社团学习计划,认真填写《社团活动记录册》。	实地查看 材料核实 活动展示	
	社团人数符合要求,做好考勤以及档案跟踪管理。		
管理 (30分)	指导教师规范、认真、负责。		
	社团活动场地环境良好,有相应的文化布置。		
实施 (20分)	定期开展社团活动,组织有序,记录完整。		
	完成学期末的总结,评选优秀学员。		
效果 (20分)	社团成员或社团成果有很好的展示,比赛成绩优异。		
	社团活动取得良好的教育效果。		
总分			

四、推行"聚光之旅",落实研学旅行课程

学校把研学旅行纳入教育教学计划,与综合实践活动课程统筹考虑,促进研学旅行和学校课程有机融合,有利于促进学生培育和践行社会主义核心价值观,激发学生对党、对国家、对人民的热爱之情;有利于推动全面实施素质教育,促进书本知识和生活经验的深度融合;有利于满足学生日益增长的旅游需求,培养学生文明旅游的意识。为此,学校以乡土乡情为主线,推行"聚光之旅",落实研学课程。

(一)"聚光之旅"的课程设计

"聚光之旅"课程以红色革命传统、祖国美好山河、传统历史文化、现代科技发展、劳动创造美好五个主题方向进行设计。

1. 红色革命传统。利用丰富的红色旅游资源,开展革命传统教育。依据学生的年龄特点、学科特点和教育培养重点,开展各种主题研学教育活动,如爱国主义教育、励志远足、爱心公益、安全演练、环境保护、志愿服务、缅怀革命先烈等专题研学旅行,达到让学生接受体验教育、提升综合素质的目的。例如,以"弘扬雷锋精神,争做进步少年"为主题,我们组织学生参观建桥学院雷锋馆,观看雷锋的珍贵图片及实物,深入了解"雷锋精神的当代内涵"以及探讨"新时代,我们为什么学雷锋"。通过这一活动,学生将深刻领会雷锋精神的时代价值,激发他们争做进步少年的热情与决心。此外,在"八一"建军节到来之际,我们特别策划了"消防零距离,致敬'火焰蓝'"主题活动。学生将亲身走进芦潮港消防救援站,近距离感受消防队员日常工作的艰辛与责任。在此过程中,学生将向这些英勇的战士献上节日的礼物和祝福,表达对他们守护社会安宁的深深敬意。这一活动不仅能让学生更加了解消防员的辛勤付出,也增强了他们对社会的责任感和使命感。

2. 祖国美好河山。以对特殊地区的地理、地形、地貌考察,特殊地区动物、植物、生态专题的探究为主线,让学生用双手去触摸,用眼睛去观察,用智慧去思考,了解独具特色的地理文化,体验家乡的风土人情,激发他们热爱祖国、热爱家乡、热爱自然、热爱生活的情感。例如,在畅游"海洋世界"的过程中,学生近距离感受海洋生物的多样性和神奇魅力,探寻生态之美;而在"做春天里的快乐精灵"的社会实践中,他们走出临港,俯瞰上海的壮丽景色,体验家乡的风土人情。

3. 传统历史文化。通过实地考察和亲身体验,深入了解中国的传统文化和历史。同时,还可开展与友好学校交流互访等活动,领略不同地方的文化,开阔视野,提升文化修养。无论是探寻"上海之美",赓续传统文化,还是在中秋诗词课上与大学生共聚一堂,学生都深刻体验到中华民族优秀传统文化的博大精深。

4. 现代科技发展。在研学活动中,通过考察科学馆、博物馆等,让学生走进科学,培养好奇心和探究欲,发展对科学本质的理解,养成良好的科学探究能力以及科技实践创新能力。例如在"探索科技　快乐成长"的活动中,学生亲身体验当下的科技成果,共筑科技梦想,树立"爱科学、学科学、用科学"的观念。

5. 劳动创造美好。通过农耕体验、手工制作、社区服务等活动,让学生亲身体验劳动的艰辛与快乐,培养吃苦耐劳的品质和感恩分享的精神。他们不仅理解了劳动创造价值的意义,还积极参与家庭劳动,培养了家庭责任感和独立生活能力。

例如,在"爱国卫生大运动"中,学生为社区环境的改善贡献了自己的力量;而在"走进自然,收获秋实"的活动中,他们开拓了视野,感受秋天的美好,同时培养了劳动知识与技能。

(二)"聚光之旅"的课程评价

我校的"聚光之旅"课程评价要求旨在全面、细致地评估学生在研学活动中的表现与收获。在评价过程中,我们注重采用多种评价方式相结合的方法,包括学生自评、互评、教师评价等,以确保评价的全面性和客观性。同时,我们也重视评价的反馈与利用,及时向学生反馈评价结果,帮助他们了解自己的优点和不足,明确努力方向,并将其作为教师改进教学方法和课程内容的依据。具体评价内容和指标详见表1-5。

表1-5 上海师范大学附属浦东临港小学"聚光之旅"课程评价表

评价项目	评价标准	权重	得分
教育性	1. 通过开展各种教育活动和学生的亲身体验来实现综合育人的目标。	15分	
	2. 以知识性目标、能力性目标、情感态度价值观目标和核心素养目标为落实的核心。	15分	
实践性	1. 培养学生发现问题、分析问题和解决问题的能力。	15分	
	2. 促进学生结合书本知识,亲自实践,完成从知识到能力的转化。	15分	
融合性	1. 创造性地整合校内外教育资源。	10分	
	2. 多学科、跨学科整合资源。	10分	
安全性	1. 活动有安全预案。	5分	
	2. 行前有备案。	5分	
	3. 应急有预案。	5分	
	4. 制作安全手册,进行安全培训。	5分	

五、激活"聚光校园",落实环境隐性课程

校园环境文化是学校教育中不可或缺的一环,它以潜移默化的方式影响着师生的成长。上海师范大学附属浦东临港小学在文化建设中,特别关注环境文化的

营造，精心打造了"聚光校园"。通过怡情、浸润、赋能、实践、融合等多种方式，"聚光校园"承载着学校的精神内核和理想追求，成为培育学校生命力的场所。在这里，澄澈纯净、多元活力的氛围让每一个生命都能得到充分的滋养和成长。

(一)"聚光校园"的内涵和要义

建设"聚光校园"是深入实践"聚光教育"理念的重要途径，它致力于推动学校更加内在并富有诗意地发展，是对师生生命光亮的展现和幸福的持续追求。

"聚光校园"是让人心旷神怡的校园。当学校环境融入了文化元素后，它便散发出独特的艺术魅力。尤其是那些自然景观，每一株草、每一块石头都能给人带来美的享受，使人思维清晰，进而提升学习效果。

"聚光校园"是充满智慧与灵感的校园。在这里，规章制度清晰明确，区域划分科学合理，各项功能设施完备，能够潜移默化地影响和启迪学生。这种环境浸润着每一个心灵，具有一种独特的力量，无声无息地影响和改变着人们。在这里，知识、智慧与情感相互交织，共同创造出一个充满活力与创新的生态系统。

"聚光校园"是充满活力与潜力的校园。这里的学习氛围浓厚，校风学风纯正，为师生们提供了丰富的隐性环境课程资源，成为他们恒久的能量源泉。在这里，正能量不断传递，为每个人的成长与发展赋能。

"聚光校园"是充满实践与创新的校园。在这里，校园环境建设不仅是物质层面的展现，更是师生智慧和才艺的结晶。景观布局、细节设计、班级文化呈现等，都是师生们共同努力、交流思想、锤炼实践能力的成果。这种环境提供了实践的平台，激发了师生的创新精神和实践能力，使他们能够在实践中不断成长和进步。

"聚光校园"是充满融合与共生的校园。这里的环境承载着学校的精神和价值观，激发着师生的价值认同感、归属感和凝聚力。在这个共同体内，师生相互影响、共同成长，形成一种积极向上的氛围。

(二)"聚光校园"的评价

"聚光校园"的评价从多方面有针对性地进行，综合考察显性环境建设和隐形课程开发。前者主要借助实地参观，邀请专家、学生、家长等组成考评团，对照评价细则逐一考核；后者通过每学期期末向全体师生投放问卷，由校长室进行问卷汇总、分析，由每个年级的蹲点校领导点对点反馈(见表1-6)。

表 1 - 6　上海师范大学附属浦东临港小学"聚光校园"建设评价细目表

项目	指标	评价内容及参考分值	得分
校园环境建设	心旷神怡(10分)	校园无土不绿,特色鲜明,布局合理。	
	智慧与灵感(10分)	校园环境整洁,制度完善,功能齐全。	
	活力与潜力(10分)	指示语、宣传栏等彰显学校人文特色。	
	实践与创新(10分)	有师生群体智慧和通力合作的成果和作品展示。	
	融合与共生(10分)	装饰物、提示牌等人文景观体现师生共同价值追求。	
廊道环境建设	心旷神怡(5分)	与学校文化特色保持高度一致,具有鲜明主题且有机兼容。	
	智慧与灵感(5分)	能够根据不同年段学生特点布置,新颖别致,富有童趣。	
	活力与潜力(5分)	有反映师生积极阳光生活的内容,达到艺术性和思想性统一。	
	实践与创新(5分)	慧心酝酿,巧手雕琢,集思广益,用常见物诠释别样精彩。	
	融合与共生(5分)	物尽其用,传统与现代交织,节约与创意共生。	
班级环境建设	心旷神怡(5分)	设计体现儿童年段特点,风格统一,整体性强。	
	智慧与灵感(5分)	班级有中队角、评比栏,制度上墙,营造浓郁育人氛围。	
	活力与潜力(5分)	班级布置具有文化内涵,体现学生主体,展示良好班风。	
	实践与创新(5分)	融入学生智慧,有学生作品展示栏,具备交流学习功能。	
	融合与共生(5分)	师生衣着整齐、干净,谈吐文明,待人接物有礼貌。	
您的建议			总分

"聚光校园"的建设是学校在环境生态系统方面的重要举措,它以高瞻远瞩的视角,务实操作的态度,将环境塑造、教育主题和文化活动有机地融合在一起。这种建设不仅提升了学校的环境品质,更让每一个角落都具有教育的意义,为师生营造了一个宜学宜居的美好环境。

六、开发"聚光田园",落实劳动教育课程

(一)"聚光田园"的内涵

聚光田园是一个集劳动教育、实践体验、创新探索于一体的综合性教育平台。通过聚光田园的开发,可以落实劳动教育课程的内涵,提高学生的综合素质和创新能力;可以让学生认识到劳动的价值和意义,培养勤劳、节俭、自立的品质,增强责任感和使命感。学生通过亲身体验和实践操作,掌握基本的劳动技能和农业知识,提高动手能力和解决问题的能力。通过集体劳作、团队合作,培养学生的团队协作精神和沟通能力,增强学生的环保意识,培养学生爱护自然、保护环境的责任感。

(二)"聚光田园"的推进策略

1. 开辟"阳光蔬果园",体验种植技能。学校以培养学生的实践能力为主要目标,把日常知识学习和社会劳动实践紧密结合起来。临港的土地由滩涂复垦而来,土地肥沃,适宜农作物生长,为此,我们在校园内开辟了一片农田作为"阳光蔬果园",每个班级认领一块,建立"卉新育苗社",聘请专业种植老师进校,与校外种植基地相互配合,以培养学生热爱劳动、珍惜劳动成果的良好品德,以增强学生的实践能力和综合素质为目标,建设"种植"主题课程。在种植老师的带领下,学生学习了解相应的种植知识,亲入农田动手体验种植技能。每个学期,学校都会选择适合现阶段气候生长的农作物,组织全校学生共同种植。每学年第一学期以种植萝卜为主,第二学期则以种植番茄为主,学生在种植老师的带领下了解如何播种、施肥、浇水。"卉新育苗社"的学生在平时也会去观察"阳光蔬果园"中的植物,把植物的生长情况记录下来。通过观察与实践,学生学习了劳动技能,初步形成了尊重自然、遵循植物生长规律和季节特点进行科学劳动的观念,感悟到劳动的艰辛。

2. 开设"卉新育苗"种植课程。每周二学校开设"卉新育苗"种植课程,让学生通过丰富多样的课程形式了解种子的秘密、如何制作堆肥箱等劳动知识。构建以实践为主线的课程结构,以劳动项目为载体,学生通过直接体验、动手实践、学创融

通,在"做中学",激发参与劳动的主动性、积极性和创造性,使学生经历完整的劳动实践过程,引导学生通过制作、探究等方式获得丰富的劳动体验,习得劳动知识与技能,培育劳动精神。

3. 开展劳动教育主题系列活动。(1)守护爱心成长彩虹桥。为培养学生的劳动意识和奉献意识,增强其环保意识和服务意识,在班主任老师的带领下,学生志愿者们手拿扫帚、垃圾铲等工具对学校校门口彩虹桥上的垃圾进行清扫,营造干净优美的校园周边环境。(2)"学雷锋纪念日"爱国卫生大运动。每年"学雷锋纪念日"这天,学生代表们都会在党团员教师的带领下前往临港海滨国际花园社区进行爱国卫生大运动,为保护校园周边环境卫生贡献一份力量。(3)"植树节"种植活动。为了让学生自己动手种植,直观感受植物生长过程,培养爱心、耐心、责任心以及观察力,每年的植树节,学校聘请的校外辅导员都会给每位学生发一颗星星种子,让学生将种子带回家,根据老师的视频指导和家长的帮助,精心培育属于自己的"星星种子"。以"星星种子"为载体,创造家庭成员共同劳动的机会,让学生有机会与家长协作达到"亲子共成长"的目的。(4)"劳动节"及寒暑假劳动系列活动。劳动创造美好生活,精彩假期从动手创造、劳动实践开始。利用劳动节、寒暑假,坚持每天劳动,做力所能及的家务;学习劳动本领,体验劳动带来的幸福与快乐。(5)田歌农业科普创新实验基地秋季社会实践活动。为了开拓孩子们的视野,让孩子们感受秋天的美好,同时培养孩子们的劳动知识与技能,全体师生前往田歌农业科普创新实验基地进行秋季社会实践活动,体验手工碾米、搓稻草绳、绘草帽以及农事体验。同学们在农民伯伯的指导下,尝试用犁翻松田土,学习种菜苗的手法和要求。

(三)"聚光田园"的评价标准

劳动教育评价标准旨在全面评估学生在劳动实践中的表现、技能掌握情况以及劳动态度与观念(见表1-7)。

表1-7 上海师范大学附属浦东临港小学"聚光田园"评价细目表

评价内容	评价标准	自评	互评	师评
劳动观念 (25%)	能够通过参与劳动,尊重劳动,了解劳动的不易。(7%)			

评价内容	评价标准	自评	互评	师评
	能够积极参与劳动,遵守劳动纪律,按时完成任务。(6%)			
	表现出对劳动的尊重和兴趣,乐于接受新知识和技能。(6%)			
	能够将所学知识应用到实际劳动中,提高工作效率。(6%)			
劳动能力(30%)	掌握基本的劳动工具使用和操作方法。(5%)			
	能够按照规定流程和方法完成劳动任务。(5%)			
	在实际操作中展现出良好的技术水平和创新能力。(5%)			
	能够在监督下独立完成劳动任务。(5%)			
	能够与他人有效沟通,共同完成团队任务。(5%)			
	遵守团队约定,尊重他人意见,有良好的协作精神。(5%)			
劳动习惯和品质(25%)	保持工作场所整洁有序,注重个人及公共卫生。(7%)			
	了解并遵守劳动安全规程和操作规范。(6%)			
	在劳动过程中能够正确使用安全防护装备,遇到紧急情况能够迅速采取正确的应急措施。(6%)			
	对待劳动认真负责,能够坚持完成任务,不半途而废。(6%)			
劳动精神(20%)	在面对重复性或体力要求较高的劳动时,能够保持坚韧不拔的精神。(7%)			

评价内容	评价标准	自评	互评	师评
	遇到难题时不轻易放弃,能够坚持寻找解决方案。(7%)			
	在劳动过程中体现出奉献精神,能够积极参与并发挥模范带头作用。(6%)			

评价将综合考虑学生的劳动观念、劳动能力、劳动习惯与品质、劳动精神等多个方面,旨在培养学生的实践能力、责任感、创新精神、劳动热情以及坚韧不拔的意志,强调劳动安全和团队协作的重要性。这样的评价体系可以更全面地反映学生的劳动教育成效,激励学生在实践中培养良好的劳动精神,为学生的全面发展和未来融入社会打下坚实的基础。

七、评选"聚光之星",开发个性特长课程

"聚光之星"评选活动是我校为全面挖掘和展示学生个性特长,培养具有创新精神和实践能力的新时代少年而设立的一项重要活动。它旨在通过评选过程,发现那些在不同领域闪耀光芒、具有独特才能的学生,并为他们提供更为广阔的发展空间和平台。

(一)"聚光之星"的实施过程

在评选过程中,我们注重学生的多元发展,不仅关注学习成绩,更看重学生在艺术、体育、科技、社会实践等方面的表现。通过初选、复选和终选等多个环节,最终评选出具有代表性、示范性的"聚光之星"。这些学生在各自的领域内取得了显著的成绩,展现出卓越的才华和潜力。评选"聚光之星",开发个性特长课程的推进实施过程可以分为以下几个阶段。

1. 需求调研。首先,需要了解学生、教师和学校对个性特长教育的需求和期望。可以通过问卷调查、访谈等方式收集意见,以确定个性特长课程的方向和内容。

2. 课程设计。根据调研结果,设计具有针对性和实用性的个性特长课程。这些课程应该能够激发学生的兴趣,发挥他们的特长,并有助于他们的个人发展。课程包括艺术、体育、科技、语言等多个领域,以满足学生的多样化需求。

3. 课程实施。在课程实施过程中,需要注重教学质量和效果。可以采用多种教学方法,如小组合作、互动游戏、实践操作等,以激发学生的学习兴趣和创造力。同时,也需要根据学生的反馈和教学效果,对课程进行及时的调整和改进。

4. 评选活动策划。按照制定的评选流程和评选标准,组织评选活动的策划。在评选过程中,需要注重学生的参与体验和学习成果的展示,以增强学生的自信心和荣誉感。

5. 评选活动宣传。为了让更多的人了解和参与评选活动,需要进行广泛的宣传。可以通过校园广播、海报、社交媒体等方式进行宣传,吸引学生的关注和参与。

6. 评选活动执行。按照制定的评选活动方案,组织评选活动。这一阶段需要确保评选活动的公平、公正和公开,同时还需要做好相关记录和资料整理工作。

7. 奖励与激励。为获得"聚光之星"的学生颁发荣誉证书和奖励,以激励他们在个性特长方面继续努力和发展。同时,也可以为其他参与的学生颁发参与证书或小礼品,以表扬他们的参与和进步。

8. 效果评估与反馈。在评选活动结束后,需要对活动的效果进行评估,并收集学生的反馈意见。通过评估和反馈,可以了解个性特长课程的实施效果,以及评选活动的优缺点,为今后的工作提供参考和借鉴。

9. 持续改进。根据效果评估和反馈意见,对个性特长课程和评选活动进行必要的调整和改进。不断优化课程内容和教学方法,提高教学质量和效果。同时,也可以根据学生的需求和兴趣,开发新的个性特长课程,以满足学生的多样化需求。

(二)"聚光之星"的评价标准

对于评选"聚光之星"和开发个性特长课程的评价标准,可以从以下几个方面进行考虑。

1. 学生参与度。学生对个性特长课程的参与程度是评价的一个重要指标。学校可以统计学生的报名人数、出勤率以及在学习过程中的积极程度等方面的数据进行评估。

2. 学习成果。学生的学习成果是评价个性特长课程质量的核心指标。学校可以通过作业、作品、考试等形式,对学生的知识技能掌握程度进行评估。同时,也可以邀请专业人士对学生的成果进行评价和指导。

3. 进步程度。学生在个性特长课程中所取得的进步也是评价的重要标准。学校可以对比学生在课程开始前后的表现,以及学生自我评价和家长反馈等信息,对学生的进步程度进行评估。

4. 社会影响力。个性特长课程的社会影响力也是评价标准之一。学校可以通过家长反馈、社会评价等方式,了解个性特长课程在社会上的影响力和认可度,以评估其社会效益。

5. 创新能力。个性特长课程应该注重培养学生的创新能力和创造力。学校可以关注学生在课程中的创新表现和创新成果,以及学生在解决问题和面对挑战时的创造力表现。

6. 资源利用效率。学校可以利用各种资源来开发个性特长课程,包括师资力量、场地设施、教学器材等。评价标准可以包括资源利用效率、成本效益等方面的指标,以评估课程的可持续性和发展潜力。

7. 教学管理。教学管理是保障个性特长课程顺利实施的重要环节。评价标准可以包括教学计划制定、教学组织、教学质量监控等方面的指标,以评估教学管理的规范性和有效性。

总之,"聚光之星"评选活动及个性特长课程的开发实施,不仅为学生提供了展示自我、实现梦想的舞台,也为培养具有创新精神和实践能力的新时代少年奠定了坚实的基础。我们相信,在未来的日子里,这些"聚光之星"将继续闪耀光芒,为社会的进步和发展贡献自己的力量。

八、建设"聚光学科",丰富学科课程体系

"聚光学科"是学校独特且富有创新性的学科建设项目,旨在实现学生以探究能力和创新精神为核心的思维能力的发展。该项目紧密结合本地资源,完善和丰富校本课程,每一门学科都得以深入挖掘和拓展,形成了各具特色的"I＋X"学科课程群,其中"1"代表基础型学科课程,"X"则代表学科延伸课程。这一项目不仅转变了学生的学习方式,也更新了教师的教育观和课程观。教师基于学科特点和自己的教学主张,积极开发系列"X"课程,形成了各具特色的校本课程群。这些延伸课程既可以独立实施,也可以与基础型课程进行整合,嵌入教师课堂教学的某一环节,为课堂教学增添新的活力。

（一）"聚光学科"的建设路径

1. 灵动语文。根据"聚光灯课程"实施的总体指导思想，语文学科将古诗词教学、美术、集邮特色教学融汇贯穿在五年的小学学习中。

2. 趣味数学。结合课程建设目标以及"聚光灯课程"实施的总体指导思想，一、二年级主要让学生体验数学学习的乐趣，通过生动有趣的活动和游戏，引导学生积极参与数学活动，培养学生对数学的好奇心和探究欲望。三、四年级通过丰富的数学活动，培养学生的数感，引导学生主动发现问题并独立思考解决问题的方法。在这一阶段，注重培养学生的逻辑思维和推理能力，帮助学生建立数学思想，为后续的学习打下坚实的基础。五年级则是在前面的基础上，进一步提高学生的数学应用能力和解决问题的能力。通过引导学生掌握一定的学习方法、学习技能，使学生能够运用所学知识和方法解决简单问题，感受数学在生活中的作用，为未来的学习和成长奠定坚实基础。

3. 欢畅英语。结合课程建设目标以及"聚光灯课程"实施的总体指导思想，低年级英语重点培养学生学习英语的兴趣和基础能力，通过完成简单任务，角色表演和英文歌曲、歌谣等，引导学生逐渐熟悉英语的语音、语调和表达方式。利用游戏、比赛等形式，激发学生的学习兴趣和积极性，为后续学习奠定坚实基础。中年级英语则是在低年级的基础上，注重提高学生的英语应用能力和自主学习能力。高年级英语是在巩固中年级学习成果的基础上，注重培养学生的英语思维能力和跨文化交际能力。开展单元整体教学设计研究及实践，注重"小学高年级学生写作训练模式"等主题的研究及应用，提高学生的阅读理解和写作表达能力。开展阅读教学研究，培养学生的阅读兴趣和阅读习惯。

4. 磁性科学。学生积极参与、亲身经历各种各样的科学活动，让他们的眼、耳、鼻、舌、身等多种感官协同活动，真正地动手动脑学科学，让科学课堂像磁铁一样有"力"吸引学生。

5. 韵律体育。在校园内广泛开展各种体育活动，将运动知识和技能普及给学生。通过系统科学地在阳光体育时间中融入音乐元素，提高学生的协调能力，改善学习氛围，激发他们的兴趣和爱好。为了丰富学生的体育活动，我们将借助校内外培训机构开展各种项目，如校园足球、武术、网球、乒乓等。这些项目旨在发展学生的兴趣爱好，增强他们的体质健康，让学生在学习中有自己的特长和乐趣，幸福地成长。

6. 静思品韵。品行教育作为教育的核心,存在于课堂、学校、家庭乃至社会的每个角落。我们将其融入日常教育中,通过潜移默化的方式,使孩子在了解知识的同时,形成良好的行为习惯和规则意识。我们的目标不仅仅是培养技能,更是塑造性格,让孩子们在成长的道路上,内心恬静、不为名利所动,不盲目攀比,成为有为的少年。这样的教育理念,不仅关乎个体的成长,更是对民族文化的传承和提升。

7. 浓醇艺术。艺术是一种富有形象性、主体性和审美性的表现形式。艺术教育旨在让学生感受艺术气息,沉浸在纯净而美丽的艺术世界中,培养审美意识、创新思维和人文素养。通过艺术的熏陶,学生能够更好地理解世界,拓展自己的视野,丰富内心世界,提高自我修养。

(二)"聚光学科"的评价标准

上海师范大学附属浦东临港小学"聚光学科"评价标准如表1-8所示。

表1-8　上海师范大学附属浦东临港小学"聚光学科"评价表

一级指标	二级指标	评分要点	权重	得分
学科理念	指导思想	遵循国家课程标准,结合新课标评价的精神,通过对学科素养的评价改革作正确的导向作用,促进学科教学的素质化,推动课改的深入发展,彰显学科课程特色,特色鲜明。	8分	
学科课程	课程目标	体现"知识与技能""过程与方法""情感、态度与价值观"三位一体的课程目标,体现素质教育的理念,培养学生所应具备的核心素养。	10分	
学科教学	课堂教学	课堂民主和谐,气氛活跃。开展多种教学活动,引导学生自主探究,经历概念形成、知识探究的过程,学习方式有效、多样,为学生提供充分的独立思考、动手操作、合作交流的机会。问题设计有针对性,能引导学生探究知识的重难点,启迪学生思维。客观评价学生。面向全体,教学效果好。	8分	

一级指标	二级指标	评分要点	权重	得分
	常规工作	备课符合要求,教学过程设计有突破重难点的策略,有学生动手实践、自主探究、合作交流的教学环节,能体现教与学的方式。	8分	
学科学习	教研制度	建立一套能促进教师专业化发展、以校为本的教研制度。有学期教研计划,有固定的日常教研活动安排并能逐项落实。	4分	
	学习	有计划地学习教育教学理论和专业知识,集体组织和个人自学相结合,积极开展网上教研和读书活动,有学习记录。举行行之有效的教学活动、读书心得分享、好书推荐等交流活动。	3分	
		积极参加上级教育行政部门和教研部门组织的教研活动。及时传达交流有关教研教改信息动态。	3分	
	常规教研	能以备课组为单位集体备课,定期召开教学教研活动:集体备课、教研活动有主题,做到时间、地点、中心发言人、内容四落实,活动有记录并存档。	5分	
		积极探索新的课堂教学模式,推动课改进程。经常开展课堂教学研讨、听课评课、经验交流等活动。相关人员按要求完成听课任务。记录完整、及时。	5分	
		在学科内形成相互学习,共同提高的良好氛围,帮扶结对工作开展正常,骨干教师有明确的帮扶对象,目标、任务明确落实,成效显著。	3分	
	课题研究	结合教学实际,开展小专题研究。组内有研究课题,至少开展一个区级课题的研究,每学期要有实施计划和阶段小结。有区级以上获奖课题。	3分	

一级指标	二级指标	评分要点	权重	得分
	承担任务	积极承担各级各类教研活动,有10%以上的教师在各级各类教研、培训中承担公开课、讲座等任务;在有关教育网站上传资源篇数多。	3分	
		能承担校级以上公开课,并能随时接待外来人员听"推门课"。	2分	
	教研水平	组内教师积极参加各级各类教学竞赛,教育教学成果包括论文、著作、课件、案例、反思、活动设计、课题研究等。	4分	
	特色推广	初步形成有本校特色的学科教研模式,善于总结和提炼教研组或个人教学经验,并有一定影响。	3分	
		在课程改革实践中能探索学科评价改革,并取得初步影响。	3分	
		本学科积极参与校本课程开发,并有成果。	3分	
学科团队	组织机构	教研组机构健全,师生比例恰当。	2分	
	教师素质	人人取得教师资格,学历达标;学习研究风气浓,教学教研水平不断提高。	2分	
		有本学科区级学科带头人1人以上,并对新教师授课能力、技能提升等进行培训。	2分	
学科管理	常规工作	按课程计划开足教学课时,根据教材编足教学实践活动课。有随堂课监控制度,学校行政、学科组长每学期听每位教师随堂课1节以上。每学期有2次及以上备课检查,1次教学质量分析,定时评估教与学的情况,及时进行教学质量分析,诊断教学中的问题,提出改进措施。	6分	
	提质减负	按要求布置和批改作业,作业设计有针对性、有实效,作业量适中且形式多样。	5分	
		测试与考试次数适当,形式多样,题目难易适度,能与生活实际相联,呈现方式多样。	5分	

我们相信，通过这一全面而深入的"聚光灯课程"规划，我们将为学生提供一个更加优质、更加多元的教育环境，让他们在成长的道路上充满自信与活力，绽放出属于自己的光芒。我们期待，在"聚光灯"的照耀下，每一个孩子都能够成为未来社会的璀璨星辰，书写属于他们的精彩篇章。

（撰稿人：上海师范大学附属浦东临港小学　杨丽莉　刘一婵）

第二章

目标的聚焦性：
以育人目标引领课程实施

　　育人目标是学校教育价值观的集中体现，决定着学校的办学方向，是课程实施的出发点和归宿。纵观当下课程变革实践，很多学校热情很高，但成果却呈现出拼盘式、大杂烩或碎片化的状态。学校课程变革应基于理性精神之诉求，按照过程哲学指引下的目标管理要求，确定学校育人目标、厘定学校课程目标、建构学校课程体系，围绕育人目标的实现来推进课程育人过程。

一所学校课程体系的建构过程就是育人模式的探索过程。其中，培养目标是学校教育价值观的集中体现，决定着学校的办学方向，是设计课程结构的出发点和归宿。[①] 学校育人目标是国家培养目标的具体化和个性化表现，有着清晰育人目标的学校能够据此制定学校的管理制度，开发适宜的课程、教学模式和方法。以育人目标引领课程实施，有助于保持课程实施过程的聚焦性、连贯性和有效性，对于培养适应现代化社会需求的全面发展的人才至关重要。

现代课程理论之父泰勒在他的专著《课程与教学的基本原理》一书中提出了课程开发的原理。他认为，课程研制必须关注以下"连续的过程"：确定基本目标，选择学习经验，组织学习经验，评价学习结果。按照怀特海的观点：过程是终极范畴，现实存在的"存在"是由其"生成"所构成的。因此，目标是生成的，具有过程属性。我们必须用生成性过程观看待泰勒的课程研制原理，深刻理解"目标——内容——经验——评价"这个"合生"过程，而不是原子化地将它们机械割裂理解。事实也应该是这样的，过程是有目标的过程，课程开发不是漫无目的的"撒野"，育人目标是内生于课程之中的，课程是基于育人目标导引的"有连续的生成"过程。我们认为，泰勒原理的核心在于其对目标的重视，它要求教育者从课程设计的初始阶段就明确目标，并在整个课程开发和实施过程中保持对目标的关注。这种目标导向的方法确保了课程的每个组成部分都紧密围绕着预设的目标展开，从而增强了课程的目标聚焦性。泰勒原理强调的这种目标清晰性、连贯性和评价机制，对于确保教育质量、提高教学效率以及满足学生的学习需求至关重要。

当前，很多学校"有课程内容，无育人目标；有育人目标，无课程目标；有课程目标，无目标管理"，由此造成了"课程离心化"倾向。在这些学校中，课程不是为了育人，而是为了育分；不是为了育完整的人，而是为了育单向度的人。当然，这在本质上也取消了目标——人因此悄悄地消失了，不在场了。[②] 因此，我们认为，目标的聚焦性是课程实施的核心，只有明确了育人目标，并将其具体化为课程目标，才能确保课程实施的方向性和有效性。通过加强目标管理和评价学习结果，可以不断优化课程实施过程，实现育人目标，培养完整的人。目标的聚焦性并非空洞的口号，

---

① 章巍.课程篇：重构课程体系——高质量育人的核心载体[J].中国基础教育，2024(3)：68—70.
② 杨四耕.学校课程管理的生成性过程与方法论定位——过程哲学视角[J].教育学术月刊，2023(6)：3—11.

而是具体、可衡量、与学生发展紧密相关的教育愿景。目标的聚焦性强调的是在课程设计与实施中,目标、内容、方法和评价等各要素不是静态的、预先确定的,而是随着教学情境的变化和学生发展的需要动态调整的过程。这种动态性促使教育者更加关注目标的实际效果,而非仅仅停留在理论层面,从而有助于育人目标的提升。

首先,目标的聚焦性意味着目标明确且清晰。学校的育人目标应当精准定位,不能模糊不清或过于宽泛。具有聚焦性的育人目标,能够明确地指出学校希望学生在知识、技能、态度和价值观等方面所要达到的具体状态。

其次,目标的聚焦性体现在其连贯性上。从学校的整体育人目标到各个学科的课程目标,再到每一堂课的教学目标,应当形成一个有机的连贯体系。每个层次的目标都应紧密围绕核心育人目标展开,并与核心目标相互呼应、相互支持,确保教育的一致性和连贯性,避免出现目标之间的冲突和脱节。

再者,聚焦性要求目标具有可操作性。这意味着目标不仅是一种理念或愿景,更应该能够转化为具体的教学行为和评估标准。教师能够根据这些目标设计教学活动,选择教学方法,并通过明确的评价指标来衡量学生的学习成果和目标的达成程度。

此外,目标的聚焦性还需要根据实际情况进行动态调整。社会在发展,学生的需求在变化,学校的育人目标也应与时俱进。但这种调整并非随意改变,而是在保持核心价值和总体方向不变的基础上,对具体内容和侧重点进行优化,以更好地适应时代的要求和学生的发展需要。

总之,只有确立具有聚焦性的育人目标,学校才能避免课程的离心化,真正实现育人的根本任务,培养出全面发展、适应社会需求的人才。

在办学实践中,每一所学校都要基于国家的培养目标,建立起具体的、便于在实践中落实的、能切实引领学生发展的学校育人目标。如何将学校育人目标落到课程实施过程之中呢?学校课程变革应基于理性精神之诉求,按照过程哲学指引下的目标管理要求,围绕育人目标的实现来推进课程育人过程。具体操作如下。

首先,确定学校育人目标。教育目的是对受教育者的质量规格的总体要求,是所有教育工作的出发点和最终归宿。从国家制定的教育目的到实际的课堂教学目标,经历了一系列转化。如果以目标概括性程度为准则,可以依次分为教育目的总体目标、培养目标、课程目标、教学目标。把教育目的转化为课程目标,是课程工作者的一项重要任务。确定课程目标,不仅有助于明确课程与教育目的、培养目标的衔接关系,从而明确课程编制工作的总体方向,而且还有助于课程内容的选择和组织,并可作为课程实施的基本依据和课程评价的主要准则。[①] 因此,育人目标必须依据全面发展的教育方针要求,结合学校课程理念清晰地刻画。在此过程中应注意使育人目标符合全面发展的意涵与要求,五育融合,切合实际,与学生的心理年龄和发展阶段相适应,表述通俗易懂,生动形象,使之成为有力激发学生潜能、促进个性成长的工具。

其次,厘定学校课程目标。课程目标是一定教育价值观(教育目的、教育宗旨)在课程领域的具体化,任何课程目标都有一定的价值取向。尽管教育史上不乏对"价值中立的"课程目标的追求,但这种追求本身就体现了一定的价值观。所以,明确课程目标的基本价值取向,就能够增强反省意识,提高制定课程目标的自觉性、自主性。[②] 学校课程目标是育人目标的年段要求和具体表现,它可以对照国家课程方案的总体要求和学校的特定实际有机结合,逐级分解,清晰明确。同时充分考虑学校实际情况与学生需求,形成既有高度又有深度的目标体系。这一目标体系应既具有可操作性,便于教师理解和执行,同时又能激发学生的学习兴趣与内在动力。

最后,建构学校课程体系。泰勒指出,课程与教学的基本原理是围绕着课程目标得以实现的,确定目标是最为关键的一步。在泰勒看来,"我们如果要系统地、理智地研究某一教学计划,首先必须确定所要达到的各种教育目标。"[③]据此,基于课程目标,建构学校课程体系,应兼顾横向与纵向两个维度,即课程内容的逻辑关系与学生成长的时间序列。在具体操作方面,横向上,通过逻辑梳理与分类,搭建起覆盖广泛学科领域的课程框架;纵向上,要求按照年级与学期时间序列匹配课程,精心安排课程进度与难度梯度,形成清晰可见的、支持目标实现的课程图谱。此外,课程体系还应注重跨学科整合,鼓励创新思维与实践能力的培养,使学生能够

---

① 施良方.简论课程目标的三种取向[J].课程·教材·教法,1995(6):60—62.

② 张华.论课程目标的确定[J].外国教育资料,2000(1):13—19.

③ 施良方.泰勒的《课程与教学的基本原理》——兼述美国课程理论的兴起与发展[J].华东师范大学学报(教育科学版),1992(4):1—24.

在真实情境中应用知识,解决实际问题。

　　总之,育人目标上连国家教育方针,下接学校文化与课程,只有把学校教育与国家和民族的命运高度关联起来,以仰望星空的情怀审视学校教育,才可能形成并努力追求高品质的育人目标。学校课程变革必须激活包括教师和学生在内的课程实践过程,回归课程的生成性品格。这就在客观上要求我们关注课程实施的生成性过程,彰显课程实施的过程性、境遇性、关系性和创造性。① 学校课程实施是不断生成的过程,它聚于目标,起于目标,成于目标,归于目标。因此,学校应倡导团队成员通过他们自己的语言以及社会互动来形成并宣传有关育人目标和课程目标的独特界定,以此驱动学校课程实施,进而确证育人目标在课程内容的支撑和课程实施的活性上得以落实。如此,在课程建设过程中,目标管理可以使组织成员对自己的"育人身份"产生特殊的认同感,而这种认同感可以由他的专业眼光来定位,并在课程设计与开发中调整、构造和确证。

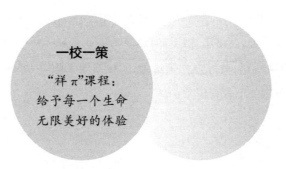

一校一策

"祥π"课程:
给予每一个生命
无限美好的体验

　　上海市浦东新区万祥幼儿园创办于 1989 年 8 月,坐落于上海临港自贸新片区万祥镇,是万祥镇唯一一家公办幼儿园。2012 年 6 月,万祥幼儿园通过上海市一级一类园评审,2019 年 9 月增设分部,形成一园两部(祥安部和祥隆部)的办园格局,27 个班级的规模。万祥幼儿园共有专职教师 58 人,本科学历占 100%,区级骨干 2 人,中心骨干 8 人,园骨干 8 人;教师职称结构为高级教师 6 人;中级教师 14 人。万祥幼儿园是靖海之星教育集团成员校、学前高校联盟见习基地,近年来先后获得上

---

① 杨四耕. 学校课程管理的生成性过程与方法论定位——过程哲学视角[J]. 教育学术月刊,2023
　　(6):3—11.

海市依法治校示范校、上海市安全文明校园、上海市平安示范单位、上海市优生优育指导服务示范单位、上海市保育工作先进集体、浦东新区区文明单位、全国巾帼文明岗、浦东新区"传统文化教育"项目试点园、浦东新区儿童青少年近视防控示范校、红旗团支部、教育局年终考核连续优秀、聘任学校考核优秀、浦东新区优秀早教点、见习教师规范化培训优秀学校等荣誉称号。

第一节　为生命播下美好种子

幼儿园园名出自"万祥"地名。光绪二十一年(1895 年),一商人在万祥镇开设"万祥裕"南货店,规模大,经营范围广,号称"塘东第一店"。从此,人们去"万祥裕"购物,就说去"万祥","万祥"因此叫出了名。后来,各地人士陆续到万祥开店,市面愈发兴旺。"万祥"蕴含着无限吉祥和美好的寓意,万祥幼儿园也承载着为生命播下美好种子的使命和职责。

一、教育哲学

基于万祥镇历史和学校办学特色,我们确立了"至祥教育"之哲学。"至"形容事物的尽善尽美,犹言最好、最高、最大;"祥"泛指一切美好、福善吉利的事物。"至祥"有至善至美、精诚所至、美好吉祥等寓意。"让童年无限美好"的办园理念由此而生。为此,我们秉持如下教育信条:

我们坚信,

每个孩子都是天使;

我们坚信,

教师是播种美好的人;

我们坚信,

教育是美好的代名词;

我们坚信,

幼儿园是与美好相遇的地方;

我们坚信,

让童年无限美好是教育的神圣使命;

我们坚信,

给予每一个生命无限美好的体验是教育最美的图景。

二、课程理念

基于上述教育哲学,我园提出的课程理念为:给予每一个生命无限美好的体验。这一课程理念内涵如下。

——课程即生命眷注。幼儿园存在的意义不在于开设的课程如何精致,而在于发现儿童的力量,认识儿童的特性,了解儿童的需要,改进儿童的心智结构,丰富儿童的生命体验。课程就是游戏带来的原初感受,认可每一位孩子的生命体验,尊重他们的选择,促进每一个生命在广阔的生命田野里自由、舒展、灵性、智慧地生长,展现生命最美的姿态,使幼儿园学习成为一段美好的生命旅程。

——课程即生活世界。幼儿的活动场域不应仅仅是教室内、园内,他们可以走进户外,走向大自然、大社会。他们可以恣意地与身边的花草树木、环境材料进行互动、探究,同一时空下,可以依据自己的兴趣和成长节律,做自己的活动。幼儿的生活学习圈更加宽阔,学习方式更加多元,在亲身体验、实际操作中可以不断建构有益经验。每个孩子都可以在课程中体验生活、强健体魄、热爱劳动,在知识的熏陶之余收获健康的身体与勤劳的美德!

——课程即美好体验。课程是与美的相遇。儿童与老师、儿童与儿童、儿童与自我的相遇,都是美的,所有的相遇都是为了拓展一个更宽阔的世界,让自己的世界变得更大。这里凝聚了幼儿园对每一位幼儿深厚的爱,旨在让他们拥有快乐、拥有智慧;这里也融入了为着孩子、为着未来的一种憧憬!繁花有百态,花开不同时,生命的成长就是要尊重规律,顺应规律,依据不同孩子的实际特点,为每位孩子种下独特的生命图景,让每一个孩子在课程中寻找到适合自己的方向,让追求生命绽放的种子生根发芽、静展芬芳。

——课程即个性舒展。春有兰,秋有菊,课程满足每个孩子的个性需求,滋养每个孩子的个性生长。基于多元体验的课程,满足不同孩子的兴趣和潜能拓展,实现每个孩子独特的精彩绽放,让课程滋养儿童生命成长,让儿童潜能无限激发。

总之,给予每一个幼儿展示自己的平台、给予每个幼儿思考问题的时间、给予每个幼儿理解与关怀,每个孩子便成为独一无二的个体,学校便成就了每一个生命无限美好体验的愿景。因此,我们将幼儿园课程模式命名为"祥 π"课程。

第二节 让童年遇见无限美好

课程目标是体现课程理念、展现课程价值追求的核心部分。我们建构了完整的目标体系,由总到分,由概括到具体,一步步指导课程的实施及儿童学习与发展目标的落实。在这个体系中,有总目标、项目目标、年龄段目标、课程实施目标、园级各主题活动目标、班级班本主题活动实施目标和各类活动下的幼儿学习与发展目标。

一、育人目标

幼儿园培养生活呈祥、探究得祥、交往同祥和自信亮祥的儿童。这一培养目标具体如下。

爱生活,呈美好——拥抱阳光心态,关爱周围事物,呈现美好生活。

喜探究,悟美好——愿意动手动脑,探究科学奥秘,感悟美好自然。

乐交往,现美好——乐于交流分享,协商解决问题,发现美好交往。

有自信,亮美好——善于自我管理,敢于应对挑战,展现美好自我。

二、课程目标

依据以上要求,我们将幼儿园育人目标细化,形成小、中、大的课程目标,具体见表2-1。

表2-1 上海市浦东新区万祥幼儿园课程目标表

生活 呈祥	爱生活 呈美好	小班	1. 在教师提醒下,按时睡觉和起床,并能坚持午睡。 2. 喜欢参加体育活动。 3. 在教师引导下,不偏食、挑食。喜欢吃瓜果、蔬菜等新鲜食品。 4. 愿意饮用白开水,不贪喝饮料。 5. 不用脏手揉眼睛,连续看电视等电子设备不超过15分钟。 6. 在教师提醒下,每天早晚刷牙、饭前便后洗手。
		中班	1. 每天按时睡觉和起床,并能坚持午睡。 2. 喜欢参加体育活动。 3. 不偏食、挑食,不暴饮暴食。喜欢吃瓜果、蔬菜等新鲜食品。 4. 常喝白开水,不贪喝饮料。 5. 知道保护眼睛,不在光线过强或过暗的地方看书,连续看电视等电子设备不超过20分钟。 6. 每天早晚刷牙、饭前便后洗手,方法基本正确。

		大班	1. 养成每天按时睡觉和起床的习惯。 2. 能主动参加体育活动。 3. 吃东西时细嚼慢咽。 4. 主动饮用白开水,不贪喝饮料。 5. 主动保护眼睛。不在光线过强或过暗的地方看书,连续看电视等电子设备不超过 30 分钟。 6. 每天早晚主动刷牙,饭前便后主动洗手,方法正确。
探究 得祥	喜探究 悟美好	小班	1. 喜欢接触大自然,对周围的很多事物和现象感兴趣。 2. 经常问各种问题,或好奇地摆弄物品。 3. 对感兴趣的事物能仔细观察,发现其明显特征。 4. 能用多种感官或动作去探索物体,关注动作所产生的结果。 5. 认识常见的动植物,能注意并发现周围的动植物是多种多样的。 6. 能感知和发现物体和材料的软硬、光滑和粗糙等特性。 7. 能感知和体验天气对自己生活和活动的影响。 8. 初步了解和体会动植物和人们生活的关系。
		中班	1. 喜欢接触新事物,经常问一些与新事物有关的问题。 2. 常常动手动脑探索物体和材料,并乐在其中。 3. 能对事物或现象进行观察比较,发现其异同。 4. 能根据观察结果提出问题,并大胆猜测答案。 5. 能通过简单的调查收集信息。 6. 能用图画或其他符号进行记录。 7. 能感知和发现动植物的生长变化及其基本条件。 8. 能感知和发现常见材料的溶解、传热等性质或用途。 9. 能感知和发现简单物理现象,如物体形态或位置变化等。 10. 能感知和发现不同季节的特点,体验季节对动植物和人的影响。 11. 初步感知常用科技产品与自己生活的关系,知道科技产品有利也有弊。
		大班	1. 对自己感兴趣的问题总是刨根问底。 2. 能经常动手动脑寻找问题的答案。 3. 探索中有所发现时感到兴奋和满足。 4. 能通过观察、比较与分析,发现并描述不同种类物体的特征或某个事物前后的变化。 5. 能用一定的方法验证自己的猜测。

			6. 在教师的帮助下能制定简单的调查计划并执行。 7. 能用数字、图画、图表或其他符号记录。 8. 探究中能与他人合作与交流。 9. 能察觉到动植物的外形特征、习性与生存环境的适应关系。 10. 能发现常见物体的结构与功能之间的关系。 11. 能探索并发现常见的物理现象产生的条件或影响因素,如影子、沉浮等。 12. 感知并了解季节变化的周期性,知道变化的顺序。 13. 初步了解人们的生活与自然环境的密切关系,知道尊重和珍惜生命,保护环境。
交往同祥	乐交往现美好	小班	1. 愿意和小朋友一起游戏。 2. 愿意与熟悉的长辈一起活动。 3. 想加入同伴的游戏时,能友好地提出请求。 4. 在教师指导下,不争抢、不独霸玩具。 5. 与同伴发生冲突时,能听从教师的劝解。
		中班	1. 喜欢和小朋友一起游戏,有经常一起玩的小伙伴。 2. 喜欢和长辈交谈,有事愿意告诉长辈。 3. 会运用介绍自己、交换玩具等简单技巧加入同伴游戏。 4. 对大家都喜欢的东西能轮流分享。 5. 与同伴发生冲突时,能在他人帮助下和平解决。 6. 活动时愿意接受同伴的意见和建议。 7. 不欺负弱小。
		大班	1. 有自己的好朋友,也喜欢结交新朋友。 2. 有问题愿意向别人请教。 3. 遇到高兴的或有趣的事愿意与大家分享。 4. 能想办法吸引同伴和自己一起游戏。 5. 活动时能与同伴分工合作,遇到困难能一起克服。 6. 与同伴发生冲突时能自己协商解决。 7. 知道别人的想法有时和自己不一样,能倾听和接受别人的意见,不能接受时会说明理由。 8. 不欺负别人,也不允许别人欺负自己。

自信亮祥	有自信亮美好	小班	1. 能根据自己的兴趣选择游戏或其他活动。 2. 为自己的好行为或活动成果感到高兴。 3. 自己能做的事情愿意自己做。 4. 喜欢承担一些小任务。 5. 经常自哼自唱或模仿有趣的动作、表情和声调。 6. 经常涂涂画画、粘粘贴贴并乐在其中。
		中班	1. 能按自己的想法进行游戏或其他活动。 2. 知道自己的一些优点和长处,并对此感到满意。 3. 自己的事情尽量自己做,不愿意依赖别人。 4. 敢于尝试有一定难度的活动和任务。 5. 经常唱唱跳跳,愿意参加歌唱、舞蹈、表演等活动。 6. 经常用绘画、捏泥、手工制作等方式表现自己的所见所想。
		大班	1. 能主动发起活动或在活动中出主意、想办法。 2. 做了好事或取得成功后还想做得更好。 3. 自己的事情自己做,不会的愿意学。 4. 主动承担任务,遇到困难能够坚持而不轻易求助。 5. 与别人的看法不同时,敢于坚持自己的意见并说出理由。 6. 积极参与艺术活动,有自己比较喜欢的活动形式。 7. 能用多种工具、材料或不同的表现手法表达自己的感受和想象。 8. 艺术活动中能与他人相互配合,也能独立表现。

第三节　让每一个生命体验无限美好

为了实现课程目标,我园建构了系统的课程体系。

一、课程逻辑

依据"至祥教育"的教育哲学及"让童年无限美好"的办园理念和幼儿园育人目标,幼儿园梳理现有课程,建构体现"给予每一个生命无限美好体验"课程理念的"祥 π"课程体系。"祥"是吉祥美好,"π"形似于"万",它本身是一个无限不循环小数,同时,也蕴藏着无限美好和无限可能。通过整体构建课程体系,实现"生活呈祥,探究得祥,交往同祥,自信亮祥"的育人目标(见图 2-1)。

二、课程结构

《3—6 岁儿童学习与发展指南》从健康、语言、社会、科学、艺术五个领域描述幼

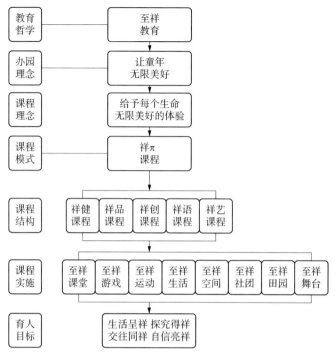

图 2-1 上海市浦东新区万祥幼儿园课程逻辑图

儿学习与发展。基于这一考虑,我园课程分为"祥健课程、祥语课程、祥艺课程、祥创课程、祥品课程"五个类别(见图 2-2)。

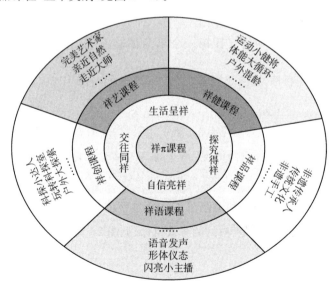

图 2-2 上海市浦东新区万祥幼儿园课程结构图

上图中,各领域课程内涵如下。

1. 祥健课程。祥健课程崇尚运动至祥,阳光心态。旨在引导幼儿乐于锻炼身体,拥有健康的身心。发育良好的身体、愉快的情绪、强健的体质、协调的动作、良好的生活习惯和基本生活能力是幼儿身心健康的重要标志,也是其他领域学习与发展的基础。包含以下课程:爬行健将、拍球能手、欢乐足球、跑酷达人等。

2. 祥语课程。祥语课程崇尚语言至雅,乐于交流。幼儿期是语言发展,特别是口语发展的重要时期,通过为幼儿创设自由、宽松的语言交往环境,鼓励和支持幼儿与成人、同伴交流,让幼儿想说、敢说、喜欢说并能得到积极回应。为幼儿提供丰富、适宜的读物,和幼儿一起看图书、讲故事,丰富其语言表达能力,培养阅读兴趣和良好的阅读习惯,进一步拓展学习经验。包括以下课程:阅读启蒙、民间童话、童谣诗歌、故事大王、闪亮小主播等。

3. 祥艺课程。祥艺课程崇尚艺术至美,提升审美情趣。每个幼儿心里都有一颗美的种子,祥艺课程的学习关键在于充分创造条件和机会,在大自然和社会文化生活中激发幼儿对美的感受和体验,丰富其想象力和创造力,引导幼儿学会用心灵去感受和发现美,用自己的方式去表现和创造美。包含以下课程:童趣律动、欢唱派对、超级童声、创意画坊、舞林大会等。

4. 祥创课程。祥创课程崇尚思维至活、乐于思考。在探究具体事物和解决实际问题中,尝试发现事物间的异同和联系,通过观察、比较、操作、实验等方法,学习发现问题、分析问题和解决问题;不断积累经验,并运用于新的学习活动中,形成受益终身的学习态度和能力。包含以下课程:瓶罐总动员、感官总动员、小小发明家、乐高机器人等。

5. 祥品课程。祥品课程崇尚待人至诚、自尊自信。幼儿在与成人、同伴交往的过程中,不仅在学习如何与人友好相处,也在学习如何看待自己、对待他人,不断发展适应社会生活的能力。幼儿在积极健康的人际关系中获得安全感和信任感,发展自信和自尊,在良好的社会环境及文化熏陶中学会遵守规则,形成基本的认同感和归属感。包含以下课程:我爱清洁、我会整理、感恩的心、乐活种植等。

三、课程设置

《3—6岁儿童学习与发展指南》分别对3至4岁、4至5岁、5至6岁三个年龄段末期幼儿应该知道什么、能做什么,大致可以达到什么发展水平提出了合理期望。我园"祥健课程、祥语课程、祥艺课程、祥创课程、祥品课程"五大领域课程,均包含共同课程和自选课程,小班、中班和大班课程设置具体见表2-2。

表 2-2 幼儿园课程设置

		祥健课程		祥语课程		祥艺课程		祥创课程		祥品课程	
		共同课程	自选课程	共同课程	自选课程	共同课程	自选课程	共同课程	自选课程	共同课程	自选课程
小班	上	学习活动 3—4岁	爬行健将 快乐奔跑 ……	学习活动 3—4岁	阅读启蒙 看图说话 ……	学习活动 3—4岁	趣味泥巴 童趣律动 ……	学习活动 3—4岁	瓶罐总动员 声音变变变 ……	学习活动 3—4岁	我会打招呼 我爱清洁 ……
	下	学习活动 3—4岁	蹦蹦跳跳 情绪小怪兽 ……	学习活动 3—4岁	童谣诗歌 小青蛙讲故事 ……	学习活动 3—4岁	欢唱派对 美妙涂鸦 ……	学习活动 3—4岁	影子的秘密 图形拼搭 ……	学习活动 3—4岁	光盘达人 我的朋友 ……
中班	上	学习活动 4—5岁	我在长大 悦跳跳越快 ……	学习活动 4—5岁	民间童话 故事大王 ……	学习活动 4—5岁	画画世界 舞动童心 ……	学习活动 4—5岁	感官总动员 快乐学数 ……	学习活动 4—5岁	接待礼仪 我会整理 ……
	下	学习活动 4—5岁	拍球能手 会变的心情 ……	学习活动 4—5岁	绘声绘语 小小讲解员 ……	学习活动 4—5岁	超级童声 创意画坊 ……	学习活动 4—5岁	玩转图形 创意拼搭 ……	学习活动 4—5岁	能干的我 感恩的心 ……

		样健课程		样语课程		样艺课程		样创课程		样品课程	
		共同课程	自选课程	共同课程	自选课程	共同课程	自选课程	共同课程	自选课程	共同课程	自选课程
大班	上	学习活动 5—6岁	欢乐足球 绳彩飞扬 ……	学习活动 5—6岁	红色绘本 小小演说家 ……	学习活动 5—6岁	乐动心弦 名画欣赏 ……	学习活动 5—6岁	种子的奥秘 小小发明家 ……	学习活动 5—6岁	乐活种植 非遗体验 ……
	下	学习活动 5—6岁	情绪王国 跑酷达人 ……	学习活动 5—6岁	绕口令 闪亮小主播 ……	学习活动 5—6岁	舞林大会 户外写生 ……	学习活动 5—6岁	自然探秘 乐高机器人 ……	学习活动 5—6岁	小鬼当家 文明小公民 ……

第四节　让每一个生命开出至善至美的花朵

　　课程实施是实现课程目标的必要途径,从幼儿园实际出发,依据幼儿园课程目标,我园制订出富有幼儿园特色的课程实施方案,从建构"祥 π 课程",创设"生活呈祥""探究得祥""交往同祥""自信亮祥"的课程环境,从"运动小健将""非遗传承人""科探小达人""'玩'美艺术家""闪亮小主播"等方面入手,奉行"给予每个生命无限美好的体验"的理念,实践"祥 π"体验课程,"让童年无限美好",为儿童成长拓展多元的学习渠道,形成符合我园特色的课程实施体系,让每个生命开出至善至美的花朵。

一、建构"至祥课堂",提升保教质量

　　集体教学活动是幼儿园课程实施的重要途径之一,优质的教学设计是有效提高保教质量的重要因素。我园以"儿童'学'在前、教师'教'在后"为目标,基于不同年龄段幼儿的学习特点,紧紧围绕"放手发现、自主学习、鼓励探究、支持试错、尊重差异"等关键词,按照《幼儿园保育教育质量评估指南》的新要求,合理构建师幼关系,科学重组教学形式(见表 2-3、2-4)。

表 2-3　集体学习活动

集体学习活动	关注幼儿发展	1. 形成良好的学习兴趣与活动习惯。 2. 有良好的坐姿、站姿,注意自身形态美;勇于表达表现,有良好的倾听、学习习惯。 3. 基本经验的丰富与能力的发展(认知、审美、艺术表现、语言能力等)。
	操作要点	活动设计
		1. 目标确立依据幼儿年龄特点、认知规律、已有经验和发展需要,关注幼儿情感、态度、能力等方面发展,表述清晰、突显活动价值点。 2. 内容选择围绕目标,贴近幼儿生活经验,有挑战性,有益于幼儿发展。 3. 过程设计依据目标,方法灵活、有情趣。 4. 环节清晰、重点突出,注重过程体验,充分体现幼儿自主性原则。 5. 提问尊重幼儿的思维,围绕目标的达成,化解重难点,推进教学(尽可能预想各种回应方法)。
		组织与实施

		1. 做好幼儿前期经验准备,教、学具准备工作充分。
		2. 根据教育活动目标(观察与探索、幼儿活动经验的差异等),合理选择集体或小组活动形式。
		3. 倾听和观察幼儿,关注现场活动信息,尊重理解幼儿的想法,适时给予有效回应,推动幼儿活动。
		4. 认真反思,寻找、分析活动预设与生成间的差异,及时调整活动计划。
		5. 为满足幼儿好奇心,引导家长与幼儿共同通过各类途径,寻找幼儿的小问号答案,积累相关经验,在稚语心声中给予幼儿表达表现的机会,提高主动学习兴趣与表达表现能力。
		6. 引导幼儿自发产生话题讨论,教师关注每个孩子的发言,了解幼儿的语言发展水平。

表 2-4 个别化学习

	关注幼儿发展	1. 自主选择活动(内容、材料、方法等)。
		2. 有兴趣地学习与探索,积极地表达与表现。
		3. 有良好的学习习惯,喜欢尝试,做事专注、坚持、能独立解决困难。
		4. 理解、遵守活动规则,爱惜物品,结束后主动整理活动材料,做到物归原处。
区角活动(个别化学习)	操作要点	**条件提供**
		1. 环境创设关注课程平衡,注重幼儿多渠道、多形式的体验与感受,获得新经验。
		2. 根据活动内容设置不同大小的活动区,区角之间避免干扰,材料摆放易于幼儿取放。
		3. 材料投放充足,有层次、有挑战,体现年龄特点。
		(如:小班活动内容突显情境性,中大班活动内容突显探索性、挑战性)
		4. 设置幼儿作品展示台,便于幼儿作品的呈现与活动延续。
		观察与指导要点
		1. 观察幼儿活动情绪(投入、专注)、达成度、困难与问题、安全,指导点面结合、及时调整。
		2. 了解活动中反映出的幼儿艺术语言,引导同伴间分享。
		3. 注重幼儿规则意识的培养以及良好的学习、行为习惯的培养(自主性、专注性、坚持性、积极大方地表达、表现、整理材料等)。

学习活动资源利用方案如下。

1. 教师应有课程开发的意识，善于利用幼儿园空间、设施设备、活动材料等多种多样的课程资源以支持幼儿的学习活动。利用墙壁、廊道、种植园地以及专用活动室，引导幼儿在与环境互动中进行探索和学习。

2. 充分利用社区、周边自然和人文环境，扩展幼儿的学习空间，为幼儿的体验性、探索性学习创造条件。

3. 教师应重视同伴之间合作学习、互相影响的作用。

4. 争取家长的理解、支持，鼓励并组织家长参与各类对幼儿发展有益的实践活动，借助家长职业等资源，创设走进主题的机会，丰富幼生主题经验，使家长成为主题教学活动的参与者、支持者、评价者。

二、开展"至祥游戏"，活跃主体参与

通过改造边角区域空间、增加设施设备等方式，使全园的户外场地得以最大程度的利用，更好地满足幼儿的游戏需求。利用园内外资源，结合各类教育契机，积极开展各类游戏活动，在实践中转变教师观念，坚持儿童立场，以"幼儿在前，教师在后"为原则，丰富自然材料和低结构材料，更好地激发幼儿游戏意图，在实践中积累幼儿游戏行为的观察与支持的相关经验。捕捉游戏中的价值点，对如何优化活动区域划分、投放材料等进行进一步思考和调整，从而采取适宜的支架助推儿童在游戏中的深度学习（见表2-5）。

表2-5 游戏活动

自主性游戏	关注幼儿发展	1. 运用生活经验，模仿、扮演角色。 2. 创造性地使用游戏材料、有礼貌地与同伴交流，愉快地参与活动。 3. 爱惜物品，整理游戏材料，知道物归原处，有良好的游戏行为与习惯。 4. 与人为善，尊敬他人，关爱他人。 5. 大班幼儿逐步建立和形成合作意识和能力，共同协商、建立和实践公平与合作的游戏规则。
	操作要点	条件提供 1. 保证幼儿每天有1小时以上的自主游戏和自由活动时间；大班后期可适当减少角色游戏时间，增加结构游戏时间。 2. 根据幼儿的发展特点及兴趣需要，分割活动区域的空间大小、高低位置，提供尽可能多的游戏活动空间，便于幼儿取放、交往和选择。

	3. 根据幼儿年龄特点,投放不同结构材料,材料充足、种类丰富,满足每个幼儿的个性需求。 小班:同种材料数量多一些,成品材料居多;结构材料宜大块、彩色积木。 中班:逐步减少成品,增加半成品、低结构材料和非结构材料,师生合作创设游戏空间,调动幼儿多种经验。 大班:以自主收集低结构材料为主,教师提供留白空间,供幼儿自主讨论游戏内容,制定游戏规则,构建游戏场地,满足幼儿多种游戏需要。
	观察与介入 1. 尊重幼儿的选择,体现自主、自发、自由的原则。 2. 关注幼儿与游戏材料、同伴的互动过程,观察幼儿在游戏过程中的情绪与角色行为,给予适时支持与帮助,推进游戏情节的发展(调整游戏材料与环境,及时处理意外情况等)。 3. 创设游戏交流平台,分享经验,支持幼儿的新发现(可通过摄像、拍照、欣赏作品等方式尽可能地再现幼儿的活动过程,增强游戏体验)。

自主游戏包括:角色游戏、结构游戏、表演游戏、沙水游戏等。

1. 利用春、秋游和各种庆祝活动、远足等机会,丰富幼儿生活经验和对周边生活的了解,帮助幼儿提升游戏水平,提高参与游戏的兴趣。

2. 指导家长,创造提供让幼儿参与各类家庭活动的机会,鼓励幼儿获取各类社会信息。

3. 教师多途径地挖掘材料,刺激和调动幼儿游戏的发生和发展。鼓励幼儿和同伴、家长一起收集各种可利用的废旧物,以丰富游戏材料。

4. 教师应注重空间资源的开发,为幼儿创设开放性的游戏空间。同一空间可根据幼儿的游戏需要发挥多种功用,满足幼儿的游戏需要。

三、推行"至祥运动",保障身心健康

"至祥运动"从运动的核心价值出发,放眼生命、立足生活、关注生长。根据幼儿身心发展特征及规律,注重幼儿运动中身心的愉悦感和自主体验感,科学、适宜地引导幼儿获得快乐运动的经验,促进幼儿体质体能、社会性及情感、学习品质等方面的全面发展,实现育体、育心、育能的目标,为培养儿童的健康人生奠基(见表2-6、2-7)。

表2-6 运动

运动	关注幼儿发展	1. 喜欢运动,自主选择不同运动器械,充分活动身体;感知运动节律的变化;尝试新奇、有野趣的活动,获得身体活动的经验。 2. 愿意和同伴一起运动,能自觉遵守运动的规则和要求,具有初步的集体意识、安全意识和自我保护意识及能力(能够自行休息,自我生活护理)。 3. 能与同伴、老师一起整理运动器械,物归原处。 4. 小班幼儿更关注:模仿他人的运动方式和动作、听辨信号能力(开始、停止、动作变化等)、避开运动中的危险。 5. 愿意跟老师一起摆放及整理运动玩具,运动中懂得主动谦让、互助。 中大班幼儿更关注:合作、竞争意识、听辨信号(方位变化、速度变化等)、动作协调性、平衡性、自我调整运动量并能及时穿脱衣物等。			
	环境及材料的准备(根据年龄段特点选用)	器械	固定型器械	主材料	辅助材料、废旧材料或特色材料(包括自制)
				组合类(大小滑滑梯、跷跷板、攀登架、攀登梯、钻鱼、爬网、荡轮胎、秋千、悬吊架、悬吊绳等)	垫子、平衡木、轮胎、竹梯、绳子、跨栏、高低板桥等
			移动型器械	球类(乒乓球、皮球、足球、篮球、排球、蹦蹦球、海绵球、羊角球、吸盘球、流星球等)	气球、纸球、草球、足球架、高低篮球架等
				车类(自行车、独轮车、扭扭车、轮胎车、踏板车、滑板车、拖拉车等)	交通信号灯、指挥旗、路障、交通规则路线图、沙包、沙瓶、大滚车、铁桶车等
				桥、平衡木、竹梯、高跷、跳箱、滑板、梅花桩等 飞标、投掷器、投球架等	轮胎、斜坡、沙瓶、箩筐、担架 风筝、背包、木棒、布袋、橡皮筋、大小不同的纸箱、木箱等
		环境	园内	草地、塑胶地、木板地、水池、沙池、室内外攀爬区域等	
			园外	社区、公园、小树林、野外等	

操作要点	＊整体关注		1. 确保每日2小时户外活动时间,其中1小时运动时间能分段进行。 2. 提供符合年龄特点、数量基本满足需要的运动材料和器械,使幼儿充分运动。 3. 能利用现有的园内外运动资源、根据季节特点进行运动,所开展的运动符合不同年龄幼儿特点。 4. 能关注安全,及时处理异常情况和突发事件。
	运动前		1. 提醒并协助幼儿做好准备(检查鞋带、整理服装、如厕、饮水等),带好需要的物品(干毛巾、衣服筐、纸巾等)。 2. 了解当天运动的所在区域,检查运动场所及器械的状况,及时排除安全隐患(如不同运动区域的分割、运动器械的完备状况)。 3. 强调与安全有关的规则和注意事项,关注对幼儿自我保护意识和能力的培养。
	运动中		1. 充分调动幼儿参与运动的积极性,引导幼儿自主选择运动区域,尝试运用不同的活动材料、活动方式,注意运动的密度。 2. 关注特殊儿童,给予特殊儿童(肥胖儿、体弱儿)更多的指导、关心。 3. 混龄活动中引导幼儿大带小自主结伴,大的主动帮助小的完成运动任务,主动照顾小的,合作互助。
	运动后		1. 指导和鼓励幼儿参与运动场景的创设和器械的收放,将衣服等物品带回教室。 2. 指导幼儿独立洗手、擦洗,适当喝水、添加衣服。 (小班帮助;中班提醒;大班观察;可值日生提醒,独立完成)

表2-7 户外活动

	内容	教师组织活动操作要点
户外活动(一小时运动活动之外)	散步	1. 散步前,组织幼儿讨论观察的内容和要求。 2. 散步中,引导幼儿细心观察(观察事物的方法)。 3. 鼓励和启发幼儿提出问题,创造性地回答问题。 4. 引导幼儿积极思考和讲述观察到的事物。 5. 注意安全:提醒幼儿小步慢走等。

	园内结合场地、季节特点活动	1. 关注幼儿安全:活动场地开阔、无危险性;活动材料安全有趣。 2. 引导幼儿积极参与各类活动(如秋天捡落叶、春天种植护理、夏天玩水等活动),遵守活动规则,了解一定的安全常识(提醒幼儿在相应范围内活动等)。 3. 大班幼儿户外写生活动。
	户外自由活动	1. 观察幼儿的交往能力与语言沟通,有否与同伴交换玩具的意识与行为。 2. 参与幼儿活动,进行个别沟通、交流。 3. 活动结束后保管好自己或朋友的玩具。
	户外游戏	1. 鼓励幼儿按照自己的意愿提出游戏的主题,引导幼儿自主选择游戏。 2. 根据观察要点介入游戏,关注每个游戏主题的开展情况。 3. 及时发现孩子生成的信息及问题,并及时记录,在想好引导幼儿的策略后再进行适当的介入支持。 4. 培养幼儿自主取放材料、玩好后物归原处、不损坏玩具、遵守游戏规则等良好行为习惯。
	种植园地管理	1. 引导幼儿认识种植园地的植物。 2. 带领幼儿经常关心自己班级种植的植物,照顾植物、关注植物的变化。

运动资源利用方案如下。

1. 依据运动目标、基本经验、幼儿兴趣、季节变化、运动水平,有针对性地统筹、选编、组织内容。

2. 积极开发运动资源,可以结合季节特点、自然条件、家长资源等锻炼幼儿身体,丰富运动课程。

3. 在合理规划、保证安全的基础上,最大程度地提高场地、设施、器械的使用率。利用各种材料自制小型活动器具及大型运动器械开展活动;同时借助社区和周边的环境资源,开展安全、适宜的运动,组织幼儿到大自然中去远足、郊游。

四、创意"至祥生活",落实家园共育

生活活动是幼儿园一日活动中的重要环节,既是满足幼儿生理需要的活动,也是培养幼儿生活习惯、自理能力、规则意识和良好品质的重要途经,更是建立充满关爱温馨的师幼关系的重要活动环节。同时,家庭是幼儿园重要的合作伙伴,我园本着尊重、平等、合作的原则,争取家长的理解、支持和主动参与,并积极帮助家长提高教育能力。我园进一步拓展家庭教育品牌内涵,新增促进两代人亲子共育的家长学校课程、亲子活动形式等,拓展家园共育实施途径,提高幼儿园家庭教育指导能力(见表2-8)。

表2-8 生活活动(来园、盥洗、点心、进餐、午睡、离园等)

来园	关注幼儿发展	1. 有无主动向老师、同伴问好,与家长道再见。 2. 完成插晨间牌、洗手、外套衣物折叠、个人用品存放指定地点等个人事务。 3. 自己选择活动,爱护玩具,活动后能够将玩具、材料收放整齐并归于原处;爱护椅子,轻拿轻放。 4. 学习管理自然角、中大班幼儿学做值日生。
	环境材料准备	1. 创设家园互动平台(如"班级直通车""今日关注""姓名牌"等),便于教师及时观察、了解幼儿的情况。 2. 创设来园自由活动区域。
	操作要点	1. 热情接待家长与幼儿,观察了解幼儿的情绪及身体状况。对家长关照的特殊事务作必要的记录,以免遗忘,并让搭班同事了解。 2. 对个别情绪不稳定的幼儿给予必要的心理抚慰。 3. 引导幼儿有礼貌地向老师、小朋友问好,并和家长道再见。 4. 观察幼儿存放自带玩具、衣服等个人物品时是否整齐,并给予必要的指导和帮助。 5. 引导幼儿自主选择活动,与个别幼儿聊天,了解幼儿的需要和想法。 6. 鼓励并指导中、大班幼儿进行值日活动,做力所能及的事。
盥洗	关注幼儿发展	1. 安静、有序、遵守规则、互相帮助、互相谦让,正确如厕,人多时能够主动自觉排队等待。 2. 学习使用便纸、便后冲水,自己整理衣裤。 3. 餐前便后和手脏时,用洗手液、流动水正确洗手;有节约用水的意识。 4. 洗手后、点心及进餐前保护好自己的小手,尽量不接触桌、椅、衣服等。 5. 运动后正确洗手、如厕、擦脸。 6. 中大班幼儿学做值日。

	环境材料准备	1. 盥洗前准备工作:准备好毛巾、洗手液,创设一个适宜、舒适的盥洗环境。 2. 创设幼儿易于识别的安全、健康等自主完成盥洗的隐性环境提示。 (小班可用图片提示,中大班由教师组织幼儿一起讨论并制作,可用文字与图片呈现提示)
	操作要点	1. 班级保教人员分别站立在合适的位置,关注每一位孩子。(三位一体配合) 2. 观察幼儿安静、有序如厕,在人多时排队等待的情况。 3. 观察幼儿便后使用便纸、主动冲水、自己整理衣裤(包肚子)的情况,给予必要指导帮助。 4. 观察幼儿在餐前便后和手脏时使用洗手液正确洗手、整理毛巾的情况,并给予必要指导和帮助。 5. 引导幼儿节约用水、遵守规则、互相谦让、礼貌交往、自我保护等,发现问题及时解决。 6. 鼓励指导中、大班幼儿进行值日活动,做力所能及的事。 保育要点:保持盥洗室地面干燥、无积水,午后和幼儿离园后消毒;为尿湿的幼儿更换、清洗衣物。
点心	关注幼儿发展	1. 愉快、安静用点心、漱口,保持桌面、地面干净整洁。 2. 点心后送回、轻放并整理餐具,整理桌椅,主动用毛巾擦干净嘴。 3. 中大班幼儿学做值日。
	环境创设	1. 提供品种多样的点心。 2. 按班级人数准备用具(杯子、盆子、夹子、毛巾等)。 3. 根据班级幼儿人数领取点心、牛奶。 4. 提供"你吃(喝)了吗"提示牌,幼儿自主插牌。
	操作要点	1. 餐前:组织幼儿在温馨的餐点环境内用点心(中大班自助点心)。 2. 餐中:观察幼儿安静用点心,保持"三清",给予必要指导和帮助。注意个别照顾打翻、不正确吃法、过敏幼儿的护理。 3. 餐后:引导幼儿自主整理餐具、使用毛巾擦嘴。 4. 鼓励及指导中、大班幼儿进行值日活动,做力所能及的事。

进餐	关注幼儿发展	1. 餐前:正确使用餐具独立用餐。小班会使用调羹、中班起学习使用筷子进餐(早期提供调羹辅助)。 2. 餐中:做到细嚼慢咽、安静独立用餐,打喷嚏遮口鼻,不浪费餐食等。"三清"后离开餐桌(大班自主添加汤、饭)。自取定量水果,果皮核统一放入骨盆。 3. 餐后:自主将餐具轻轻放到空桶里,漱口、擦脸。中班起学习餐后协助清理桌面,倾倒骨盆等。餐后轻拿椅子放到指定地点,安静自主活动,不影响他人进餐。 4. 中大班幼儿学做值日。
	环境及材料的准备	1. 每周公示幼儿一周菜谱。 2. 创设温馨的用餐环境:整洁、整齐、温馨。 3. 播放舒缓的音乐帮助进餐。 4. 保育员规范餐前餐中着装,消毒餐桌、擦嘴的热毛巾等。
	操作要点	1. 餐前:半小时安排幼儿安静地活动。安排完成盥洗的幼儿自主进餐。 2. 餐中:小班幼儿使用调羹、中大班幼儿使用筷子情况。幼儿愉快进餐,养成良好饮食习惯,给予个别幼儿必要的指导和帮助。(不挑食、吃完自己一份饭菜,渣滓放骨盆等)观察肥胖儿(先喝汤、控制速度、控制量)、体弱儿(鼓励、帮助吃完自己的一份饭菜)进餐情况。帮助年龄小或能力弱的幼儿(遇上吃鱼虾类食物时)去壳或拆骨。 3. 餐后:指导幼儿参与餐具、桌面、桌椅的清洁与整理工作。观察幼儿自主漱口、用毛巾擦嘴、叠放毛巾等餐后活动,并给予必要的指导与提示。餐后组织幼儿活动(室外散步、自由活动等)。 4. 鼓励及指导中、大班幼儿进行值日活动,做力所能及的事。 保育要点:幼儿进餐时,不拖地、不扫地。
	关注幼儿发展	1. 午睡前:学习叠、摆放整齐鞋、衣物等个人用品。 2. 午睡中:安静入睡,侧卧或仰卧,头在被子外部。 早醒控制情绪,安静等待。 3. 午睡后:安静迅速起床,整齐穿衣裤、鞋袜;大班起学习自己整理小床。帮助别人,礼貌请求别人帮助及感谢别人的帮助。

午睡	环境及材料的准备	1. 创设温馨、宁静的环境。 2. 冬天温度低于 5 摄氏度、夏天温度高于 30 摄氏度时,进入寝室前 15 分钟打开空调,温度调至 26 摄氏度。 3. 睡前故事准备:科学故事、童话故事等。
	操作要点	1. 午睡前: ● 观察幼儿独立脱衣、放置鞋子及叠放衣服整齐情况,给予必要的帮助、指导或提醒。 ● 幼儿脱衣时关窗,待幼儿全部睡下后天暖无风时可打开窗(应避免对流风吹在幼儿身上)。 ● 全体幼儿头、脚交叉睡,避免口对口呼吸。 ● 进入卧室后,可轻声地播放"睡前故事"。 2. 午睡中: ● 观察幼儿盖被(毯)情况,给予必要的整理和帮助。 ● 不间断巡视,观察幼儿睡姿,及时提醒幼儿侧卧或仰卧,不蒙头睡觉,发现幼儿神色异常应及时报告并处理。 ● 对午睡中起床如厕的孩子要跟随去(准备好如厕拖鞋,每人一双)。 3. 午睡后: ● 按时请幼儿起床,询问幼儿的睡眠情况(可让先醒来幼儿起床)。 ● 关注孩子穿衣服顺序,给予小班幼儿必要的帮助(冬天应注意快速帮助)。 ● 中大班以语言指导和提醒为主,建议幼儿自我和互相帮助。 ● 提醒收拾整齐的幼儿如厕小便、盥洗、喝水等。 ● 大班幼儿学习整理自己的小床(铺平床单,叠好小被,摆放整齐)。
离园	关注幼儿发展	1. 共同整理班级物品,如放好椅子、玩具等,班级用品物归原处。 2. 自主整理、检查自己的物品,不遗忘。 3. 穿好外套,主动与老师、保育员及同伴道别。
	环境及材料的准备	1. 有序安静地离园,等待家长时可播放故事,或组织幼儿看图书、玩玩具。 2. 设计离园小游戏,为孩子在幼儿园的一日生活画上快乐的句号。

离园	操作要点	1. 离园前： ● 提醒幼儿喝水、如厕、整理自己的衣服。 ● 引导同伴间互相检查,帮助个别幼儿整理衣服(保证每个幼儿衣着整齐)。 ● 提出有关要求,发布有关通知。 ● 时间许可时有计划地组织、指导小游戏,等待离园。 ● 可以与幼儿进行简短谈话,鼓励他们进步,保持良好的情绪状态,提出新的要求。 ● 提醒幼儿拿好自己的衣物、玩具等,安静等待。 2. 离园中： ● 亲切、简短接待家长,严格确认接幼儿的家长,有重点地与个别家长沟通,做好生病、情绪异常等特殊幼儿的交接。 ● 引导幼儿离开时能主动向老师、同伴告别。 ● 遇陌生人来接幼儿时,不随意放行,必须与幼儿家长取得联系,并请陌生人在交接记录本上书面签字后,方可把幼儿交给陌生人。确保每一个幼儿安全离园。 3. 离园后： ● 及时安慰还没回家的幼儿,共同整理活动室。 ● 提供适宜的活动材料,和幼儿一起活动,等待家长来接。 ● 16:00后和家长电话联系,等待家长将幼儿接回家,并做好交接的登记。 ● 所有幼儿离园后,做好次日各项活动的准备。 ● 关好灯、电扇、门窗等,离开教室。

生活活动资源利用方案如下。

1. 以多种形式加强家园沟通,保证幼儿自理行为和生活习惯的家园一致。

2. 保教人员充分利用园内设施,创设各类隐性教育环境,为幼儿创造自己动手、自我服务的机会。

3. 重视同伴之间相互影响及保教人员言传身教,为幼儿提供良好的生活习惯的示范。

4. 利用自然环境和社区教育资源,使幼儿逐渐积累对公共生活规范的认识和经验。

五、激活"至祥空间"，开发环境课程

环境是幼儿园无声的教育传递者，园中的每面墙壁都会说话，每件作品都满载幼儿的心声，每个角落都潜移默化地助推着幼儿的成长。我园基于儿童视角，把环境材料的决定权、呈现方式、规划设计权等悉数还给孩子，以直观形象的方式记录了孩子们成长的脚步，不断延展美好课程实施的深度与广度，真正让幼儿成为课程环境创设的主人。

1. 开发动态交互的学习空间。将幼儿园室内外空间的打造权交给幼儿，以儿童的需求为导向，营造一个有准备、有支持的室内外空间环境。班级空间创设角色区、建构区、益智区、阅读区、自然角等独立又可以串联的活动空间，满足幼儿安全、友好活动的需要，使可利用的空间变成教育活动资源，让班级内的每一寸空间的设计与规划，都蕴含幼儿对幼儿园生活的向往。户外环境空间以自然的草地、土壤、山坡为主，开辟小树林、山坡、沙水池、野战基地、建构区、骑行区、涂鸦区等，打造自然、和谐、生态、多元的户外野趣游戏化环境，充分满足幼儿亲近自然、感受自然、探究自然的需求，让幼儿在亲近自然中游戏和学习。

2. 开发关注需求的开放空间。"接纳每一个孩子的与众不同"为空间环境创设的落脚点，幼儿园楼层结合场域和各年龄段幼儿的身心发展特点，分别设置了生活体验室、创意美工室、建构室、阅览室、科探室等各类功能室，功能室现代化设备设施丰富、齐全，能满足幼儿感知、欣赏、交往、探索的需求，承载着主题活动中丰富的信息，是支持幼儿学习创生课程内容的重要场所。

3. 开发拓展视野的创生空间。我们注重将社区、家乡资源引入幼儿园，作为幼儿园园本课程资源，促进资源的共享。通过项目活动的方式，让幼儿从幼儿园走进社区公共空间，在空间的延续中增进与社会的互动了解。在平等对话、互动互惠中构建"家庭—幼儿园—社区"三位一体的教育生态系统，共享美好。

六、创建"至祥社团"，发展兴趣爱好

为进一步扩展幼儿园的教育教学空间，给予每一个幼儿展示自己的平台及快乐的体验，我园依托学校实际及社区、家长等资源，将"项目式学习"与"社团"结合，打破班级、年级、时空界限，开展了"祥 π"社团体验活动。

第一步，顶层设计，建立组织保障。幼儿园从时间安排、场地选择、安全要求与教师人员分工等方面建立宏观保障机制。儿童每周可以在一个相对固定的时间

段,到自己的"工作场所"进行活动。

第二步,自主管理,组建社团。通过"讨论—预案—报名—公示"四环节成立社团。教师组织儿童讨论,由儿童通过投票等方式确定要组建的社团。

第三步,制定方案,招募预热。各社团小社长通过制作社团海报、巡回演讲、逐班展示、录制视频等方式,进行招募宣传。儿童自主选择心仪的社团报名。

第四步,由幼儿园统筹协调,剔除人数不够的社团,统计并公示每个社团的最终录取情况,建成社团。

1. 祥创科探社。创设宽松的活动环境,提供丰富的可操作材料,让幼儿运用多种感官进行探索,在与材料、环境、同伴的互动交往中动口、动手、动脑,体验发现有趣的科学现象,在活动中了解科学的神奇,感悟自然的美好。

2. 祥语阅读社。以培养"乐交往,现美好"的幼儿为目标,在阅读活动中以体验精神成长的快乐为核心,让幼儿充分享受阅读的快乐,促进幼儿身心和谐发展。

3. 祥艺美工社。以创意美术为载体,通过视觉、听觉、触觉和嗅觉等感觉器官,用多样化的材料,使幼儿从感知到运用点、线、面进行构图造型,感受色彩和造型的神奇美感,从而开拓幼儿思维,让幼儿的内心世界得到充分的表达。培养幼儿发现、欣赏美的能力,提高审美品位,"爱生活,呈美好"。

4. 祥品非遗社。万祥幼儿园是浦东新区"传统文化教育"项目试点园,因此传统文化体验是我园体验活动的一个重要组成部分。为培养"有自信,亮美好"的幼儿,我们从传统文化本身的文化价值和社会意义出发,引导幼儿在体验活动中了解传统文化,增强文化自信。

5. 祥健种植社。《3—6 岁儿童学习与发展指南》中提到,"儿童有着与生俱来的好奇心和探究欲望","大自然和生活中真实的事物与现象是幼儿科学探究的生活内容"。为培养"喜探究,悟美好"的幼儿,我们让幼儿走出教室,为他们提供了亲身接触、近距离观察、自我管理和动手操作的机会,到大自然中去与环境中的各种事物进行互动,让幼儿获得对事物最直接的体验和感受。

七、开发"至祥田园",落实劳动教育

万祥幼儿园地处城郊,园所周边都是广袤的农田,自然资源及物产丰富,园内幼儿大都来自万祥各个村及社区,多样化的田园劳作活动是幼儿生活中所熟悉的。在幼儿的眼里,劳动就像游戏一样,存在于他们一日生活的方方面面,给他们带来

了成就感与愉悦感。

1. 一日生活为载体,激发劳动兴趣。兴趣是幼儿对世间事物产生探究欲望的源泉,是开展各项活动的切入点。幼儿园从兴趣入手,充分挖掘一日生活中每一个活动的教育价值,引发幼儿"从被动的要我做"转换到"主动的我要做"。如在田园个别化活动中,幼儿在"小厨房"里清洗蔬菜、剥豆刮皮等,在生活情景中自然而然地习得劳动技能;在餐点环节,幼儿自主夹取点心,收拾餐盘,值日生分发碗筷,整理毛巾,不仅学会自我服务,还能为同伴服务;在田园休闲环节,幼儿喂小鸡、打扫猪圈,学习关爱动物,学做力所能及的事情。

2. 真实场域为平台,习得劳动技能。动手操作是幼儿获得经验的前提。幼儿园创设真实的劳动场域,组织幼儿开展"种植采摘""美食制作"等田园劳作活动,每个幼儿在活动过程中获得直接的劳动经验。如利用园内种植园地结合季节播种各种蔬菜,在收获季节开展采摘活动,并用采摘的各种蔬菜开展磨豆浆、做南瓜饼、包荠菜馄饨、腌萝卜干等活动。同时充分利用周边资源,如甜津津果蔬基地、草莓采摘园等,组织幼儿来到田间、蔬果大棚,开展采蘑菇、摘草莓等活动;利用农家自留地,家长带领幼儿一起参与简单的田间劳作,如春天播种番茄、黄瓜,夏天采摘丝瓜、蚕豆,秋天摘扁豆、收花生,冬天拔萝卜、挖红薯等。以玩促劳、以劳树德,在丰富多彩、趣味盎然的田园劳作活动中,促进幼儿核心素养的发展。

八、搭建"至祥舞台",做实艺术教育

每个孩子都是天生的艺术家。一个舞台,便构成一个多姿多彩的世界。万祥幼儿园基于传承与创新的思想,开启了以"'玩'美艺术家"为特色课程的实践与研究。从幼儿园和幼儿的实际出发,对"玩"美课程进行顶层设计,以美术创意为主,兼具文学艺术、造型艺术、京剧艺术等多元艺术形态。通过活动,唤起幼儿的情感体验,调动幼儿参与创意艺术活动的强烈愿望,激发幼儿感受美、表现美的情趣,丰富他们的审美体验,感受自由表达和创造的快乐,为幼儿一生的发展奠定良好的基础。

1. 开展"玩"美课堂,艺教融合创造美。结合主题课程,开展"玩"美课堂。在每个主题实施时,在分析幼儿原有经验和兴趣的基础上调整本主题目标,选择来自幼儿生活的活动内容,切合不同时期幼儿不断变化发展的实际,在"玩"美课堂中体现教育动态发展的过程。

2. 拓展"玩"美乐园,发挥幼儿潜能。"玩"美乐园是在班级开展美术活动的基础上进一步让幼儿走出班级,感受更多元化、创造性更强的艺术活动。全园幼儿每周在固定时间到创意室参加课程,感受美的氛围、触摸美的媒介、创造美的作品。在这里他们可以尽情地塑形、编织、玩色彩、玩泥巴,创造新的艺术品;从美学课堂、创意涂鸦到手工泥塑、集体创作,幼儿在自然而丰富的艺术环境中,尽情地发挥想象力和创造力,自由地探索环境,感知世界。通过与材料及空间的互动、创玩、创想、创作,幼儿的审美鉴赏能力、表现创造能力进一步得到提升,幼儿置身其中诞出万千想象。

3. 搭建"玩"美舞台,绽放生命精彩。每学年,幼儿园会举办"玩"美艺术节活动,旨在给孩子提供一个可以自由释放活力和绽放精彩自我的舞台。"玩"美舞台,是每一个万幼儿童的舞台,每个孩子都有展示自己的机会,都能在舞台上发光发亮。我们以艺术节系列活动为契机,为幼儿创设一个发现美、感受美和创造美的空间。引导幼儿发现艺术的多元,体会不被限定的自由创作,享受艺术节带来的快乐,让幼儿成为学习的主人,在艺术舞台上展示学习成果,获得成功与自信。

综上所述,万祥幼儿园以"至祥教育"为哲学,在"让童年无限美好"的办园理念指引下建构课程,让幼儿在学习过程中感受游戏般的乐趣,最大程度地支持和满足幼儿通过自主探索、亲身体验、多元感知获得认知和经验,强健幼儿之体魄、培育幼儿之心智、绽放幼儿之个性。

(撰稿者:上海市浦东新区万祥幼儿园　严联红　沈文文)

第三章

框架的结构性：
以科学分类支撑课程实施

　　每一所学校都应有自己的课程结构，要明确学校课程体系中各种课程类型及具体科目的组织、搭配所形成的合理关系与恰当比例。因此，学校课程实施要处理好课程质的结构、类的结构和量的结构之间的关系，以科学的分类构建课程框架，支撑课程的实施。实践表明，课程框架的构建要关注"实质结构""形式结构"和"时间结构"，基于特定的逻辑对学校课程进行科学分类，做到不交叉、不重复，准确把握学校课程设计的价值取向、分类布局和时间分配。

国家课程方案对于现代学校来说,只是提供了学校课程发展的指导性意见,学校应当参照课程方案,根据特定的教育思想来设计自己的课程体系,形成具有学校个性的课程结构。① 因此,每一所学校都应该有自己的课程框架。所谓课程框架,也叫课程结构,就是学校课程体系中各种课程类型及具体科目的组织、搭配所形成的合理关系与恰当比例。② 课程结构是课程的中心,是对教育内容和进程的安排,涉及对内容的组织、对标准或目标的系统规定,以及对教学的总体构思和整体设计,是对课程的深层次理解,反映着课程内在的价值取向。

　　目前,部分学校在构建具有自身特色的课程框架时,未与学校课程哲学、办学目标保持一致,还存在着无逻辑、大杂烩的现象。面对多样化的课程内容与课程类型,学校课程框架的构建也呈现出多元化的特征,如何进行科学分类、合理组织,使各类型课程形成最佳组合,是构建学校课程框架时需要思考的问题。

　　郭晓明教授提出了"三层次——两类型"整体性课程结构观,对课程结构进行了全面、深入的分析。"三层次"是指宏观、中观、微观,"两类型"是指"实质结构"和"形式结构"。③ "实质结构"是一个立体结构,包括自我发展课程、人格课程、情感课程、知识课程和实践课程;"形式结构"主要包括同类别和不同类别之间的关系,即"类的结构"和"关系结构"。也有学者认为,一个整体的学校课程结构应由三方面组成,这就是课程质的结构、类的结构和量的结构。④ 这一观点对我们推进学校课程实施有积极的意义。

　　第一,课程质的结构也就是课程的"实质结构",对推进学校课程育人目标的实现具有链接价值。"实质结构"指向课程内部的实质性构成要素及其相互关系,决定课程的性质和价值。"实质结构"以自我发展课程为核心,以人格课程、情感课程、知识课程、实践课程为路径,是课程哲学在课程结构层面的具体反映,是课程建构的灵魂。

　　第二,课程类的结构也就是课程的"形式结构",对推进学校课程规划的架构具有创生意义。"形式结构"是课程外部的形式要素及其关系的体现,确保教学内容的系统性和连贯性,为教学实施提供指导和方向。课程类别的划分通常有以下几

---

①④ 冯国文.构建现代学校课程结构模式[J].课程・教材・教法,1999(5):7—10.

② 杨四耕.学校整体课程规划[M].上海:华东师范大学出版社,2022:61.

③ 郭晓明.课程结构论:一种原理性探寻[M].长沙:湖南师范大学出版社,2002:102.

种维度：学科与活动课程、必修与选修课程、显性与隐性课程、综合与分科课程，以及国家、地方与校本课程。各类课程发挥各自功能，是一个多层次、多维度的系统。

第三，课程量的结构也就是课程的"时间结构"，对推进学校课程的有效实施具有指导作用。"时间结构"主要指的是各类课程在具体落实过程中的总量以及各自所占的比例，决定课程实施的方向和范围，是优化资源配置和促进学生全面发展的有效途径。"时间结构"通过对课程量的合理分配，平衡不同学科之间的教学时间和资源，有助于确保课程实施的方向性、优化性、灵活性和整体性，对学校课程体系的整体运行和学校育人目标的实现具有重要意义。

基于上述认识，学校课程实施要处理好课程质的结构、类的结构和量的结构之间的关系，以科学的分类构建课程框架，支撑课程的实施。研究和实践表明，课程框架的构建要关注"实质结构""形式结构"和"时间结构"，基于特定的逻辑对学校课程进行科学分类，做到不交叉、不重复，准确把握学校课程设计的价值取向、分类布局和时间分配。

一校一策

竞千帆课程：
让每一个生命
扬帆远航

上海市浦东新区建平临港小学坐落在东海之滨，位于上海市自由贸易区临港新片区的中心区域。学校创办于 2010 年 9 月，时为"上海市工商外国语职业学校附属小学"临港分校。2015 年 9 月，学校独立建制办学，校名为"上海市浦东新区临港第一小学"。2018 年 10 月，学校更名为"上海市浦东新区建平临港小学"，并成为上海市建平实验小学教育集团成员学校。学校有两个校区，学生人数近 2 500 名。学校连续多年获得全国足球特色学校、上海市安全文明校园、上海市依法治校标准校、上海市绿色学校、浦东新区创新素养学校、浦东新区传统体育校、浦东新区花园单位、浦东新区冰壶特色学校、浦东新区四星级学校少年宫等荣誉称号。作为学校体育传统特色的帆船帆板项目,曾先后在区、市乃至全国多项赛事中获得佳绩。

第一节　汇聚儿童扬帆远航的能量

学校坐落于东海之滨、滴水湖畔,应海而生、应湖而兴。海纳百川、刚毅无畏、勇立潮头的海洋精神,早已在悄然间镌刻进学校发展的血脉中。作为上海最大的人工景观湖,滴水湖湖面宽阔,是上海市水上运动的重要承载地,尤以帆船帆板、皮划艇项目见长。依托优越的水域资源,学校帆船帆板项目迅速成长。"扬帆逐梦、竞进不息"的校训日益成为学校的精神内核。汉字中的"帆",象征着远航、进取和自由,契合学校文化。因此,在梳理办学理念后,学校将"扬帆教育"确立为教育哲学。

一、教育哲学

作为南汇新城主城区的第一所小学,学校适应时代发展需要,带着对教育的憧憬、对教育的坚守、对教育的求索,勇立潮头,锐意进取,逐梦不止。

(一) 我们的教育哲学

"帆"字可追溯至古代汉字的象形字,它描绘了船帆在风中扬起的形态。在古代文学中,"帆"是个常被用来表示志向远大、渴望自由、勇敢进取的意象。"帆"字既有实际意义,也有象征意义。因此,我们将"扬帆教育"的内涵确立为赋予每个学生在人生路上搏击风浪、御风前行的动力,助力他们坚守本心,不断向未来扬帆前进!

扬帆,对于学校来说是一种文化,对于教师来说是一种风格,对于学生来说是一种个性。作为学校,需要这些意象,形成"奋勇进取、求真致远"的文化底蕴,为学生营造开放、融合、协同、进取的教育环境,以文化熏陶学生,以精神感染学生。作为教师,要有扬帆前行的决心,勇立潮头的魄力,让"精博智慧、锐意进取"成为教师的代名词,成就师者的修养、品质及风格。作为学生,唯有筑梦远方,乘风破浪,方能内心丰盈,神采飞扬;方能竞进不息,百舸争流,从而形成鲜明的个性。

因此，"扬帆教育"是学校在对理想学校、理想学校教育、理想学生成长等问题追问的历程中提出的教育哲学，可以从三个层面来认识。

从宏观上看，"扬帆教育"是一种教育价值观。蒙台梭利曾经说过："教育就是激发生命，充实生命，协助孩子们用自己的力量生存下去，并帮助他们发展这种精神。""扬帆教育"就是关注学生个体、尊重学生发展，做到让每一个学生都享有公平而有质量的教育，助力每一个学生扬帆起航，乘风破浪。

从中观上看，"扬帆教育"是一种办学方法论。"扬帆教育"就是要赋予学生朝气蓬勃的面貌、成长正好的从容、时光积淀的睿智。通过树立特色教育理念、高品位办学、精细化管理和高质量教学，实现全面发展、学有特长的培养目标。我们将学校的发展策略确定为稳中求进、传承创新、特色发展，将学校发展与教师发展、学生发展有机统一起来，将学生发展、社会需要与家长满意有机统一起来。

从微观上看，"扬帆教育"是一种教学策略。遵循"适切的教学目标""充分的学习体验""巧妙的情趣激发""恰当的方法指导"与"智慧的评价引导"等课堂教学原则，让学的深度与教的智慧同频共振，唤醒学生不可或缺的教育时空，让学生真切地感悟、经历、探究、内化、表达、行动，使其未来能更好地应对纷繁复杂的社会生活。

(二) 办学理念

在我们看来，扬帆远航是生命的主流，教育是宽阔的海洋，学校是筑梦起航的地方。我们认为，教育的神圣使命，就在于"让每一个生命扬帆远航"。因此，我们秉持如下教育信条：

我们坚信，

扬帆是蓬勃的生命律动；

我们坚信，

学校是通向未来的宽阔海洋；

我们坚信，

每个孩子都是一叶踏浪的小舟；

我们坚信，

百川汇海千帆竞是教育最美好的图景；

我们坚信，

让每一个生命扬帆远航是教育的神圣使命。

二、课程理念

《礼记·中庸》中的"百舸争流，奋楫者先；千帆竞发，勇进者胜"，为我们描绘了一幅激流中百船竞逐、千帆争锋的生动画面，展示了竞争与努力的壮丽景象。同时，这也是一种人生哲理，提醒我们要在人生道路上保持积极向前的态度，勇于挑战困难，最终才能取得成功。

百川汇海阔，风正好扬帆。丰富多彩的课程如同一条条清澈灵动的溪流，奔涌向前，汇成泱泱大海，为学生成长提供广阔舞台。每个孩子都是一艘载梦的航船，筑梦远方，踏浪前行，驰而不息。学校课程建设，就是要丰盈生命，滋养心灵，给予孩子一种拼搏进取、奋勇争先、永不言弃的力量。因此，根据"扬帆教育"之哲学，学校提出"百川汇海千帆竞"的课程理念。具体内涵如下。

——课程即生命的远航。学校教育承载着学生心中最美好的期许。对于学生而言，学习不仅仅是一个获取知识的过程，更是一个持续不断、充满机遇和挑战的生命旅程。学习的意义绝不止于书本、止于课堂、止于校园，更多的在于点燃学生追求美好生活、创造幸福未来的热情，赋予学生探索、发现、理解和创新的内生动力，给予其扬帆不止、生命远航的无限力量。

——课程即灵性的滋养。教育是用来滋养灵性的，课程就是灵性滋养的源头活水。"竞千帆课程"体系以让学生拥有更好的生活能力为原点，在开齐、开足国家课程和地方课程的基础上，开设一系列校本课程。课程领域涵盖学生成长的多个维度，包含有学生的学识积淀、道德发展、情感培养以及对世界的理解和尊重，还有科学精神的滋养、创新能力的培养等。多彩的课程为学生提供多样的学习体验，不断拓宽其知识视野，激发其学习潜能，丰富其学习经历，促进其全面发展。学生是舟，课程是海，无垠的大海是小舟驰骋的天地，赋予小舟"向真、向善、向美"的力量，助力他们积蓄力量，灵动成长，奔赴宽广、灿烂的未来。

——课程即个性的丰满。这是一种以学生为中心的课程理念，强调课程在学生个性发展中的重要作用。课程不仅仅是知识的学习，更是学生发展个性的重要途径。每个学生都是独一无二的，他们都有自己的兴趣、特长和潜力，"百川汇海千帆竞"，课程的目的之一就是帮助学生发现并发展这些个性特点，使他们的个性得到丰满和完善。在课程实施中，教师需要关注每个学生的需求和发展，提供多样化的学习资源和活动，不断发挥学生的主观能动性，让学生在探索、实践和创新中丰满个性。

——课程即童心的飞扬。童心代表着好奇心、探索欲和创造力，是学生在学习过程中最宝贵的财富。童心的飞扬不仅仅是知识的积累和技能的提升，更是情感的丰富和价值观的形成。"竞千帆课程"允许并鼓励学生个性化发展和差异化表现，给予学生宽松、包容的成长环境，提供足够的实践机会和创新空间，让每个学生都能够根据自己的兴趣、特长和节奏持续生长。开放的、多元的、包容的、前瞻的课程评价，能更好地滋养学生的童心，让童心在课程中自由飞扬。

总之，办学理念决定着学校要培养什么样的学生，课程就要为实现目标提供相应的教育教学内容及策略。学校着力构建和探索与学校办学理念、课程理念相契合的"竞千帆课程"，涵盖了小学教学过程中所需的各个要素，涉及学生全面发展的各个环节，有利于学生在适宜的教育教学环境中获得全面发展，是一个完整的课程体系。

第二节　让每一个生命心有所向

课程是落实立德树人根本任务、实现育人目标的载体。因此，确立学校育人目标以及课程目标是课程建设的基础，也是引领课程建设的方向。

一、育人目标

学校倡导让每一个生命在其生命旅程中心有所向，行有所至。为此，学校致力于培养"向真、向善、向美"的"扬帆少年"。具体内容如下。

——向真：博学善思，勤勉有方，向真而行。

——向善：明礼守信，雅正有爱，向善而为。

——向美：尚雅乐健，蓬勃有趣，向美而生。

二、课程目标

针对以上要求，我们对学校育人目标进行细化，形成一至五年级的课程目标，具体见表3-1。

表 3-1 上海市浦东新区建平临港小学课程目标表

年段育人目标	低年级	中年级	高年级
向真： 博学善思 勤勉有方 向真而行	1. 对学习充满兴趣，掌握低年级文化课程标准规定的要求。 2. 培养良好的学习习惯，勤于思考，乐于合作，敢于开口表达自己的观点。 3. 初步具有爱科学、学科学、用科学的意识。尝试探索，具有基本的动手操作能力。 4. 初步感知劳动的艰辛与乐趣，学会尊重他人的劳动付出。喜欢劳动，具有主动、积极参加劳动的愿望。 5. 完成比较简单的劳动任务，参与简单的家庭烹饪，形成"自己的事情自己做"的意识，具有初步的个人生活自理能力。 6. 关心、照顾身边常见的动植物，初步形成关爱生命、热爱自然的意识。参与简单的手工制作活动，初步学会规范使用相应工具，对工艺制作具有一定的好奇心。	1. 学习兴趣浓厚，认真倾听、勤于思考、勇于表达，掌握中年段文化课程标准规定的要求。 2. 能运用所学知识和技能解决问题，初步具备独立学习、思考和分析的能力，以及自主探究、动手实践、合作交流、反思质疑、展示分享的能力。 3. 热爱科学，初步学会将所学知识与技能运用于生活。 4. 体会劳动光荣，尊重劳动及普通劳动者，初步形成热爱劳动的态度。 5. 养成良好的个人卫生习惯，认识并掌握家用小器具使用方法，具有安全意识和初步的器具保养意识。主动分担家务，学会简单的家务劳动技能，培养生活自理能力。 6. 体验简单的生产劳动，规范使用常用的劳动工具，了解常用	1. 热爱学习、乐于学习、学会学习，掌握高年段文化课程标准规定的要求。 2. 养成良好的学习习惯和初步的自主学习的能力，具有大胆创新和主动探究的意识，对问题有自己独特的见解和看法，并勇于表达不同看法。 3. 热爱科学，能熟练运用所学习的知识和技能解决问题。 4. 懂得劳动创造财富，认识到劳动者是国家的主人，体会普通劳动者的光荣与伟大。 5. 掌握家庭生活中劳动的基本技能，规范、安全使用家庭常用器具。初步掌握基本的家庭饮食烹饪技法，增强生活自理能力和家务劳动能力。 6. 进一步体验生产劳动，安全、规范、有效地参与劳动，初步养成持之以恒的劳动品质。 7. 主动参加校园劳动，积极参加公益劳动，

年段 \ 育人目标	低年级	中年级	高年级
	7. 参与班级集体劳动，主动维护教室内外环境卫生，初步形成以自己的劳动服务他人的意识。 8. 在劳动过程中遵守纪律，不怕脏、不怕累，具有初步的劳动安全意识，初步养成有始有终、认真劳动的习惯。	材料的作用与特征，对遇到的问题具有好奇心和探究欲望。 7. 参加校园卫生保洁和环境美化等劳动，以及力所能及的公益劳动，初步形成公共服务意识。 8. 懂得在劳动中遵规守约，初步学会与他人合作劳动，初步养成有始有终、专心致志的劳动习惯和品质，做到勤俭节约、不怕困难。	增强公共服务意识。在集体劳动中团结协作，提升合作劳动能力，初步形成不怕辛苦、积极探索、追求创新的精神。 8. 根据劳动目标确定劳动任务，并根据劳动过程的进展情况适时优化调整，初步形成劳动效率意识和劳动质量意识。
向善： 明礼守信 雅正有爱 向善而为	1. 认识国旗、国徽、党旗，知道自己是中国人，热爱中国共产党，了解老一辈无产阶级革命家和英雄模范人物，对他们有崇敬之情。知道社会主义核心价值观。 2. 感知中华优秀传统文化的主要文化符号，对中华优秀传统文化具有亲切感。 3. 知道健康生活、卫生习惯的基本常识和	1. 初步感知基本国情，为自己是中国人感到自豪。了解革命故事，热爱中国共产党。感知中国特色社会主义的伟大成就，初步理解社会主义核心价值观的要求，并加以践行。 2. 初步了解中华优秀传统文化的代表性成果，感受中华优秀传统文化的魅力。 3. 初步养成健康的生活、卫生习惯，关心公	1. 初步了解国情，具有维护国家利益和祖国尊严的意识与行动。简要了解中国共产党的历史和革命传统，了解中国共产党发展的光辉历程。理解社会主义核心价值观的内涵，并积极践行。 2. 了解中华优秀传统文化的主要代表性成果及其意义，并为之感到自豪。 3. 养成健康的生活、卫生习惯，自觉维护公

育人目标＼年段	低年级	中年级	高年级
	要求,懂礼貌,爱劳动,讲诚信,守约定,不撒谎,与同伴友好相处。感知父母的辛劳,孝敬父母,尊重师长。爱护公物,遵守公共秩序。遵守学校纪律,维护课堂秩序,具有初步的规则意识,了解生活中的基本安全常识。 4. 热爱生命,懂得自我保护,远离伤害。体会成长的快乐,能看到自己的进步和不足,欣赏他人的优点和长处。能感知自己的消极情绪,知道向老师和家人求助。乐于学习,逐渐培养专注力。能表达自己的感受,学习倾听他人的意见,感知并适应环境的变化。 5. 学会自己的事情自己做,减轻父母的负担,热爱集体,积极参与活动,有集体荣誉感,能关心和帮助他人。 6. 知道中华民族是一	共卫生。掌握基本的交往礼仪,懂得个人成长离不开社会和他人的支持与帮助。诚实守信,孝亲敬长,爱护公共设施,遵守公共秩序。树立劳动意识,积极参加劳动实践,懂得劳动光荣、不分贵贱。具有规则意识并学会遵守,树立平等意识,互相尊重,知道法律能保护自己的权利。 4. 初步认识和体验人的生命是可贵的,珍惜生命。学会认识自己,理解他人,对他人有同情心。能识别消极情绪,学习调节情绪。做事有耐心,在克服困难中增强自信心。能表达自己的感受和见解,倾听他人的意见,体会他人的心情和需要,学会适应环境的变化。 5. 主动参与力所能及的家务,学会承担家	共卫生。懂得自律,诚实守信,能自然地与人交往,团结互助,与人友好相处,学会合作。懂得感恩,养成孝亲敬长的良好品质。自觉爱护公共设施,自觉遵守公共秩序。热爱劳动,感受劳动创造的意义。知道宪法,形成初步的法治意识。了解公民的基本权利和义务,树立用法律保护个人生命财产安全的意识。 4. 树立生命至上的观念,敬畏生命,掌握基本的应对灾害和保护生命安全的技能。正确认识自己,自信乐观,与他人平等交流、合作,建立良好的同伴关系。能清楚表达自己的感受和见解,体会他人的心情和需要,掌握自我调控情绪的方法,具有一定的抗挫折能力。 5. 学习参与家庭决策,为父母分忧。参与力所能及的社会公益和

年段＼育人目标	低年级	中年级	高年级
	个统一的大家庭。亲近自然,爱护动植物。	庭责任,热爱集体,积极参与集体活动和民主管理,有互助意识。 6. 初步了解维护国家统一和民族团结的重要性。热爱自然,了解自然是我们共同的家园,懂得保护环境、爱护动物、节约资源。	志愿者活动,有团队意识,能与他人合作互助。 6. 树立维护国家统一和民族团结的责任意识。热爱并尊重自然,自觉保护环境、爱护动物。
向美: 尚雅乐健 蓬勃有趣 向美而生	1. 能体验音乐的情绪与情感,了解音乐的基本特征,感知音乐的艺术形象,产生对音乐的兴趣,唤起爱党、爱国、爱家乡的情感,初步具有乐观的人生态度及对身边人的友爱之情。 2. 能积极参与音乐艺术活动,积累实践经验,享受艺术表现的乐趣,初步建立规则意识和合作意识。对音乐有好奇心和探究欲,能在探究的过程中表达自己的想法和感受。 3. 初步了解中国音乐文化和世界多元音乐文化。	1. 具有较丰富的音乐情绪与情感体验,唤起爱党、爱国、爱社会主义的情感,进一步具有乐观的人生态度及对美好事物的关爱之情;感知、体验、了解音乐的感性特征和审美特质,逐渐养成欣赏习惯。 2. 能较自信、自然地进行演唱、演奏、歌曲表演、律动、音乐游戏、舞蹈、戏剧表演等艺术活动,表达自己的感受和想法,在实践中增强规则意识、责任意识和学习意志力等,发展交流与合作能力。对音乐保持好奇心和探	1. 具有丰富的音乐情绪与情感体验,在与音乐作品的情感共鸣中焕发爱党、爱国、爱社会主义的情感,具有乐观的人生态度以及对美好事物的关爱之情;养成良好的欣赏习惯,能对音乐进行简单评价;增强对音乐的兴趣。 2. 能自信、自然地参加各类艺术活动,乐于表达自己独特的感受和想法,在实践中增强规则意识、责任意识和学习意志力等,发展交流与合作能力。对音乐保持好奇心和探究欲,能在探究、即兴表演和编创

育人目标＼年段	低年级	中年级	高年级
	对身边的音乐和音乐现象感兴趣,能与人分享、交流自己的发现和感受。 4. 能感知身边的美,初步形成发现、感知、欣赏美的意识。知道中国传统工艺是中华民族文化艺术的瑰宝,增强民族自豪感。 5. 能使用不同的工具、材料和媒介,按照自己的想法,以不同表现形式表达所见所闻、所感所想。学会从多方面了解物品特点,提出改进意见,进行装饰和美化,初步形成设计意识。能利用不同工具、材料和媒介,体验传统工艺,学习制作工艺品。 6. 能积极参与班级或小组开展的美术与其姊妹艺术及其他学科相结合的造型游戏活动,初步形成综合探索与学习迁移的能力。 7. 积极参与各种体育	究欲,尝试在探究、即兴表演活动中展现个性和创意。 3. 增加对中国音乐文化和世界多元音乐文化的了解。 4. 尝试运用造型元素、形式原理和欣赏方法,欣赏、评述艺术家的作品,感受美术作品的魅力。 5. 能运用传统或现代工具、材料和媒介,创作平面、立体或动态等表现形式的美术作品,表达自己的所见所闻、所感所想,初步学会以视觉形象的方式与他人交流。 6. 了解"实用与美观相结合"的设计原则,尝试设计物品。学习利用不同工具、材料和技能,制作传统工艺品,学习工艺师敬业、专注精神。学习将美术与自然、社会及科技相融合,探究各种问题,提高综合探索与学习迁移的能力。	等艺术创造活动中展现个性和创意。 3. 增进对中国音乐文化的喜爱之情,了解世界多元音乐文化,开阔文化视野。关注社会中的音乐现象,对音乐与其姊妹艺术、其他学科,以及个人、自然、生活、社会、科技的联系有初步了解。 4. 能欣赏、评述艺术家的作品,感受中外美术作品的魅力。 5. 能创作不同表现形式的美术作品,表达自己的所见所闻、所感所想,学会以视觉形象的方式与他人交流。 6. 能为班级、学校的活动设计物品,体会设计能改善和美化我们的生活。能利用不同工具、材料和技能制作传统工艺品,学习工艺师精益求精的工匠精神。能将美术与自然、社会及科技相融合,探究各种问题,提高综合探索与学习迁移的能力。

育人目标＼年段	低年级	中年级	高年级
	游戏,感受体育活动的乐趣。学练和体验移动性技能、非移动性技能、操控性技能等基本运动技能。 8. 感受体育锻炼对健康的重要性,参与校内外体育活动。知道个人卫生保健、营养膳食、安全避险等健康知识和方法,并将其运用于日常生活中。活泼开朗,体验快乐,乐于与他人交往,适应自然环境。 9. 在体育活动中表现出不怕困难、努力坚持学练的意志品质。按照要求参与体育游戏。在体育活动中尊重教师、爱护同学,能扮演不同的运动角色。	7. 积极参与多种运动项目游戏,感受运动乐趣。学练和体验多种运动项目的知识与技能,能进行体育展示或比赛。运用所学知识观看体育展示或比赛。 8. 了解体育锻炼对健康的重要性,积极参与校内外体育活动。了解个人卫生保健、营养膳食、青春期生长发育、运动伤病、安全避险等健康知识和方法,并将其运用于日常生活中。关注情绪变化,积极与他人沟通和交流,适应自然环境的变化。 9. 在有一定难度的体育活动中表现出勇敢顽强、克服困难的意志品质。按照规则和要求参与体育活动,表现出文明礼貌、乐于助人的行为。	7. 积极参与运动项目学练,形成运动兴趣。体能水平显著提高,掌握运动项目的基本知识,学练运动项目的技战术,并能运用。运用比赛规则参与裁判工作,观看体育比赛并能进行简要评价。 8. 理解体育锻炼对健康的重要性,主动参与,将健康与安全知识和技能运用于日常生活中。遭受挫折和失败时保持情绪稳定,交往与合作能力提升,适应自然环境的能力增强。 9. 在有挑战性的体育活动中能迎难而上,表现出自信和抗挫折能力。遵守各种规范和规则,尊重裁判、尊重对手,表现出公平竞争的意识,具有团队精神和集体意识,能接受比赛结果。

第三节 给予儿童乘风破浪的力量

根据"扬帆教育"的教育哲学及"让每一个生命扬帆远航"的办学理念,培养"向真、向善、向美"的"扬帆少年",学校建构了"竞千帆课程"体系,给予儿童乘风破浪的力量。

一、课程逻辑

基于"百川汇海千帆竞"的课程理念,"竞千帆课程"体系包含帆言、帆慧、帆动、帆礼、帆艺、帆创六大课程领域。以下是逻辑示意图(见图3-1)。

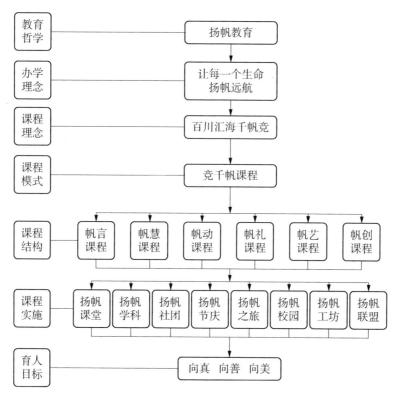

图3-1 上海市浦东新区建平临港小学"竞千帆课程"逻辑图

二、课程结构

"竞千帆课程"立足于促进学生全面发展的目标,充分体现儿童化、多元化、个性化的特质,融合国家课程、地方课程以及校本课程,按照多元智能理论,形成"竞千帆课程"结构图(见图3-2)。

图3-2　上海市浦东新区建平临港小学"竞千帆课程"结构图

上图中,各课程领域的内涵如下。

"帆言课程"指向语言与表达,崇尚语言流畅优美,乐于表达交流。课程以语文、英语为基本课程,开设有"童声童韵""翰墨飘香""德语文化""'剧'精彩""临港小导游""小小演说家"等课程。

"帆慧课程"指向思维与逻辑,崇尚思维严密敏捷,乐于思考分析。课程以数学、信息技术为基本课程,开设有"数独天地""图形王国""测量小达人""数据大揭秘""理财能手""我是设计师"等课程。

"帆动课程"指向运动与健康,崇尚体育运动,拥有健康身心。课程以体育与健康为基本课程,开设有"绳彩飞扬""炫动冰壶""追风足球""玩转乒乓""你来我网""帆船帆板"等课程。

"帆礼课程"指向品德与修养,崇尚德行雅正,塑造劳动品质,拥有正向行为。课程以道德与法治及劳动为基本课程,包含有"彬彬有礼""明理导行""走进场馆""职业体验""环保之旅""劳有所获"等课程。

"帆艺课程"指向艺术与审美,崇尚高雅情趣,能欣赏美、创造美。课程以音乐、美术为基本课程,包含有"少儿美术""水彩天地""葫芦丝""舞动青春""非遗文化""管乐表演"等课程。

"帆创课程"指向科学与创新,崇尚探索实践,拥有创新精神。课程以综合实践活动为基本课程,包含有"向南极进发""向深海进发""海事船舰揭秘""淞航号历险记""航空小讲堂"等课程。

三、课程设置

"竞千帆课程"体系立足学生需求,结合学校课程资源,对课程内容进行系统设置。学校五个年级的课程设置如下(见表3-2)。

表3-2　上海市浦东新区建平临港小学"竞千帆课程"设置表

竞千帆课程年级	学期	帆言课程	帆慧课程	帆动课程	帆礼课程	帆艺课程	帆创课程
一年级	上学期	童声童韵 绘本阅读 趣味字母 拼音转盘 有趣象形字	童话数学 百变七巧板 数一数二 炫彩巧拼	欢乐蹦蹦跳 别开绳面 传统游戏 快乐奔跑	入学仪式 彬彬有礼 安全教育 井井有条	美术启蒙 折纸手工 美诗吟唱 实物拓印	科学幻想画 昆虫世界 趣味乐高
	下学期	童声朗朗 故事大王 趣味字母 字母王国 横平竖直	百变七巧板 玩转数字 口算大王 图形王国	欢乐蹦蹦跳 别开绳面 传统游戏 健步如飞 一键穿心	彬彬有礼 安全教育 认识自我 劳有所乐	少儿美术 创意折纸 灵动节奏 美诗吟唱	科学幻想画 思维导图 植物世界 生活万花筒

竞千帆 课程年级	学期	帆言课程	帆慧课程	帆动课程	帆礼课程	帆艺课程	帆创课程
二年级	上学期	动感童谣 成语故事 看图写话 习字修身 书签制作	创意拼搭 趣味幻方 数独天地 图形王国	悦动少年 绿荫欢动 绳彩飞扬	传统节庆 入队仪式 明理导行	衍纸 葫芦丝 乐动心弦 精彩舞动	创意手工 科学家故事
	下学期	美文阅读 百变书签 成语大赛	数独天地 创意拼搭 乘除大游戏 火眼金睛	悦动少年 跆拳舞 捷足先登	了解自我 明理导行 劳有所为	巧手剪纸 乐曲欣赏 国画赏析 精彩舞动	航海模型 生活小侦探
三年级	上学期	趣味拼读 诗乐读本 少儿口才 唐诗宋词	趣妙数学 生活中的数学 测量小达人 时间小达人	羽众不同 捷足先登 追风足球 滴水帆影	公民教育 感恩教育 情绪小主人 职业面面观	手势舞 创意美术 口风琴 水彩天地	科学小制作 小小气象家
	下学期	诗乐读本 唐诗宋词 落笔生花 美文诵读	趣妙数学 数学大观园 时间秘密 小小调查员	羽众不同 追风足球 动感啦啦操 滴水帆影	感恩教育 十岁成长礼 劳有所行	口风琴 水彩天地 合唱 筝筝日上	海洋生物 航空航模
四年级	上学期	翰墨飘香 拼读世界 艺术大师	灵动魔方 数学万花筒 浅奥精讲	玩转乒乓 楚河汉界 健步如飞 一帆风顺	环保课程 生命教育 走进场馆 红色教育	基础素描 舞蹈表演 非遗文化	科学小实验 趣味编程 向南极进发
	下学期	翰墨飘香 上下五千年 德语文化	数据大揭秘 多彩统计图 浅奥精讲	玩转乒乓 楚河汉界 炫动冰壶 一帆风顺	环保课程 生命教育 走进社区 劳有所获	基础素描 舞蹈表演 非遗文化 吹音袅袅	海事舰船揭秘 宇宙大冒险

竞千帆 课程年级	学期	帆言课程	帆慧课程	帆动课程	帆礼课程	帆艺课程	帆创课程
五年级	上学期	翰墨飘香 "剧"精彩 临港小导游	趣味奥数 巧学妙用 理财能手 数学故事	活力篮球 你来我网 帆向未来	国防教育 宪法教育 职业体验 环保之旅	趣味像素画 舞动青春 合唱表演	科技小发明 Scratch 编程 向深海进发
	下学期	英雄赞歌 趣味历史 小小演说家 名著阅读	理财能手 神机妙算 我是设计师 探索黄金比	活力篮球 你来我网 帆向未来	走进政务厅 传统文化 走进大学 劳有所成	舞动青春 服装设计 丝竹管弦	淞航号历险记 航空小讲堂

第四节　扬起逐梦未来的风帆

课程实施是实现课程理想的必要途径，从学校实际出发，依据学校课程目标，我校制定出富有学校特色的课程实施方案。从建构"扬帆课堂"，建设"扬帆学科"，创设"扬帆社团"，创立"扬帆节庆"，践行"扬帆之旅"，设计"扬帆校园"，创意"扬帆工坊"和牵手"扬帆联盟"等方面入手，实践"竞千帆课程"，让儿童扬起逐梦未来的风帆，形成具有学校特色的课程实施体系。

一、建构"扬帆课堂"，提升课程实施品质

课堂是学校教育的主渠道，是推进课程实施的主阵地。在"百川汇海千帆竞"的课程理念引领下，学校以"扬帆课堂"为抓手，以核心素养为导向，激发学习兴趣，激活学习思维，改进学习方式，提升学习能力，提高课堂实效，确保学生能够获得全面、深入、细致的教育，为未来的发展奠定坚实基础。"扬帆课堂"是围绕学生核心素养培养的课堂。基于课堂教学的现状和问题，从"精准、精博、精灵、精妙、精到、精彩和精湛"七个方面，结合以下七个要素构建。

1. 教学目标：精准。"扬帆课堂"教学目标注重精准。精准的教学目标有助于教师有效组织教学，确保教学质量和效果，以培养价值取向正确、综合素养过硬和情感世界丰富的"扬帆少年"。具体表现为教学目标具体、明确、适切，强化素养导向;因材施教,有层次性,既能面向全体,又兼顾不同学生的需求和背景;关注学生的全面发展,提高学生的综合素质;目标具有可操作性和可评价性,能通过具体的教学活动和评价方式来实现和检验。

2. 教学内容:精博。"扬帆课堂"教学内容注重精博。教师在传授知识时,不仅要注重知识的深度和精度,还要确保知识的广度和宽度,帮助学生全面、深入理解学科内容,提升综合素质。在教学内容的选择上,教师应根据学生的实际需求和学科特点,精选出最重要、最基本、最核心的知识点进行讲解,帮助学生构建完整的知识框架,为他们进一步学习打下坚实的基础。在教学内容的拓展上,教师不仅要关注学科内部的联系,还要关注学科与其他领域的交叉融合,推进综合学习,进一步培养"扬帆少年"的综合素质和创新能力。

3. 教学过程:精灵。"扬帆课堂"教学过程注重精灵。首先,教师在读深、读透教材的基础上能活用教材,甚至在某些情况下能突破教材束缚。其次,教师能精心设计教学,注重变通,能根据不同学生、不同情境调整教学策略,随机应变,使教学过程更有趣、灵动。再次,教师能机智把握教学契机,教学过程智慧、灵透。最后,教学过程中学生应积极主动地融入教学情境,踊跃参与学习,深入思考和讨论,以培养思维能力和道德情操。此外,教师教学方法的创新性也是教学过程精灵的重要体现。

4. 教学方法:精妙。"扬帆课堂"教学方法注重精妙。教师能巧妙采用与教学内容相适应,多样且灵活的教学方法,不仅能关注全体学生,适应不同学生的学习需求,还能帮助学生更好地理解和掌握新知识,培养逻辑思维能力、问题解决能力、自主学习能力和批判性思维能力。通过综合运用适切的教学方法,使课堂取得最佳的教学效果,赋能"扬帆少年"的可持续发展。

5. 教学评价:精到。"扬帆课堂"教学评价注重精到。课堂评价要坚持素养导向,落实育人为本的理念,要体现"教—学—评"的一致性,能准确反映学生真实学习情况,有针对性地指出具体问题,及时反馈并明确指导,要不断鼓励、支持学生的进步,促其全面发展、可持续发展。评价结果能切实反映学生核心素养的形成情况,主体要多元,方法要多样。通过评价,教师可以调整教学策略,改进教学方法,为每个学生提供个性化的学习支持,缩小教育差距,使学生能够感受到进步,激发学习动力,发现不足并努力改进。

6. 教学效果:精彩。"扬帆课堂"教学效果注重精彩。教学活动达到既定的教学目标,甚至展现出超出预期的广度与深度。首先,学生能以高效率的方式掌握并理解所学习的知识。其次,学生的各项能力,包括基础知识和高阶思维能力均得到显著提升。再次,学生参与度高,愿意主动投入学习,学习氛围浓厚,师生之间的互动融洽。

7. 教师素养:精湛。"扬帆课堂"教师素养注重精湛。这主要体现在教师爱岗敬业,文化底蕴深厚,学科知识广博,教育理念先进,教学态度严谨,技术运用恰当,教学方法灵活。教育教学中关注每位学生的成长,勤于钻研,乐于探究,敢于创新,努力形成个人独特的教学特色,能为"扬帆少年"的成长不懈努力。

二、建设"扬帆学科",完善学校课程体系

"扬帆学科"是基于儿童发展需求的、指向核心素养培养的学科,是基础性课程的延伸。学校以"儿童大学"校本课程为抓手,充分发挥周边优质教育资源,注重用好中华优秀传统文化资源和红色资源,促进学生开拓视野,提升综合能力,认识家乡,涵养家国情怀。"儿童大学"校本课程强化实践性、体验性、选择性,以多种课程形态服务学生个性化学习需求,课程的建构进一步完善了学校课程体系,促进了学校内涵发展,使学校走上一条从规范到创新的发展之路。

"扬帆学科"建设强调学生将学科、生活、实践有机结合,在学科与学科之间、学科与生活之间、学科与实践之间建立有机联系,打破教学活动与校本课程之间的界限。"儿童大学"校本课程设置了"人文学院""数理学院""艺术学院""科创学院""体育学院""航空航天学院"和"海洋文化学院",以适应学生的年龄差异和个性发展的需要。学校每学年制定、完善、调整学校"儿童大学"校本课程实施方案,明确科目目标、内容、实施评价等。七大学院各具特色,具体如下。

"人文学院"旨在培养学生的人文素养,拓宽学生的知识视野,增强学生对人类文化和社会现象的理解与认知,提高其思辨能力、表达能力、创造能力和审美水平,使其更好地浸润文化、了解世界,更好地适应未来社会的发展和挑战。学院下设"童声朗朗""翰墨飘香""成语大赛""上下五千年""英雄赞歌""小小演说家"及"名著阅读"等课程。

"数理学院"旨在激发学生对数学、物理等基础学科的热爱,培养学生的逻辑思维、创新能力和解决问题的能力。学院下设"炫彩巧拼""数独天地""测量小达人"

"数据大揭秘""理财能手"及"探索黄金比"等课程。

"艺术学院"旨在将美育理念融入具体的教学过程中,通过音乐、美术、舞蹈、播音等多种形式,培养学生感受美、表现美、鉴赏美、创造美的能力。学院下设"美诗吟唱""巧手剪纸""水彩天地""舞动青春""丝竹管弦"及"非遗文化"等课程。

"科创学院"旨在激发学生的创造力和创新精神,致力于开设一系列前沿、实用的课程。课程注重实践与应用,在让学生掌握理论知识的同时,也能锻炼其实际操作能力,培养其创新精神和实践能力。学院下设"电机探秘""模型制作""向人工智能进发""我爱发明"及"魅力职业"等课程。

"体育学院"旨在培养学生强健体魄,使其具有"更高、更快、更强"的体育精神,促进学生了解体育运动的理论知识,体验体育运动的魅力,增强体质素养。学院下设"绳彩飞扬""捷足先登""玩转乒乓""羽众不同""炫动冰壶"及"帆向未来"等课程。

"航空航天学院"旨在让学生了解当前航空航天的发展与时代前景,通过对航空航天前沿知识的普及和兴趣活动的实践操作,得到科学精神的浸润,感受人类不断探索的开拓精神,激发其探索宇宙的兴趣。学院下设"航空航模""宇宙大冒险"及"航空小讲堂"等课程。

"海洋文化学院"旨在带领学生学习海洋知识、航海故事等,走进海洋世界,了解海洋文化,明白人与海洋的自然关系,培养其保护海洋的意识,激发其对大自然的探索欲望。学院下设"向深海进发""向南极进发""海洋生物""海事船舰揭秘"及"淞航号历险记"等课程。

三、创设"扬帆社团",提供多维成长空间

立足学校实际情况,学校开设促进学生成长的社团课程,为学生的发展提供多维的成长空间,进一步陶冶学生的艺术情操,提升学生的文化素质,强健学生的体魄,培育学生积极向上的精神风貌,塑造阳光、自信的心态。

1. 知识类社团。以"智慧之光,点睛之笔"为主题,以拓展学生学科知识为目标,包括数学思维社团(分低年段和高年段)和英语拓展社团(分低年段和高年段)。

2. 实践类社团。以"无限舞台,无限光芒"为主题,开设校园新华小记者社团,提升学生的新闻素养和综合能力,培养学生的观察力、思考力和表达力,提升社会意识,增强社会责任感。

3. 体育类社团。以"快乐运动,健康成长"为主题,社团种类丰富,包括篮球、足

球、乒乓球、网球、羽毛球等球类校队，以及啦啦操校队、帆板帆船校队和冰壶校队等。

4. 艺术类社团。以"艺路生花，乐享悦美"为主题，提升学生的审美情趣，包括合唱社团、舞蹈社团(基础班、提高班)、器乐社团(西打社、管乐团)以及服装设计社团和扎染社团等。

5. 科创类社团。以"遇见科学，预见未来"为主题，提升学生的动手和动脑能力，促进学生创新思维的发展，包括机器人社团、创客社团等。

"扬帆社团"的开设流程如下。

1. 开团。学期初，结合学校条件和学生需求，决定社团开设情况，确定任课教师、上课时间、上课地点。原则上每个社团配备至少一位教师，部分社团由校外专业人员任教。

2. 招募。向全校师生发出社团招募通知，学生根据各自的兴趣、爱好，通过自主报名和择优选拔相结合的方式确定社团学生名单。

3. 开课。任课教师拟定教学计划，精心设计教学内容，组织学生开展学习。社团课程教学强调丰富与综合、经历与体验、合作与探究，在课内外知识的叠加、校家社生活的碰撞中，拓宽课程渠道，丰富教育内涵，发展学生特长。

四、创立"扬帆节庆"，实现活动育人目标

"扬帆节庆"以节日为载体，融入学校主题式节日活动，引导学生积极参与，开阔视野，展示学生特长，陶冶学生情操，营造良好的学习氛围。学校从"传统节日课程""现代节日课程"和"校园主题节庆课程"三个方面入手实施"扬帆节庆"，丰富学生的校园生活。

1. 传统节日课程。传统节日课程不仅集中体现了中华民族的优秀传统文化，还承载着中华民族的优良品德。传统节日课程是培育优秀文化的沃土，是培养民族精神的有效途径，对学生的传统文化教育具有重要意义，也能培养学生的文化自信。

结合学生的年龄特点，学校以活动为载体，通过各种形式的庆祝活动，营造浓郁的节日氛围。通过组织班会课，让学生了解节日的由来和传统文化知识。通过剪窗花、写福字、包粽子等活动，让学生动手操作，体验民俗活动，感受中华传统文化的魅力，提升民族自豪感。学校"扬帆节庆"的"传统节日课程"安排如下(见表

3-3)。

表3-3 上海市浦东新区建平临港小学"传统节日课程"设置表

农历月份	节日	主题	活动
一月	春节	欢欢喜喜过春节	迎新联欢会、剪窗花、贴春联、写"福"字、送祝福……
一月	元宵节	团团圆圆过元宵	板报宣传、做元宵、品元宵、做花灯笼、赏花灯、猜灯谜……
三月	清明节	祭先烈 扬精神	班级班会、板报宣传、制作手抄报、网上祭英烈、讲红色故事、观红色电影、书画献给党……
五月	端午节	浓情端午 "粽"享童趣	品读故事、缅怀爱国诗人屈原、制作手工龙舟、包粽子、闻香识端午、巧手做香囊……
八月	中秋节	花好月圆 浓情中秋	盛世再唱中秋谣、童心巧手做花灯、传承民俗迎中秋、翰墨飘香迎中秋……
九月	重阳节	敬老孝亲 爱在重阳	走进敬老院、拍摄重阳节视频、写重阳祝福语……

2. 现代节日课程。现代节日在传统节日的基础上做了很好的补充,展现了现代人的精神风貌和人文素养。学校以多种渠道实施节日课程,结合现代节日确定活动主题,利用升旗仪式、红领巾广播站、主题班会、黑板报等宣传活动主题,在各类活动中丰富学生的知识,营造良好的学习氛围。学校"扬帆节庆"的"现代节日课程"安排如下(见表3-4)。

表3-4 上海市浦东新区建平临港小学"现代节日课程"设置表

月份	节日	主题	活动
一月	元旦	新年新气象	黑板报宣传、制作手抄报、爱心义卖活动……
三月	植树节	拥抱春天 播种绿色	种绿护绿行动、爱护绿化宣传语征集活动、班级绿化角评选活动……
三月	妇女节	知恩于心 感恩于行	自制小贺卡、帮助妈妈分担家务、与妈妈一起合张影、给妈妈唱一首歌……

月份	节日	主题	活动
三月	学雷锋纪念日	追"锋"少年在行动	学雷锋主题班会、学雷锋黑板报、学雷锋雏鹰假日小队活动、爱心义卖活动……
五月	劳动节	我劳动 我快乐	班级大扫除、劳动基地实践活动、"小鬼当家"我能行……
六月	儿童节	金色童年 快乐无边	入队、主题朗诵、才艺展示活动……
九月	教师节	桃李不言 下自成蹊	诗歌朗诵、制作教师节手工贺卡……
十月	国庆节	童心向党 欢度国庆	板报宣传、制作手抄报、红色基地实践活动……

3. 校园主题节庆课程。学校根据学生的身心发展状况,设立"阅读节""科技节""体育节""数理节"和"艺术节"等综合性节庆课程。学生在一系列活动中,充分挖掘自己的潜能和优势,树立自信并激发自驱力。学校"校园主题节庆课程"安排如下(见表3-5)。

表3-5 上海市浦东新区建平临港小学"校园主题节庆课程"设置表

月份	节庆	主题	活动
九月	阅读节	童年有书 未来有梦	与书合影、好书推荐官、啄木鸟行动、推普小报制作、经典诗文诵读、星光市集活动、诵童谣、"故事大王"活动、课本剧活动、走进唐诗活动、诗词大会、我与作家面对面……
十一月	科技节	探索科技奥秘 放飞科学梦想	科学小短片、鸡蛋撞地球、纸飞机飞行、吸管承重桥、铅丝陀螺、动力小车、科技节系列讲座……
十二月及四月	体育节	拼搏促成长 运动展风采	田径运动会、趣味运动会、"绳"彩飞扬、足球联赛、篮球联赛、体育节Logo设计大赛、体育绘画比赛……
三月	数理节	乐学善思 "数"我会玩	数理知识竞赛、智慧巧拼、科普讲座、旅行中的数学、指尖滚珠魔豆、"加减乘除"比拼、巧移火柴棒、竞技叠杯、百变魔方……
五月	艺术节	艺彩绽放 筑梦华章	时装秀、校园绘画及书法评比、校园艺术单项评比、校园班班唱评比……

五、践行"扬帆之旅",丰富社会实践经历

开展研学课程,有利于拓展学习空间,开阔学生视野,陶冶学生情操,丰富学生的学习经历和生活体验,培养学生自立、合作、探究的精神和实践能力,引导学生热爱生活、热爱集体、热爱大自然。在走进大自然、走进社会的过程中,促进学生全面、和谐地发展。"扬帆之旅"课程从了解红色文化、走进大自然、参观高等学府和感受现代科技发展四个方面进行设计。

1. 了解红色文化。红色研学是一种以红色文化为主题的研学活动。如通过参观红色泥城主题馆等革命遗址,缅怀革命先烈;参观上海电力大学遵义会议图文资料展览,让学生深入了解中国革命历史,增强爱国主义情感,培养民族自豪感和责任感。

2. 走进大自然。学校结合每学年的社会实践活动,组织学生前往周边的特色公园、野生动物园、昆虫馆、海洋公园和瓜果基地等,让学生与大自然亲密接触,欣赏大自然的美景,用眼睛去观察,用双手去触摸,用头脑去思考,用心灵去感受,体验大自然的多姿多彩和生活的美好。

3. 参观高等学府。学校周边有五大高校,均与学校有密切联系。在"儿童大学"的课程建设过程中,高校为学校的发展、师生的培养提供帮助。学校利用高校资源,让教师和学生共同走进大学,探究教育新模式,共享高校优质资源。如参观上海海洋大学深渊科技移动研究室及水生生物科技馆,聆听科学家的生动讲述,感受深渊科技的无限魅力,认识奇妙的水生生物世界。再如参观上海海事大学科考船,了解先进的科考船技术,收获专业航海知识。通过参与高校的相关活动,增强了学生校外课程与活动的体验,拓宽了学生综合素养培养的渠道。

4. 感受现代科技发展。在研学过程中,通过参观临港地区的航海博物馆、天文馆、格科半导体公司、商汤智算中心、"彩虹鱼"深海科普体验基地,以及临港新造建筑,如"临港中心"和"临港滴水云厅"等,让学生走进科学,走进先进技术,培养他们的好奇心和探究欲。

六、设计"扬帆校园",激活环境隐性课程

"扬帆校园"离不开文化的熏陶,通过不同的文化形式,使教育走向多元化、生活化,营造浓郁的文化氛围,创设良好的育人环境。"扬帆校园"文化包括空间文化和活动文化,具有潜在的教育教学功能,是学校课程中的隐性课程。

1. 广场文化有引领。学校建筑墙面以大型壁画设计为主,囊括了海洋生物和符合儿童年龄的童趣画作,使整个校园亲切又温馨,深受学生们的喜欢。正对大门的"金苹果"建筑,代表"建平"这一品牌,进一步引领全体师生浸润"建平"文化,积淀"建平"力量。校园内还建有"雨水花园",其中的"雨水生态池"建有完整水生态系统,形成水体自我净化能力,同时也是智能化滴灌与物联网数据传输为一体的绿色低碳系统。而"生境花园"则体现了生境和景观的多样,演示了由简单的食物链到复杂的食物网,最后形成上海生态斑块的过程。"雨水花园"主题系列课程,设置环保低碳教学场景,引领学生亲近自然、了解生态,激发学生对生态文明的兴趣,自觉践行人与自然和谐共处的生活方式。

2. 廊道文化有功能。学校重视廊道文化的建设,专设"儿童大学"特色文化墙,包括七大学院的分类和特色介绍,科考船模型、火箭模型等。走廊里还设有展示柜,陈列学生们的小报、书法、绘画、手工等作品,作品种类丰富多样,展现学生的个性与收获。同时,在各楼层的墙面上张贴着精彩的课堂瞬间以及多彩的活动照片,呈现出和谐的师生关系、良好的课堂氛围、丰富的活动场景,激发了师生的自豪感和归属感。在一些特定区域,还设有专门的图书阅览区,学生可自主借阅图书,随时坐下来潜心阅读。同时,走廊文化充分发挥育人功能,处处可见温馨提示语、安全文明礼仪等方面的标牌,以及名家名言、体育明星简介等。

3. 教室文化有特色。教室是学生学习和成长的乐土,班级文化建设对班级管理起着至关重要的作用。班级文化墙也是一种非常好的育人资源,包括宣传栏、特色墙、学习园地、荣誉榜、读书角、植物角等,这些布置让每一面墙都有教育意义,为学生的学习和成长创造健康向上的环境,营造温馨友爱的班级氛围,达到良好的育人效果。

七、创意"扬帆工坊",落实劳动教育课程

为深入贯彻落实《中共中央国务院关于全面加强新时代大中小学劳动教育的意见》,学校设置了"扬帆工坊"系列课程和活动,有目标、有计划地组织学生参加日常生活劳动、生产劳动和公益劳动,让学生动手实践、出力流汗,提升技能、磨练意志,培养学生正确的劳动价值观和良好的劳动能力。"扬帆工坊"注重挖掘劳动在树德、增智、强体、育美等方面的育人价值。学校采取多种措施,包括制定明确的劳动教育计划、开展劳动教育班会、设立校内外劳动教育实践基地、开展劳动节主题

教育活动、建立家校合作机制、开展社区志愿劳动服务、营造劳动氛围和建立劳动教育评价体系等,确保劳动教育的有效实施。

1. 制定劳动教育计划。制定详细的劳动教育计划,了解学生的实际需求和兴趣,把握劳动教育的重点内容和方向,从而明确教学目标、教学内容、教学方法和评估标准,确保劳动教育得到有效落实,为学生提供全面、系统的劳动教育。

2. 开展劳动教育班会。在班会课上进行示范操作和指导日常生活中实用的劳动技能,如手工制作、种植、烹饪等,培养学生的实际技能和动手能力;定期回顾参与劳动教育的情况,分享参与劳动的经历和收获,使学生更好地认识劳动的重要性,培养劳动能力和团队合作精神,了解劳动的意义和价值,树立正确的劳动观念。

3. 设立校内外劳动教育实践基地。在两校区校园内,设有"东篱园"和"微风里"两个种植园劳动教育基地。结合校外辅导员的专业技术指导,学生定期、有序地在种植园中进行种植养护劳动实践。同时,利用每学期的社会实践,组织学生前往校外劳动教育基地,化身"小菜农"进行实践。学生在劳动中亲近自然、体验收获,真真切切地感受劳动的快乐与美妙,在实践中感悟劳动的艰辛,汲取劳动的力量,促进身心发展,茁壮成长。

4. 开展劳动节主题教育。在每年"五一"劳动节之际,学校分年级开展"勤以修身,劳以养德"的劳动节主题教育。讲劳模故事、学工匠精神,组织班级大扫除、校园清洁、制作手工艺品等系列劳动活动,学生亲身体验劳动的乐趣和意义,提高动手能力和创造力。

5. 建立家校合作机制。学校与家长合作开展劳动教育,鼓励家长参与到劳动教育的志愿者队伍中,邀请各行各业的家长代表分享行业发展、行业劳动的内容、方法和案例,指导学生参与劳动的知识和技能,进一步培养学生的劳动热情,弘扬工匠精神,塑造劳动品质。

6. 开展社区劳动志愿服务。在每年的敬老服务活动中,学生将校园劳动基地中种植的蔬果分享给社区的老人们,同时为老人们整理房间、清扫地面、清洁窗户,变身"家务小能手"。劳动之余,与老人亲切交流,关心老人的生活起居。学校联合社区共同开展南汇新城镇东海"清滩"志愿服务、"创美"生活社区清洁行动、"我是科普讲解员"健康科普志愿服务等活动,拓宽学生的志愿服务途径。

7. 建立劳动教育评价体系。为了全面评价学生的劳动素养,学校建立完善的劳动教育评价体系。该体系包括学生劳动表现、课堂表现、成果展示等方面,通过多元化的评价方式全面了解学生的劳动素养和发展状况,更好地发现学生的优点和不足,为进一步落实劳动教育提供参考和依据。

8. 营造热爱劳动的氛围。学校通过宣传栏、广播、校园网站等方式宣传劳动模范和优秀劳动者的事迹及精神,营造热爱劳动、尊重劳动者的氛围,让学生感受到劳动的光荣和伟大。在浓厚的劳动氛围中,更好地培养学生的劳动观念和习惯,促进学生的全面发展。通过营造劳动氛围,让学生更加深入地了解劳动的意义和价值。

八、牵手"扬帆联盟",提升家校共育合力

家庭教育和学校教育是互相联系的,只有两者紧密合作,才能达到更好的教育效果。"扬帆联盟"课程是学校构建全员育人工作的新格局和新思路,推动了家长深入了解学校工作,积极参与育人过程,促进了学校和家庭形成育人合力,统整家校资源,形成并实施家校共育课程,帮助学校搭建了交流平台,提高了学校教育和家庭教育的科学性和有效性。

1. 建立组织机构,健全制度保障。以促进依法办学、自主管理、民主监督、社会参与的现代学校制度建设为目标,以家长委员会建设为载体,坚持全员性、自愿性、特长性的原则,引导广大家长参与学校管理和监督,支持学校改革与发展,提升家庭教育水平。学校在建立"校级""年级"和"班级"家长委员会的基础上,进一步促使学校的各级家长委员会工作制度健全、组织体系有序、职能发挥正常、工作彰显特色,使家长委员会能够起到示范引领作用。

2. 参与课程建设,丰富课程内涵。为切实提升家长参与学习课程建设的热情,使家长的育人观念、育人方法得到切实转变,学校在实施课程建设时采取了以下措施。首先,为家长提供了参与、协作、交流的机会和平台,使家长深度融入课程建设,发挥家长的评价作用,吸收家长好的建议并加以修正。其次,优选家长资源,开展"家长讲堂"和"家长开放日"等活动,让家长参与课程开发,邀请家长入校园、进班级、上讲台,进行各种主题讲座,拓宽学生学习渠道。同时,结合家长学校、家长会等方式,帮助家长更新教学观念、学习科学的教育方法,引导家长在家庭生活中树立榜样,切实促进学生全面发展。

综上所述,学校以"扬帆教育"为教育哲学,围绕"让每一个生命扬帆远航"的办学理念,秉持"百川汇海千帆竞"的课程理念,致力于通过建设全面、丰富、立体的课程群,深入实施素质教育。

（撰稿者:上海市浦东新区建平临港小学　徐汶　郭丹　程夏薇　黄金杰）

第四章

内容的生成性：
以丰富的内容完善课程实施

　　课程是生成性的。教师依托多样化的课程内容促进学生积极参与，激发其深度思考与理解，进而通过多元素间的交互作用，衍生出更为丰富的生成性课程内容。学生在构建知识体系的过程中，通过与文本和同伴的交流互动形成个性化的理解和认知。教师、学生、文本三者间的对话所衍生的内容，呈现出动态性、丰富性的特征，体现了课程内容的生成性。

在很多人的观念里,课程是预设的、静止的,是外在控制的,而教学是执行课程的过程。其实,课程与教学是合二为一的,教学是课程的深化和展开,课程在教学过程中动态生成,展现出其生成性的教育要素。

学校课程变革必须激活包括教师和学生在内的课程实践过程,回归课程的生成性品格。① 我们必须在课程实施过程中,关注到老师、学生、学习资源等多种因素、多种形式的相互作用,充分利用多种因素相互作用过程中所产生的动态性、建构性的课程资源,通过不断创新和完善内容,使其更贴近学生需求。

在实践意义上,生成性是课程的基本特性。课程生成分两个层次:其一是师生基于课程文本的理解性生成;其二是师生基于言语的对话性生成。② 我们认为,课程的生成及课程内容的丰富在完善课程实施过程中具有重要意义。重视师生对于课程文本理解的生成性内容,可以激发学生学习的内在动力和主动性,满足学生的生命体验和成就感。同时,重视教学过程中师生互动、生生互动产生的生成性内容去完善课程实施,也体现了生成性课程的创新性。由此可见,生成性课程可以以丰富的内容有效提高课程实施质量,促进学生的全面发展。

课程生成的过程一方面是师生对文本课程意义的理解与内化,另一方面又包括师生在对话互动过程中创造新的课程意义。③ 我们认为,要达成课程的生成,不能忽视教师、学生和文本三者在课程实施过程中的作用。教师既不能完全预设课程内容,也不能仅仅依靠学生在学习过程中的生成性内容,而是要以丰富的课程内容去促进学生的参与,激发学生的思考和更深入的理解,并由此产生多元素相互作用后更丰富的生成性课程内容。

首先,生成性来自教师。对学生学习主体地位的重视可实现生成性内容的丰富。为了帮助学生构建自己的知识体系和应用能力,教师必须营造安全、平等的教学环境,关注学生学习的主体性,激发学生的兴趣和动力,从而在互动过程中产生更多、更有意义的内容。同时,丰富的资源和学习方式可促进生成性内容的产生。丰富的课程内容能够满足学生多样化的需求和学习风格。在设计课程内容时,教

① 杨四耕.学校课程管理的生成性过程与方法论定位——过程哲学视角[J].教育学术月刊,2023(6):3—11.
② 夏永庚.课程生成之源:师生的主体性[J].四川教育学院学报,2008,24(12):11—13.
③ 夏永庚.透视课程生成:符号互动论的视角[J].当代教育科学,2009(7):23—26.

师可以结合学生的学习情况和兴趣爱好,提供多样化的学习资源和活动,如案例分析、实地考察、小组讨论等,以丰富的形式来呈现课程内容,激发学生的学习热情和学习潜能。教师的教学机智和能力可以带来生成性内容的获得。对话主要包括两类,一类是人(包括教师和学生)与文本(包括现成文本与生成文本)的对话;第二类是人与自身的对话,主要是教师的教学反思与学生的自我对话。① 生成课程的实施是教师与学生以课程文本为基础的对话过程,在这个过程中,师生之间对于文本理解的不同或文本解读过程中产生的新想法等都是丰富的生成资源,有足够敏锐度和教学机智的教师可以随时获取丰富的生成内容,并将之充实到课程实施中。

其次,生成性源于学生。学生不是被动的接受者,而是通过探索、发现、讨论和解决问题的过程来构建自己的学习体系,是丰富内容生成的参与者。学生在学习过程中的主动参与和独立思考,有利于提高理解和消化知识的能力。另外,学生在知识建构过程中,通过与文本和他人的对话,新旧知识相互作用,形成个性化的理解和认知。这种知识建构的过程使学生将所学知识应用于实际情境中,促进全面发展。

最后,生成性来自资源。如果说课堂实施过程中教师、学生、文本三者之间的对话所生成的内容是动态的生成性课程资源,那么,来自不同学科、不同层面的资源,尤其是以不同形式呈现的课程资源同样丰富了课程实施,如文字、图片、视频、音频等,它们以多种形式呈现,有利于满足不同学生的学习需求和学习偏好。通过优质、多元化的资源支持,学生可以获得更为丰富的学习体验,提升综合素质,激发潜能,实现个性化成长。

总之,丰富的生成性内容对于课程的实施至关重要,它提供了广阔的资源基础,使教师和学生在互动中有更多的素材可以挖掘和拓展,为生成新的知识和理解创造条件。丰富的内容能激发学生的兴趣和好奇心,进而引发各种意想不到的思考和讨论,推动生成性的展开。丰富的生成性给予教师更大的发挥空间,能根据学生的反应和实际情况灵活调整教学方向,让课程更具适应性和动态性。丰富的课程内容宛如肥沃的土壤,滋养着生成性课程这棵充满生命力的大树,使其枝繁叶茂,结出充满创意和个性的果实,真正实现教学相长、满足学生个性化需求的教育

---

① 夏永庚.论课程的生成性[D].上海:华东师范大学,2006.

目标。

一校一策

幸福港课程：
让每一艘生命航船驶向
幸福的港湾

上海市临港第一中学创建于 2010 年 9 月，前身是上海市南汇第一中学临港分校，2013 年 8 月学校独立建制，更名为上海市临港第一中学。学校占地面积 28 198 平方米，设计规模为 4 个年级，6 个平行班，共 24 个班级。目前全校学生近 600 人，专任教师 54 人。学校师资队伍政治素养优秀，业务能力强，团结合作，乐于奉献。近几年，学校取得了不俗的成绩，也获得了多项荣誉称号，如："上海市家庭教育示范校""上海市绿色学校""浦东新区项目化学习实验校""浦东新区基于大数据驱动的智能化精准教学项目实验校""上海市第四轮课程领导力项目种子校""计算机思维培养的人工智能与编程教育实验校""浦东新区'三个助手''智慧纸笔'项目实验校""浦东新区学校自我督导体系建设实验校""基于区域特色的学校综合课程创造力研究和实践实验校"等称号。

第一节　让每一艘生命航船驶向诗和远方

千百年来，东海之水浩浩荡荡，泽被后世，孕育了"开放包容、深沉博大、刚健勇毅、开拓创新"的文化内涵。东海的碧波里荡漾着上海的沧桑巨变，也成就了上海洋山深水港的发展和繁荣。洋山港作为世界上最具现代化特色的综合性海港，促进了上海市对内对外的经济交流和产业升级发展，极大地提升了中国的国际竞争力。洋山港的建设和发展完美地体现了中国人的聪明才智和远见卓识，也体现了中国人的强大力量和创新能力。就在这东海之滨，"百舸争流千帆竞，借海扬帆奋者先"，海港孕育了希望和梦想，见证了智慧和合作，实现了快乐和成就。海港的交汇和交融、接纳和包容,海港建设者的勤劳勇敢、善于创新的个性特质,是"海港文化"的鲜明写照,既包含了海洋文化的内涵,又给人以安定、温馨、力量和希望,契合了素养导向下学校育人的教育理念。

临港,如诗如画,宁静而深邃,仿佛一颗璀璨的明珠镶嵌在海港之滨,与洋山港一起成长和发展。上海市临港第一中学,恰是一个"海港",她是"宁静之港""安全之港""智慧之港",也是"希望之港""幸福之港"。作为教师,在"海港"文化浸润下,既提升了工作、生活所需的必备品质,也给予学生安全、幸福和成长的力量;作为学生,在"海港"文化浸润下,将拥有像海港一样包容、接纳的胸怀,像海港建设者一样刚健勇毅的体魄;将感到海港给人的安定和温馨,形成鲜明的个性品质并积蓄足够的能量,驶向温馨的港湾,驶向诗和远方。

一、教育哲学:"如港教育"

学校的教育哲学是"如港教育"。每个人都需要有一个心灵的港湾,让我们遇到风雨时去停靠。每个人都像是一艘航船,从挂上船帆的那刻开始,向往的就是远方。

教育如港,她是宁静的避风港。在这里,我们可以停下脚步,休养生息。如同港湾是船舶心灵的慰藉,教育也是学生心灵的避风港。"如港教育",是一种宁静的教育,它为学生提供安宁的庇护所、和谐的学习环境。在这样的"港湾"里,可以感受到安全,释放压力,让身心得到愉悦。在这里,可以享受学习的快乐。

教育如港,她是人生的补给站。在这里,我们可以收获知识、积蓄能量,准备新一次的启航。如同港湾是船舶给养的补给点,教育也是充实力量的基地和摇篮。"如港教育",是一种蓄能的教育,它为学生提供知识和能力的储备以及综合实践的机会。在这样的"港湾"里,可以强健体魄,学习知识,提升能力。在这里,可以为应对未来航程做好准备。

教育如港,她是生命的交汇点。在这里,我们可以与世界相遇相融,感受生命的和谐和美。如同港湾是船舶往来的中继站,教育也应成为品格塑造的大学堂。"如港教育",是一种润泽的教育,它让学生得到情感需求的满足和内心世界的丰盈。在这样的"港湾"里,可以学会理解,学会包容,学会关爱。在这里,可以成为有使命、有智慧、有力量的未来国家栋梁。

教育如港,她是梦想的实现园。在这里,我们为每一个梦想提供充足的养分和阳光。如同港湾承载着无数梦想和希望，教育也肩负着培养人才的伟大使命。"如港教育"是一种完整的教育，它为每一个学生提供全面、优质的教育服务。在这样的"港湾"里，可以提升素养，全面发展，并得到个性化成长。在这里，可以拓展生命的宽度和广度，让梦想茁壮成长。

为此，学校提出如下办学理念：让生命航船从这里驶向诗和远方。这一办学理念源于对生命的尊重和热爱，致力于让每一个生命在这里得到充分的绽放。我们以"让生命的航船从这里驶向诗和远方"为愿景，激发孩子们内心的激情，帮助他们树立远大理想，为他们的人生指引方向。

每一个儿童都是一艘独特的航船，他们拥有自己的梦想和潜力。因此，我们关注每一个学生的个性发展，挖掘他们的潜能，为他们提供合适的教育资源和支持，让他们在成长过程中不断探索、挑战自我。我们的学生观是：每一个儿童都是一艘生命航船。

学校是孩子们生命成长的港湾，这里是他们汲取知识、培养能力、塑造品格的地方。我们致力于让每一个学生都能找到自己的兴趣所在，德智体美劳全面发展，有理想、有本领、有担当，为国家贡献自己的力量。我们的学校观是：学校是儿童生命成长的港湾。

教育的核心在于人的和谐发展。我们致力于营造一个温馨、和谐的环境，提供完整、优质的教育，让每个孩子在安宁的氛围中得到身心健康和全面的发展，拥有幸福的人生。我们的办学宗旨是：给予每一个孩子心灵宁静的港湾。

我们的办学理念、学生观、学校观和办学宗旨共同构成了我们独特的"如港教育"体系，旨在为每一个孩子提供一个充满关爱、充满活力的成长空间，让他们在这里扬帆起航，驶向美好的未来。我们致力于培养德、智、体、美、劳全面发展的社会主义建设者和接班人，为国家的繁荣昌盛和民族的伟大复兴贡献力量。我们的教育信条是：

我们坚信，

教育如港，可以避风；

我们坚信，

学校是生命成长的港湾；

我们坚信，

每一个儿童都是一艘生命航船;

我们坚信,

给予每一个心灵宁静的港湾是教育的智慧;

我们坚信,

让生命航船从这里驶向诗和远方是教育的神圣使命;

我们坚信,

让每一艘生命航船驶向幸福的港湾是教育最舒展的姿态。

二、课程理念

我们的课程理念是:让每一艘生命航船驶向幸福的港湾。在这个快速发展的时代,学校课程不仅是传递知识、技能的载体,更是塑造人格、培养价值观的摇篮。因此,我们致力于营造一个健康、快乐、和谐的成长环境,打造一艘艘生命之船,以教育的力量,引领每一个生命个体,让他们在激流勇进中找到属于自己的幸福。

课程即美好情愫。课程承载着美好的情感,它犹如丰饶的沃土助力学生成为社会的栋梁之材。学校课程不仅充当着知识传播的纽带,更是情感与情怀传承与发扬的载体。通过课程学习,学生不仅可以深入了解我国的悠久历史,还能学会尊重并理解世界各地的文化差异。课程是学生获取美好情感的源泉,能丰富人生阅历,培养优良品质,激发潜在能力,最终使学生成长为有使命、有本领、有担当的时代新人,为中华民族伟大复兴的中国梦贡献力量。

课程即个性生长。课程是学生个性发展的基石,它犹如坚实的阶梯助力学生实现个性化的成长。每个学生都是独特的个体,具备不同的兴趣、特长与需求。我们的课程不局限于知识传授,更致力于能力培养与个性塑造。丰富多样的课程为学生个性发展奠定坚实基础;社团活动、研学之旅、项目化学习等方式为学生提供更为多元化的课程学习体验,在提升综合素养的同时,拓宽个性化成长的空间。

课程即生命历程。课程贯穿于学生生命发展的全程,它连接着学生个人的生活体验和成长。我们的课程涵盖人文素养、科学素养、身心健康、艺术素养、科技创新等多方面,学习内容不局限于课堂,更延伸至日常生活的各种情境与体验中,包括综合实践活动、美育和劳动教育。学生在课程学习中探寻自我、认识世界,提升应对未来生活中的挑战的能力,进而实现自我的终身发展。

课程即心灵港湾。课程为每一位学生赋能,它犹如一座巨人的肩膀成为学生在求知之旅中不可或缺的依托。在飞速发展的时代背景下,学校课程成为一片宁静的学术净土,为学生提供一个沉下心来,深入探索知识奥秘的场所;它通过互动交流的方式,提升学生的团队合作精神和创新能力,使他们不仅能够汲取前人的智慧,还能在身心健康的成长中塑造良好的个人品质。学校课程承载着学生生命成长的使命,使其身心更加健全,生命更加丰盈。

我们的课程模式是"幸福港课程"。幸福港课程模式是在"双新"背景下,学校课程的一种创新实践,其目标在于营造一种愉快且富有人文关怀的学习环境,推动学生全面成长。该模式以立德树人为核心理念,强调在教学过程中引导学生体验幸福、感知快乐,进而激发他们的学习热情和积极性,最终实现有使命、有智慧、有力量的育人目标。通过这一课程体系,学生在愉悦的学习氛围中全面成长,为未来的幸福生活奠定坚实基础。

第二节　让每一个儿童成为有力量的航船

学校根据时代发展对未来人才培养的需要,按照国家基础教育的基本要求和当代中国学生核心素养的发展框架,结合学校的教育哲学,以培养全面发展的人为宗旨,提出学校的育人目标,并制定相应的课程目标。

一、育人目标

学校的育人目标是努力让每一个儿童成为有力量的航船,让学生成为有使命、有智慧、有力量的生命个体,由此驶向幸福的港湾。具体阐述如下。

有使命:即爱家国,能担当。"爱家国"意味着对家庭和国家的热爱和关心,"能担当"则表示有能力和勇气承担责任和任务。通过"如港教育",培养学生的使命感、对家庭和国家的责任感和担当精神,以及具备承担责任的能力和勇气。

有智慧:即爱学习,会创新。"爱学习"意味着对学习有浓厚的兴趣和热情,愿意投入时间和精力去获取新的知识和技能。"会创新"是指能够独立思考,勇于尝试新事物,并能够从不同的角度看待问题,提出新颖、独特的解决方案,有创新能力。"如港教育"旨在培养学生热爱学习、善于创新,应对未来生活中的挑战的能力。

有力量:即爱生活,乐运动。"爱生活"指的是学生对生命的热爱和珍视,对生活的积极态度和丰富的生活技能。"乐运动"指通过运动来享受生活的乐趣,锻炼身体,增强体质,同时能够缓解自我压力,享受运动带来的快乐。"如港教育"旨在敦促学生积极参与各种运动,在享受生活的同时,提升生命质量和幸福感。

二、课程目标

"幸福港课程"旨在帮助学生发掘和培养自己的兴趣爱好,发展自己的个性特长;注重培养学生的学习能力,包括批判性思维、创新能力和问题解决能力等;帮助学生提高抗压能力和情绪管理能力,提高身心健康水平;树立正确的价值观和人生观,增强社会责任感,成为德智体美劳全面发展的社会主义建设者和接班人。具体育人目标见表4-1。

表4-1 上海市临港第一中学"幸福港课程"目标

	有使命: 爱家国,能担当	有智慧: 爱学习,会创新	有力量: 爱生活,乐运动
六年级	1. 热爱祖国,热爱人民,热爱中国共产党。努力学习伟大建党精神,学习和弘扬社会主义先进文化、革命文化和优秀传统文化,理解和践行社会主义核心价值观。 2. 懂得坚持走中国特色社会主义道路的道理,初步树立共产主义远大理想和中国特色社会主义共同理想。 3. 具有维护民族团结,捍卫国家主权、尊严和利益的意识。能将个人追求融入国家富强、民族复兴、人民幸福的伟	1. 乐学善学,勤于思考,保持好奇心与求知欲,形成良好的学习习惯,初步掌握适应现代化社会所需要的知识与技能,具有学会学习的能力。 2. 乐于提问,敢于质疑,学会在真实情境中发现问题、解决问题,具有探究能力和创新精神。 3. 向善尚美,富于想象,具有健康的审美情趣和初步的艺术鉴赏、表现能力。 4. 学会交往,善于沟通,具有基本的合作能力、团队精神。	1. 明确人生方向,追求美好生活。自理自立,热爱劳动,掌握基本的生活技能,具有良好的生活习惯。 2. 坚毅勇敢,自信自强,勤劳节俭,保持奋斗进取的生活状态。 3. 热爱自然,保护环境,爱护动物,珍爱生命,树立公共卫生意识与生态文明观念。 4. 强身健体,健全人格,养成体育运动的习惯,掌握基本的健康知识和适合自身的运动技能,树立生命安全与健康意识,

	有使命： 爱家国，能担当	有智慧： 爱学习，会创新	有力量： 爱生活，乐运动
	大梦想之中。 4. 诚实守信，明辨是非，遵纪守法，具有社会主义民主观念与法治意识。 5. 孝亲敬长，团结友爱，热心公益，具有集体主义精神，积极为社会做力所能及的贡献。 6. 关心时事，热爱和平，尊重和理解文化的多样性，初步具有国际视野和人类命运共同体意识。	5. 对学习充满热情，养成良好的学习习惯。尽快适应初中英语学习要求；掌握六年级各学科课程标准规定的学科要求，为后续学习打好基础。 6. 提高阅读策略和能力，增加经典文学的阅读和对影视作品等的了解，扩大知识面。 7. 认真参加科创类校本课程及社团活动，着力提升编程能力和创新能力。 8. 培养终身学习的意识，不断追求新知识和新技能的提升，适应社会发展的需求。	形成积极的心理品质，具有抗挫折能力与自我保护能力。 5. 积极参加学校各项体育社团活动，在丰富自己课余生活的同时，学会一种技能。
七年级	1. 热爱祖国，热爱人民，热爱中国共产党。努力学习伟大建党精神，学习和弘扬社会主义先进文化、革命文化和优秀传统文化，理解和践行社会主义核心价值观。 2. 懂得坚持走中国特色社会主义道路的道理，初步树立共产主义远大理想和中国特色社会主义共同理想。	1. 乐学善学，勤于思考，保持好奇心与求知欲，形成良好的学习习惯，初步掌握适应现代化社会所需要的知识与技能，具有学会学习的能力。 2. 乐于提问，敢于质疑，学会在真实情境中发现问题、解决问题，具有探究能力和创新精神。 3. 向善尚美，富于想象，具有健康的审美情趣和初	1. 明确人生方向，追求美好生活。自理自立，热爱劳动，掌握基本的生活技能，具有良好的生活习惯。 2. 坚毅勇敢，自信自强，勤劳节俭，保持奋斗进取的生活状态。 3. 热爱自然，保护环境，爱护动物，珍爱生命，树立较强的公共卫生意识与生态文明观念，丰富自己

有使命： 爱家国，能担当	有智慧： 爱学习，会创新	有力量： 爱生活，乐运动
3. 具有维护民族团结，捍卫国家主权、尊严和利益的意识。能将个人追求融入国家富强、民族复兴、人民幸福的伟大梦想之中。 4. 诚实守信，明辨是非，遵纪守法，具有社会主义民主观念与法治意识。 5. 孝亲敬长，团结友爱，热心公益，具有集体主义精神，积极为社会做力所能及的贡献。 6. 关心时事，热爱和平，尊重和理解文化的多样性，具有国际视野和人类命运共同体意识。 7. 认真参与社会调查等活动，关注社会及环境保护，提升自己的社会责任感。	步的艺术鉴赏、表现能力。 4. 学会交往，善于沟通，通过户外拓展活动等培养自己的合作能力、团队精神。 5. 对学习充满热情，养成良好的阅读习惯。增强对文学经典和影视作品等的理解能力，对不同的文化有包容心。掌握七年级各学科课程标准规定的学科要求，为后续学习打好基础。 6. 认真参与科创类课程，提升信息技术能力和逻辑思维能力。 7. 提升终身学习的意识，不断追求新知识和技能的提升，适应社会发展的需要。	的生活经历。 4. 强身健体，健全人格，养成体育运动的习惯，掌握基本的健康知识和适合自身的运动技能，树立生命安全与健康意识，形成积极的心理品质，具有抗挫折能力与自我保护能力。 5. 积极参加学校各项体育社团活动，丰富自己的课余生活的同时，有一定的特长。
八年级 1. 热爱祖国，热爱人民，热爱中国共产党。努力学习伟大建党精神，学习和弘扬社会主义先进文化、革命文化和优秀传统文化，理解和践行社会主义核心价值观。 2. 懂得坚持走中国特色社会主义道路的道理，初步树立共产主义远大理	1. 乐学善学，勤于思考，保持好奇心与求知欲，形成良好的学习习惯，初步掌握适应现代化社会所需要的知识与技能，具有较强的学习能力。 2. 乐于提问，敢于质疑，学会在真实情境中发现问题、解决问题，具有较强的探究能力和创新精神。	1. 明确人生方向，追求美好生活。自理自立，热爱劳动，掌握较全面的生活技能，具有良好的生活习惯。 2. 坚毅勇敢，自信自强，勤劳节俭，保持奋斗进取的生活状态，并为实现自己的生活目标而努力。

	有使命: 爱家国,能担当	有智慧: 爱学习,会创新	有力量: 爱生活,乐运动
	想和中国特色社会主义共同理想。 3. 具有维护民族团结,捍卫国家主权、尊严和利益的强烈意识。能将个人追求融入国家富强、民族复兴、人民幸福的伟大梦想之中。 4. 诚实守信,明辨是非,遵纪守法,具有社会主义民主观念与法治意识,能参与维护社会秩序。 5. 孝亲敬长,团结友爱,热心公益,具有集体主义精神,积极为社会做力所能及的贡献。 6. 关心时事,热爱和平,尊重和理解文化的多样性,具有国际视野和人类命运共同体意识并为之努力。 7. 认真参与社会调查等课程,关注社会及环境保护,提升自己的社会责任感。	3. 向善尚美,富于想象,具有健康的审美情趣和初步的艺术鉴赏、表现能力,在艺术方面能有一技之长。 4. 学会交往,善于沟通,具有基本的合作能力、团队精神,有一定的领导能力。 5. 对学习充满热情,有良好的学习习惯。在了解各国文化的同时提升英语表达能力。掌握八年级各学科课程标准规定的学科要求,为将来贡献社会打好基础。 6. 认真参加科创类校本课程及社团活动,提升逻辑思维能力,同时具备一定的信息技术能力。 7. 有终身学习的意识,不断追求新知识和技能的提升,适应社会发展的需求。	3. 热爱自然,保护环境,爱护动物,珍爱生命,树立公共卫生意识与生态文明观念。 4. 强身健体,健全人格,有一定的体育运动习惯,掌握基本的健康知识和适合自身的运动技能,树立生命安全与健康意识,形成积极的心理品质,具有抗挫折能力与自我保护能力。 5. 积极参加学校各项体育社团活动,养成良好的健身习惯,拥有一技之长。
九年级	1. 热爱祖国,热爱人民,热爱中国共产党。努力学习伟大建党精神,学习和弘扬社会主义先进文化、革命文化和优秀传统文化,理解和践行社会主义核心价值观。	1. 乐学善学,勤于思考,保持好奇心与求知欲,拥有良好的学习习惯,较好地掌握适应现代化社会所需要的知识与技能,具有较强的学习能力。	1. 明确人生方向,追求美好生活。自理自立,热爱劳动,有较强的生活技能,具有良好的生活习惯。 2. 坚毅勇敢,自信自强,勤劳节俭,保持奋斗进取的

有使命： 爱家国，能担当	有智慧： 爱学习，会创新	有力量： 爱生活，乐运动
2. 有坚持走中国特色社会主义道路的信念，树立明确的共产主义远大理想和中国特色社会主义共同理想。 3. 具有维护民族团结，捍卫国家主权、尊严和利益的意识和能力。能将个人追求融入国家富强、民族复兴、人民幸福的伟大梦想之中，并为之而奋斗。 4. 诚实守信，明辨是非，遵纪守法，具有强烈的社会主义民主观念与法治意识。 5. 孝亲敬长，团结友爱，热心公益，具有集体主义精神，积极为社会做力所能及的贡献。 6. 关心时事，热爱和平，尊重和理解文化的多样性，具有国际视野和人类命运共同体意识，并为之而努力。 7. 保持良好的心理状态和积极向上的态度，勇于追逐自己的梦想。	2. 乐于提问，敢于质疑，能在真实情境中发现问题、解决问题，具有较强的探究能力和创新精神。 3. 向善尚美，富于想象，具有健康的审美情趣和较强的艺术鉴赏、表现能力，有艺术方面的一技之长。 4. 善于沟通和交往，具有较强的合作能力、团队精神。 5. 对学习充满热情，有良好的学习习惯。掌握九年级各学科课程标准规定的学科要求，为将来贡献社会做好准备。 6. 有较强的信息素养，能熟练运用信息技术服务自己的工作和生活。 7. 认真参加科创类校本课程及社团活动，提升自己的创新能力。 8. 有较强的终身学习意识，能主动追求新知识和技能的提升，适应社会发展需求的能力较强。	生活状态。 3. 热爱自然，保护环境，爱护动物，珍爱生命，有强烈的公共卫生意识与生态文明观念。 4. 强身健体，健全人格，有良好的体育运动的习惯，掌握较全面的健康知识和适合自身的运动技能，有较强的生命安全与健康意识，有良好的、积极的心理品质，具有较强的抗挫折能力与自我保护能力。 5. 积极参加学校各项体育社团活动，有良好的健康意识，强身健体。 6. 认真参与英语诗歌和英文歌曲的赏析，在增长知识的同时丰富自己的课余生活。

第三节　让每一艘生命航船满载安宁幸福

一、课程逻辑

　　每个学生都是独一无二的个体,拥有无限的潜能。我们坚信教育不仅仅是知识的传授,更重要的是品德的塑造和人格的培养。基于学校特有的教育哲学、办学理念、课程理念以及创新的课程模式,我们精心构建具有鲜明特色的校本课程体系,强化学校文化内涵的浸润和各种综合实践活动的体验,以培养学生的综合能力和社会责任感;我们强化学科的整合和项目化学习,提升批判性思维和创新能力,以帮助学生在未来的生活和职业中具备竞争力。我们的课程逻辑如图4-1所示。

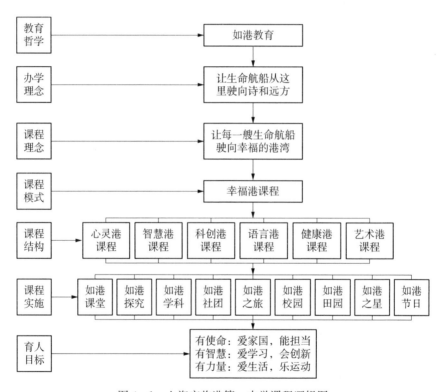

图4-1　上海市临港第一中学课程逻辑图

二、课程结构

　　学校课程必须让每一艘航船满载安宁幸福,而"幸福港课程"则是学生生命幸福成长的有效载体,学校融合国家课程、地方课程以及校本课程,按照多元智能理论,建构"心灵港课程、智慧港课程、语言港课程、科创港课程、健康港课程、艺术港课程"六类课程,如图4-2所示。

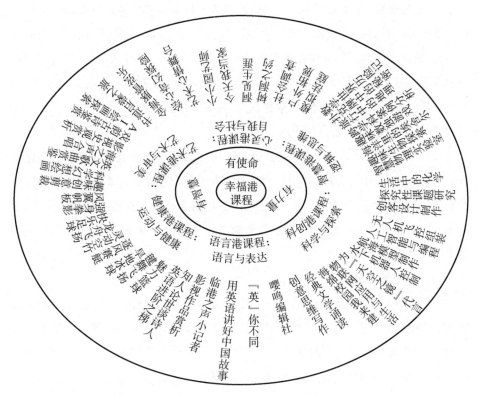

图4-2 上海市临港第一中学"幸福港课程"结构图

(一) 心灵港课程:自我与社会

"心灵港课程"关注自我与社会的相关内容,其目的在于巩固学生学习与现实生活的关联;强化个人价值与社会价值的纽带;促进身心健康与品格完善的融合,使学生在宁静的校园港湾中获得安全感、幸福感,拥有使命感,进而推动个人全面发展与社会进步。

(二) 智慧港课程:逻辑与思维

"智慧港课程"致力于提升学生的逻辑与思维能力,这种能力对于各学科领域的学习至关重要。逻辑与思维课程的开设旨在培养学生能够清晰、准确地阐述个人观点与思想,掌握组织与构建有说服力论证的技巧,进而提升口头与书面表达的逻辑性与连贯性。此外,通过此类课程的学习,更能加深对学科知识的理解与应用,以便在未来应对复杂的信息环境时,表现出适应时代需求的思维品质。

(三)科创港课程:科学与探索

"科创港课程"涉及科学与探索的相关内容。科学与探索课程旨在培养学生的科学素养、探索精神、观察和分析能力、解决问题的能力、跨学科学习能力、团队合作和沟通能力,同时激发好奇心和探索精神。科学与探索课程鼓励学生提出问题、探索未知领域。这种好奇心和探索精神是推动科学进步和个人成长的重要动力,能够培养学生主动学习和积极探索的态度,从而提升创新素养。

(四)语言港课程:语言与表达

"语言港课程"对学生学习和提升语言运用能力具有显著成效。卓越的语言及表达能力是实现高效沟通的关键。借助此类课程,学生能够恰如其分地传达自己的想法、观点与情感,从而更好地与他人互动,增进与他人的交流与沟通。此外,有助于他们深入了解和体验各种文化,培养跨文化认知和全球视野,为未来职业发展奠定坚实基础。

(五)健康港课程:运动与健康

"健康港课程"致力于引导学生养成健康的生活方式,通过参与多样化的体育活动,提升身体素质,促进身心健康的发展。此类课程对学生的心理健康具有积极效应,为学生提供了学习和发展各类运动技能的平台,能够培养他们的健康意识及团队合作精神。健康的体魄与良好的生活习惯不仅有助于塑造优良的品格和价值观,还能提高学习效率。

(六)艺术港课程:艺术与审美

"艺术港课程"可以帮助学生更好地理解自己和他人的情感状态,从而提高情感认知能力和同理心。这对于学生的情感发展和社交能力提升都非常有益。艺术和审美课程帮助学生学会表达自己的想法和感受,通过各种艺术形式来展现自己的创造力和想象力,同时可以帮助学生减轻压力、放松身心,从而有益于学生的身心健康发展。

三、课程设置

根据《义务教育课程方案与课程标准(2022年版)》对于国家课程实施的规定,学校开齐开足国家课程科目,严格执行课程实施方案,将国家课程方案具体化,系统规划课程安排。同时立足学生需求,结合学校课程资源实际,在国家课程和地方课程外,开设特色课程。学校"幸福港课程"设置见表4-2。

表 4 - 2　上海市临港第一中学各年级"幸福港课程"设置表

		心灵港课程	语言港课程	智慧港课程	健康港课程	艺术港课程	科创港课程
六年级	第一学期	模拟法庭 今天我当家 小小园艺师 绘心奇幻探险	英语进阶之梯 经典文学诵读 知人论世谈诗人 影视作品赏析 临港之声小记者	Scratch 编程 创意 3D 打印 数学世界历险记 扑克牌中的秘密	风翼帆板 强身拳影 快乐足球 龙舟飞扬 灵动空竹	金海豚管弦乐 书道启蒙之旅 AI 绘画探索 戏韵古诗鉴赏	海绵校园我未建 物联网应用与生活 水下机器人控制 航海模型制作
	第二学期	模拟法庭 今天我当家 小小园艺师 绘心奇幻探险	经典文学诵读 知人论世谈诗人 影视作品赏析 临港之声小记者 创新思维写作	Scratch 编程 创意 3D 打印 扑克牌中的秘密 数学世界历险记	风翼帆板 强身拳影 快乐足球 龙舟飞扬 灵动空竹	金海豚管弦乐 书道启蒙之旅 AI 绘画探索 戏韵古诗鉴赏	海绵校园我未建 物联网应用与生活 水下机器人控制 航海模型制作
七年级	第一学期	模拟法庭 树洞之约 户外拓展 绘心奇幻探险	经典文学诵读 知人论世谈诗人 "英"你不同 嘤鸣编辑社 影视作品赏析	python 编程 旅行中的地理 趣味数学史 趣味数独游戏	快乐足球 风翼帆板 逐风帆艇 旱地冰球 健舞飞扬	金海豚管弦乐 书道启蒙之旅 科学幻想绘画 趣味创意剪裁	水下机器人控制 无人机飞控组装 人工智能工程 为"天空之镜"代言
	第二学期	模拟法庭 户外拓展 社会调查 绘心奇幻探险	经典文学诵读 知人论世谈诗人 "英"你不同 嘤鸣编辑社 影视作品赏析	python 编程 旅行中的地理 趣味数学史 趣味数独游戏	快乐足球 风翼帆板 逐风帆艇 旱地冰球 健舞飞扬	金海豚管弦乐 书道启蒙之旅 科学幻想绘画 趣味创意剪裁	水下机器人控制 无人机飞控组装 人工智能工程 为"天空之镜"代言

续表

年级	学期	心灵港课程	语言港课程	智慧港课程	健康港课程	艺术港课程	科创港课程
八年级	第一学期	模拟法庭 树洞之约 社会调查 艺术心情台	知人论世谈诗人 "英"你不同 用英语讲好中国故事 探秘古诗词	python编程 智慧数学 海洋里的埃舍尔 历史上的科学家	风翼帆板 逐风赛艇 魅力篮球	影视剧史观赏析 海之声合唱 英文歌曲赏鉴	智能电子硬件与创客设计制作 临港海域生态的明天 水下机器人控制 无人机飞控组装
	第二学期	模拟法庭 树洞之约 社会调查 艺术心情台	知人论世谈诗人 "英"你不同 用英语讲好中国故事 探秘古诗词	智慧数学 历史上的科学家 趣味生物探索 python编程	风翼帆板 逐风赛艇 魅力篮球	影视剧史观赏析 海之声合唱 英文歌曲赏鉴	智能电子硬件与创客设计制作 临港海域生态的明天 水下机器人控制 无人机飞控组装
九年级	第一学期	树洞之约 户外拓展 洞见生涯	知人论世谈诗人 英伦风情 探秘古诗词 文学作品的影视化欣赏	智慧数学 智慧物理实验室 生活中的化学	风翼帆板 魅力篮球	英语诗歌赏析	探究性课题研究
	第二学期	树洞之约 户外拓展 洞见生涯	知人论世谈诗词 探秘古诗词 文学作品的影视化欣赏	智慧数学 智慧物理实验室 生活中的化学 跨学科案例分析	风翼帆板 魅力篮球	英语诗歌赏析	探究性课题研究

第四节　让每一艘航船奋力驶向幸福港湾

根据义务教育课程方案与课程标准（2022年版）对于国家课程实施的规定，我校在国家课程实施过程中，立足学校办学理念，注重整体规划，有效实施国家课程，规范开设地方课程，合理开发校本课程。通过课堂教学、学科建设、社团活动、研学旅行等方式来落实课程实施，让每一艘生命航船奋力驶向幸福港湾。

一、构建"如港课堂"，提升课程质量

引导教师坚持素养导向，围绕"为什么教"和"为谁教"，深刻理解课程育人价值，落实育人为本理念，积极构建"如港课堂"，努力提升课程实施质量。

（一）"如港课堂"的内涵与实践

"如港课堂"要在坚定理想信念、厚植爱国情怀、加强品德修养、增长知识见识、培养奋斗精神、增强综合素质上下功夫，使每个儿童成为一艘有使命、有智慧、有力量的航船。"如港课堂"内涵用以下四个关键词予以体现。

启智。"如港课堂"是启发智慧的课堂。坚持素养导向，把握学科教学的育人价值，把立德树人作为学科教学的根本任务落实到课堂教学活动中。学生通过课堂学习，乐学善思，掌握适应现代化社会所需要的知识和技能。敢于质疑，学会在真实情境中发现问题、解决问题。热爱劳动，掌握基本的生活技能。富有想象，具有健康的审美情趣和初步的艺术鉴赏、表现能力。学会交往，具有基本的合作能力、团队精神。热爱自然，树立公共卫生意识与生态文明保护意识。

润心。"如港课堂"是润泽心灵的课堂。注重知识学习与价值教育的有机融合，发挥课堂教学活动多方面的育人价值。通过渗透社会主义先进文化、革命文化、中华优秀传统文化、社会主义核心价值观，培养学生正确的价值观和必备品格。引导学生树立远大理想，明确人生发展方向；形成积极的心理品质，具有抗挫折能力与自我保护能力。使每一艘"生命航船"都能热爱祖国、热爱人民、坚毅勇敢、自信自强，明辨是非、遵纪守法，团结友爱、热心公益，热爱动物、珍爱生命。

蓄能。"如港课堂"是避风蓄能的课堂。创新课堂教学评价手段，坚持以评促学、以评促教的原则，采用多元评价主体、多种方式结合，充分利用数字技术和人工智能技术，提升教学评价能力。通过评价反馈，帮助学生发掘自身潜能，学会自我反思和自我管理，增强学习自信心，提高学习兴趣，养成良好的学习习惯，让每一个儿童都成为一艘"有力量的航船",为扬帆远航积蓄力量。

远航。"如港课堂"是扬帆远航的课堂。注重"做中学",引导学生参与学科探究活动,增强学生认识真实世界、解决真实问题的能力,具有探究能力和创新能力。注重启发式、探究式、参与式、互动式教学,探索大单元教学,积极开展跨学科主题学习和项目化学习等综合实践活动,为学生的个性化、创造性学习提供条件。通过学科实践,激发学生的好奇心与求知欲,掌握学会学习的能力,扬帆远航,驶向幸福的远方。

(二)"如港课堂"的评价标准

"如港课堂"主要从教学目标、教学内容、教学过程、教学评价四个方面开展评价。具体评价要求如表4-3所示。

表4-3 上海市临港第一中学"如港课堂"评价表

评价指标		10—9	8—7	6—5	4以下
教学目标	目标明确、具体、适切,重难点突出,体现学科特点。				
	符合学科课程标准和学生学习实际,落实学科核心素养。				
教学内容	创设真实而富有意义的情境,内容正确充实,符合学生认知规律。				
	整体规划教学内容,注重单元整体教学设计。				
	凸显学科内涵,能整合教学资源,力求恰当、有效。				
教学过程	激发学生兴趣,培养旺盛的求知欲。学生学习主动、积极、投入,敢于质疑,主动发表自己的看法。				
	关注全体,重视学法指导,注重启发性和针对性。教学方法灵活、生动,注意生成资源,发挥教学机智。				
	注重信息技术与学科教学的融合。				
	教学环境有序、互动、民主、和谐。				

评价指标		10—9	8—7	6—5	4以下
教学 评价	采用多元、多主体的评价方式,评价方式、手段多样。				
总分		等第		评议人	
备注	累计得分85分以上为优,75—84分为良,60—74分为中,60分以下为差。				

二、创意"如港探究",强化学科实践

"如港探究"是教师通过真实而富有挑战性的问题情境,引导和支持学生持续探究,尝试创造性地解决问题,并取得个性化学习相关成果的学习过程。通过综合运用学科知识与方法解决真实问题,着力培养学生的创新意识、实践能力、社会担当等综合品质。

(一)"如港探究"的常态实施

学校以上海市第四轮课程领导力种子校、浦东新区第二批项目化学习实验校为契机,在实施《浦东新区义务教育项目化学习三年行动计划(2021—2023年)》的基础上,系统推进"如港探究"课程实践。

1. 融入课程体系,分层分类实践。探索基于课程标准的学科项目化学习,设计与学科核心知识相关的驱动性问题,引导学生在学科学习中自主或合作探究,激励学生深度理解学科核心知识、提升学科能力、培育学科素养。创新学校活动项目,丰富学生学习经历,在学校的综合实践活动、劳动教育等各类活动中融入项目化学习要素,引导学生观察生活、提出问题,培育学生创造性思考、灵活解决问题的能力。开展项目化学习全员培训,组建综合教研组,将项目化学习作为学科、跨学科教研的重要内容,每学期至少开展一次项目化学习教研活动,提高教师对项目化学习的理解与实施能力。

2. 优化资源供给,构建支持系统。提炼形成项目化学习设计和实施的基本操作模式,并开发项目化学习资源和工具。扩大项目化学习指导团队,汇集前期实践过程中取得突出成效的教师,形成种子教师实践团队。建立种子教师带动学科组的工作机制,通过合作项目、工作坊等方式,形成传、帮、带的工作格局,提高指导的针对性和有效性。

3. 推进评价改革,形成科学导向。多方收集优秀案例和实施模式,为各学科、各年级教师提供可参照的活动项目、学科项目、跨学科项目案例。在积极实践项目化学习的基础上,定期提供典型案例,共同优化和完善学校案例库建设。开展教师层面的项目化学习实施情况调研,积极指导教师实施项目化学习,破解实施过程中的关键问题,提高学校和教师实施项目化学习的能力和水平。

4. 开展交流展示活动,凝练项目成果。每学年开展一次跨学科、项目化学习成果展示,让学生有仪式感和获得感,让学生的学习变得更有动力,也促进学生更好地反思。同时通过典型经验的提炼,形成可借鉴的项目。

(二)"如港探究"的评价要求

充分用好上级部门研制的项目化学习质量评价标准,为培养学生创新创造能力、提升项目学习质量提供评价标准。注重对学生探究过程和结果的观察、记录和分析,关注学生的发展进步,鼓励学生多样化表达,形成具有项目化学习特征的教、学、评一致的评价系统。学校"如港探究"项目活动评价主要从项目目标设计、项目内容设计、项目活动过程、项目成效四个方面进行,具体见表4-4。

表4-4 上海市临港第一中学"如港探究"项目活动评价表

评价点		评 价 内 容	档次及分数				得分
			优	良	合格	不合格	
项目目标设计(20)	知识技能目标	以学生能力目标的需求为依据,按"必需、够用"的原则来安排。					
	素质目标	符合新课标要求,并根据具体教学项目和任务合理确定。					
项目内容设计(30)	能力培养	项目内容选择突出能力培养,符合教学设计思路和学生的实际情况。					
	项目驱动	项目内容以活动为导向,以项目任务为主要载体,项目任务与生活实际联系密切。					
	过程完整	项目和任务具有完整的过程设计,按步骤序化教学内容。					

评价点		评 价 内 容	档次及分数				得分
			优	良	合格	不合格	
项目活动过程（30）	教学方法	灵活选用各种教学方法,建立适宜学习与思考的学习情境,激发学生浓厚的学习兴趣和旺盛的求知欲。					
	教学手段	合理使用现代教育技术和虚拟现实技术,增加教学信息量,提高教学效率,强化能力训练。					
	教师素质	业务知识扎实,讲解简练,指导到位,注意学习方法、学习习惯的培养。					
	过程控制	教学活动体现学生主体。教学过程组织有序,教学时间安排科学合理。					
	学生想学	学生学习兴趣得到有效激发,学习积极性高,参与意识、团结协作意识强。					
	自我评价	项目评价突出以学生为主体,评价标准突出学生能力提高的目标,重视学生自我评价。					
项目成效（20）	过程评价	有效利用教学时间,学生积极主动学习,师生良性互动,真正体现学生主体、教师主导,教学效率高。					
	目标评价	实现了课程教学的能力目标、知识目标和素质目标。					
合计得分							
说明		教学质量等级分为:优秀≥90,89≥良≥80,79≥合格≥65,不合格≤64					
总体评价							

三、开发"如港学科",凸显学科特色

学科各有特色,但学校教育的要旨在于"育人"。学校以学科教学内容为轴,积极开发学科拓展课程,改善学校课程结构,打造具有学科特色的课程体系,促进学校内涵式发展。

(一)"如港学科"的建设路径

紧密围绕国家课程方案,以国家课程和地方课程的校本化实施为导向,开展"如港学科"建设。结合学校实际,借助多方资源,开发学科拓展课程,并形成各学科的校本课程群。开发的学科拓展课程既可以根据实际独立实施,也可以与国家课程和地方课程进行整合,嵌入教学环节中落实。

1. 甜润思政。有机整合道德与法治课程与区域特色课程,围绕临港新片区区域性特色,建设以科技临港、金融临港、海洋临港等为主题的系列特色思政课程库。突出思政教育一体化的建设理念,提升思政课程教育合力。深度协同学校内外多方力量进行课程体系建设探索,利用临港新片区丰富的社会资源,联合大中小幼学校等多方力量,打造系列特色课程,形成课内课外、校内校外、线上线下、大中小幼一体的"大思政课"新模式。

2. 生动语文。语文学科以促进学生核心素养发展为目的,以识字与写字、阅读与欣赏、表达与交流、梳理与探究等为主线,综合构建语文学科课程群。学科教学中以生活为基础,创设丰富多样的学习情境;以学习任务为载体,设计富有挑战性的学习任务,激发学生的好奇心、求知欲,促进学习方式变革。通过开发整本书阅读项目化学习活动和书法、经典文学诵读等拓展课程,满足个体差异和不同的学习需求,重视对学生的社会主义先进文化、中华优秀传统的熏陶感染,培养读书兴趣,充实学科内容,拓展学习空间,提高语文学习能力。

3. 魅力数学。数学学科紧紧围绕立德树人根本任务,努力建设充满智慧的课堂,彰显数学魅力。第一,关注课堂,让数学教学生机勃勃。课堂中通过创设生活情境、问题情境、操作情境,培养学生的探究能力;通过分层教学、分层作业,调动学生学习数学的积极性,让不同层次的学生在数学上得到相应的发展;通过渗透数学史,激发学生对数学的好奇心,学生通过了解数学的价值,欣赏数学美,提高学习数学的兴趣。第二,采用学科项目式学习,开展综合与实践。开发智慧数学拓展课程,以问题解决为导向,整合数学与其他学科的知识与方法,让学生从数学的角度观察与分析、思考与表达、解决与阐释社会生活以及科学技术中遇到的现实问题,感受数学与其他学科领域的融合,提高发现与提出问题、分析与解决问题的能力。学生在探究问题的过程中,养成良好的学习习惯,形成质疑问难、自我反思和勇于探索的科学精神。

4. 实用英语。在英语学科课堂教学中,学生通过主题、语篇、语言知识、语言技能等内容的学习,培养语言能力、文化意识、思维品质和学习能力等核心素养,体现英语学科的工具性和人文性。一方面,组织教师开发学科拓展课程。学生通过拓展阅读与学习,了解不同国家的优秀文明成果,树立国际视野,形成健康向上的审美情趣和正确的价值观,同时通过中外文化的比较,加深对中华文化的理解和认同,坚定文化自信。另一方面,创设语言实践平台。在学校开设"咖吧英语角"、英语广播等实践活动,为学生创设良好的口语交际环境,学生在感知、体验、积累、运用等语言实践中,逐步形成语言意识,积累语言经验,进行有意义的沟通与交流。

5. 智慧科学。学校科学教育强调学生在开放包容、舒展愉悦、启思益智、合作共享的创造性环境中,学习科学知识、培养创造性思维、形成创造性成果、涵育创造性人格。在反复的实践探索中,学校以科学学科的教学内容为轴,积极打造基于"海港文化"的科技创新教育特色。第一,开发精品课程。一方面,设计一系列创新课程,包括科技知识的研究和实践应用,引导学生进行自主研究和探索,鼓励他们提出问题并寻找解决方案,提供实验和实践机会,培养学生的动手能力和实践操作技能。结合学校实际,借助多方资源,学校目前已开发近 10 个科创特色课程,并在各年级有序实施。另一方面,每学期,根据学校实际组织开展海洋科技讲座、组织学生参观科技企业和实地考察,让学生了解科技创新的具体应用场景和实践经验及科技创新的价值和积极影响,激发对科技的兴趣和热爱。第二,搭建展示平台。一方面,组织开展科技节。每年开展一届为期两个月的"海港文化"科技节活动。引导学生注重将科技创新与实际问题相结合,找到实际问题,并针对问题进行科技创新。科技节为学生提供参赛机会,激发他们的创新竞争意识。另一方面,遴选优秀学生参加各级各类科技比赛。组织学生参与科技创新项目竞赛,鼓励他们进行团队合作和创意实践,让学生参与实际的科技创新项目的设计和制作;不定期开展对优秀获奖作品或成果的分享交流和展示活动,激发学生的参与热情。

6. 快乐体育。快乐既是学生体育学练的一种应然状态,也是学生体育学练效能的重要标志。学校体育教育致力于引导学生养成健康的生活方式,通过参与多样化的体育活动和锻炼,提升身体素质,促进身心健康发展。第一,在体育教学中营造快乐的体育学练氛围。兴趣往往是引导学生练习和实践的核心,也是将学生

"厌学"转变为"乐学"的核心所在。快乐教学方法可以帮助学生更好地享受体育课堂,增强身体素质,促进综合发展。体育课堂教学以学生为中心,注重情感体验、多元化教学内容、鼓励合作学习,教学中着重从活动安排、器材开发、游戏创新三个层面展开实践探索,通过引进一些游戏化体育教学模式,让学生改变对体育学科的传统印象。第二,开发体育拓展课程。传统体育与新兴体育运动在增进学生对不同国家和地域的体育文化的了解,激发学生的求知欲与探索欲、好奇心与冒险精神等方面具有独特的育人价值。学校加强开发课程的师资建设,借助社区体育指导员进校园项目,围绕传统体育与新兴体育运动开展体育拓展课程建设,优化体育课程结构,丰富体育课程内容,提升学生体育运动兴趣。第三,发展学校特色体育课程。借助南汇新城教育发展联盟,聚集周边体育优质资源,学校已成功申报了浦东新区帆板特色体育传统项目。一方面,推动帆板进校园、做好项目普及。通过参与形式多样的展示或比赛,激发学生参与运动的兴趣,让学生体验运动的魅力。另一方面,拓展体育生源渠道,形成运动人才梯队,借助各方力量,为从小学、初中再到高中的"一条龙"的体育人才引进、培养和输送创设途径。

7. 创新艺术。坚持以美育人,重视艺术体验,突出创意实践,推动中华优秀传统艺术的传承和发展,引领学生在健康向上的审美实践中感知、体验与理解艺术,逐步提高感受美、欣赏美、表现美、创造美的能力。通过开设拓展课程和开展社团、节日、比赛活动等,引导学生主动、积极参与艺术实践活动,感悟艺术学习的意义与价值,在创意实践过程中,陶冶情操,激发想象力和创造力。

(二)"如港学科"的评价标准

学校坚持把立德树人成效作为根本标准,更新教育评价观念,完善过程性评价与结果性评价有机结合的评价制度,积极探索增值评价,健全综合评价。创新"如港学科"的评价方式方法,综合运用多种评价方法,关注学生成长和发展过程,具体见表4-5。

表4-5 上海市临港第一中学"如港学科"评价表

一级指标	二级指标	评分要点	权重	自评	总评
学科理念（10分）	指导思想	遵循教育教学规律,落实立德树人根本任务,发展素质教育。彰显学科课程特色,特色鲜明。	10		

一级指标	二级指标	评分要点	权重	自评	总评
学科课程 （10分）	课程 目标	立足学生核心素养发展，反映课程理念，体现学科育人价值。	10		
学科教学 （50分）	课堂 教学	坚持目标导向、问题导向、创新导向。教学环境有序、互动、民主、和谐。教学活动丰富，学习方式多样，给学生提供充分的独立思考、动手操作、合作交流的机会。采用多元、多主体的评价方式。面向全体，教学效果好。	20		
	常规 工作	备课认真，教学设计目标明确、具体、适切，重难点突出，体现学科特点；整体规划教学内容，注重单元整体教学设计。精心设计作业，作业内容与教学目标一致，体现分层；作业批改符号规范，批阅准确、及时，有针对不同对象的指导和要求，反馈及时。	30		
学科学习 （30分）	教研 制度	建立一套能促进教师专业化发展、以校为本的教研制度。有学期教研计划，有固定的日常教研活动安排并能逐项落实。	2		
	学习	有计划地学习教育教学理论和专业知识，集体组织和个人自学相结合，积极开展网上教研和读书活动，有学习记录，举办行之有效的教学学习、读书心得、好书推荐及交流活动。	2		
		积极参加上级教育行政部门和教研部门组织的教研活动。及时传达交流相关的教研教改信息动态。	2		
	常规教研	有人员、时间、地点等事宜的安排。符合市区校的总体安排，能形成学科教研组专题教研系列。	5		
		设计有两种以上的教研活动形式，且活动落实所需要的各项资源支撑与学校、教研组特征相符。	3		

一级指标	二级指标	评分要点	权重	自评	总评
	常规教研	主题来自学科教育教学实践中的真实问题,并针对问题有清晰、具体的研究阶段与步骤。	3		
		教研团队有梯度、有分工。既能围绕共同的任务,有条不紊地开展教研,又能促进组内教师个性化的发展。有教研小结。围绕先前的教研计划有针对性地进行小结,明确计划的落实与完成情况,并有一定的反思说明。	3		
	课题研究	结合教学实际,开展小专题研究。组内有研究课题,围绕研究主题有针对性地开展教学设计,教案结构清晰,符合学科要求。	2		
	教研水平	组内教师积极参加各级各类教学竞赛,教育教学成果包括论文、著作、课件、案例、反思、活动设计、课题研究等。	2		
	特色推广	初步形成有本校特色的学科教研模式,善于总结和提炼教研组或个人教学经验,并有一定影响。	2		
		在课程改革实验中能探索学科评价改革,并取得初步影响。	2		
		本学科积极参与校本课程开发,并有成果。	2		

四、创设"如港社团",发展学生兴趣

开展学生课后服务,是促进学生健康成长、帮助家长解决按时接送学生困难的重要举措。学校通过创设"如港社团",有效落实学校课后服务工作,提升学校课后服务水平,满足学生多样化的需求,促进学生全面发展。"如港社团"依据新课程标准,结合学校幸福港课程,有效实施素质教育,激发学生潜能,拓展学生特长,使学生个性得到发展,校园生活得到进一步丰富。

(一)"如港社团"的实施

学校"如港社团"共分学科语言类、科学类、艺术类、体育类四个类型,按照课程

类别和学生的个性特点,组成不同的兴趣社团展开活动。具体如下。

语言类:戏韵古诗鉴赏、经典文学诵读、嘤鸣编辑社、临港之声小记者等。

科学类:Scratch 创意编程、创意 3D 打印、python 人工智能编程、智能电子硬件与创客设计制作、水下机器人编程与控制、无人机飞控与组装等。

艺术类:书法、乐队、科学幻想、绘画等。

体育类:街舞、啦啦操、毽球、足球、草地曲棍球、乒乓球、篮球、空竹、武术、帆船帆板等。

"如港社团"的实施程序是制定规章、组成社团、实施活动、开展评议。

"如港社团"的实施策略有:(1)加强对社团的从严审批,规范社团制度,提升社团质量;(2)打造精品社团,加大资金、场地投入,鼓励社团自给自足;(3)引导社团走出去、引进来;(4)引导社团指导教师对社团可持续发展进行规划。

(二)"如港社团"的评价要求

"如港社团"实施参照以下评价标准评价,见表 4 - 6。

表 4 - 6　上海市临港第一中学"如港社团"评价表

评 价 指 标		评分
社团主题及内容	社团活动设计合理、适切,符合学生学习实际。(10 分)	
	社团活动内容充实,贯彻新课程标准。(10 分)	
	围绕社团主题,学生能展示一学期所学成果。(10 分)	
社团活动过程	学生热情主动、积极投入,敢于发表自己的看法。(10 分)	
	学生技术运用得当,有创新意识。(10 分)	
	社团活动氛围有序、民主、和谐。(10 分)	
	学生参与率高,活动效果良好。(10 分)	
成果展示	学生参与率高,展示效果良好。(20 分)	
教师技能	为人师表,教师技能扎实,技术运用得当,有创新意识。(10 分)	
总分	等第　　　　　　　　　　评议人	
备注	累计得分 85 分以上为优,75—84 分为良,60—74 分为中,60 分以下为差。	

五、推行"如港之旅",落实研学旅行

"如港之旅"研学旅行课程是通过集体旅行、集中食宿的方式开展的研究性学习和旅行体验相结合的校外教育活动。它是实践课程的载体，是基础教育的补充，是德育工作的重要手段，可以将知识和理论通过实践的方式，实现学以致用，达到知行合一。

（一）"如港之旅"的课程设计

结合学校位于临港新片区的区域优势，以学生的"情""智"培养为核心，构建起"如港之旅"研学课程的情智生成、情智交融、情智发展、情智升华"四阶"情智体系，着重从人文研学之旅、科技研学之旅、红色研学之旅三方面打造"如港之旅"课程。

1. 人文研学之旅。立足临港，探寻生活。临港地处东海之滨，拥有丰富的海洋文化。南汇嘴公园观测潮起潮落，临港海域探究生态奥秘，航海博物馆了解人类探索海洋的足迹……走出临港，另觅风情。在共建单位——中科院微小卫星创新研究院的协助下，开展四川省凉山彝族自治州西昌市研学活动，观察地理风光、体验彝族文化。人文研学之旅以考察地理、地形、地貌，专题探究某种动物、植物等为主线，让学生用双手去触摸，用眼睛去观察，用智慧去思考，体验不同的风土人情，着眼于研、学、游的融合，让学生真正研有所获、学有所得。"行万里路"开阔学生视野，增长学生阅历，激发学生热爱祖国、热爱家乡、热爱自然、热爱生活的情感。

2. 科技研学之旅。与新片区商汤科技、微小卫星研究所、天文馆、上海电机学院等企事业单位合作，通过参观高科技企业、研究所、场馆，体验科技产业链运行的全过程，了解科技创新的实践应用。参与科技实践活动，例如DIY电子产品、编程、机器人等，让学生通过亲自动手，体验科技创新的过程和乐趣。通过与科研人员交流，了解科技研发背后的故事和科技发展的重要性，近距离接触前沿科技、了解科技发展趋势，帮助学生更好地理解科技创新的作用和方法，培养学生科技创新的兴趣，激发学生科技创新的热情，并鼓励其参与到科技创新中去，助力学生树立追求科技进步的梦想。

3. 红色研学之旅。上海既是一座有着悠久文化、深厚历史底蕴的"百年商都"，更是一座有着光荣革命传统、深厚红色基因的英雄城市，这座城市孕育了许多深刻影响历史发展进程、深入推动国家发展进步的英雄事迹和英雄人物。利用红色旅游资源，如一大会址、张闻天故居、周大根烈士纪念馆、李雪舟故居等，根据学生的年龄特点及分年级育人目标，带领学生走进场馆、教育基地，开展爱国主义教育、爱心公益、志愿服务等专题研学活动，培养学生的爱国主义精神，提升服务社会的意识。

(二)"如港之旅"的课程评价

"如港之旅"遵循多主体联动的形式进行评价。研学旅行课程实施过程中有学校管理者、课程实施者、活动项目参与者等多个主体参与,并基于岗位职责、权限和认知等不同维度,多个参与角色一起联动对标准进行划定,最终形成一个较为完整的评价,具体见表4-7。

表4-7 上海市临港第一中学"如港之旅"研学旅行课程评价表

研学旅行地点		研学旅行时间		评价人			
评价点	评价内容			档次			
				优	良	合格	不合格
课程内容与安排	课程内容与学习目标紧密相关						
	课程内容丰富、有趣						
	课程时间安排合理						
	给学生提供足够的实践机会						
教师态度与方法	教师认真负责,关注学生的研学进度						
	教师方法有效,能激发学生研学兴趣						
	教师及时回答学生问题,提供必要指导						
学生体验与效果	学生在研学旅行中有浓厚的兴趣,积极参与						
	学生在实践中能够运用所学知识解决问题						
	学生完成电子学习单,并在学校提供的平台上积极展示						
	学生的沟通能力、团队协作能力有提升						
设施与资源安全与卫生	研学旅行地点设施完善,满足研学要求						
	研学旅行过程中保障学生安全的措施到位,饮食住宿等卫生条件达标						

六、激活"如港校园",开发环境隐性课程

教育环境是一种隐性的课程,良好的育人环境,对学生的健康发展起着潜移默化的作用。"如港校园"的建设就是利用学校外部的环境宏观布局、微观优化,不断完善生生、师生、家长与学生、学校与家庭之间的关系,在优美整洁、内涵丰富、关系和谐的校园环境中给学生创造一个由表及里的"三优化"心灵港湾,增强学生体验,促进学生个性成长。

(一)"如港校园"的实践与操作

1. 优化校园整体环境。整洁有序、如诗如画的校园环境,可以净化人的心灵,催人奋进。首先,大处布局小处点缀。学校对校园进行合理布置,教学区域、生活区域、活动区域相对独立又联系紧密。合理的布局有利于在特定的区域做专门的事情,有助于学生养成良好的日常行为习惯。在校园显眼位置,张贴育人文化、办学理念、校风、校训;走廊上悬挂中外名人画像、励志名言、学生书画作品等,对学生起到无声浸润、有力鞭策的作用。其次,校貌优美整洁。校园卫生责任到班,责任到人,每日一小扫、每周一大扫,有助于养成师生爱卫生、爱劳动的良好习惯。校园的每一片草坪、每一棵树都有专门的班级领养,负责草坪和树木的维护,营造优美整洁的校园环境,培养学生爱学校、爱自然的情感。

2. 优化温馨教室建设。温馨教室建设要求在班级制度(即教室内有班级公约、值日生安排、班级"十大员"安排、作息时间表、课程表等)上墙的基础上,充分体现班级特色,让墙壁说话,把教室的每一面墙壁都变成营造浓郁文化氛围的阵地,对学生进行正面引导、积极鼓励。温馨教室建设有助于提高学生的学习动力,培养学生的自我管理能力及合作精神,帮助学生建立更广泛的社交网络,建立良好的师生关系。

3. 优化和谐育人环境。建立朋友式的师生关系。每位教师都是育人导师,教师要做到以爱为出发点,真正了解、尊重、赏识、帮助每一位学生,使学生在安全、民主、宽松、和谐的环境中学习、生活。建立"家长学校"制度。根据学生实际情况及家长的育儿表现、要求,通过举办"家长学校",改变家长固有的教育理念及方法,树立全面发展、一专多能的人才观,给予孩子充分的关心与理解,正确的对待与引导,为孩子创造良好的家庭环境。保持家校良好沟通。通过家访、电访、家长会、家委会、家长代表座谈会、家校联系本等形式与家长沟通,保持家庭与学校教育的一致性。通过家庭与学校的联系,互通信息,全面了解学生在学校、在家的实际情况,及时调整方法,保证教育效果。

（二）"如港校园"的课程评价

"如港校园"课程评价是促进学生全面发展的重要手段之一,可以为学校改进教育教学环境、提高教育教学质量提供参考,同时也可以帮助学生更好地认识自己、发展自己。在课程评价时,采用观察、访谈、问卷调查等多种方式,获取全面、客观的评价结果。具体见表4-8。

表4-8　上海市临港第一中学"如港校园"环境隐性课程评价表

评价项目	评价标准	评价结果		
		优秀	良好	合格
学校设施完善程度	教学设施齐全,区域划分明确又相互联系,满足学生学习生活需求,有安全防护措施			
学校环境卫生状况	校园干净整洁,无乱扔垃圾现象,卫生设施完好并清理干净			
学校绿化管理情况	校园绿草如茵,树木葱茏,各班领养草坪、树木有标志,并养护良好			
学校文化氛围	学校办学理念、育人目标明确,校风严谨,学风优良,校园内有展示学校历史、文化、学生作品的场所和设施			
学校管理规范程度	学校管理制度完善,执行严格;有针对学生、家长的反馈机制;学校决策透明、公正			
学校师生、生生关系	学校师生关系、生生关系平等、融洽			
学生与家长关系	家长能为学生创设良好的生活、学习环境,家庭氛围温馨融洽			
家校合作情况	家校合作紧密,育人目标一致,效果良好			
家长学校开展情况	家长学校开展定时间、定地点、有计划,效果良好			

七、开发"如港田园",做好劳动教育课程

学校遵循教育规律,结合学校育人特色,在劳动教育体系构建、实施等方面不断进行思考与探索。"如港田园"劳动教育课程旨在培养学生的劳动习惯,提高学

生的劳动技能,让学生更好地理解和尊重劳动。通过挖掘校内外的劳动资源,形成家校社联动对学生进行劳动教育的模式。

(一)"如港田园"的开发思路

学校摸索并确定了"四遵循、四打开"的"如港田园"劳动教育课程基本思路,即"遵循教育规律、遵循劳动目标、遵循学校特色、遵循地域文化""面向自然打开、面向学生打开、面向家长打开、面向社会打开",并以此为基础,针对学校"立足临港,面向浦东"获得的丰富教育资源,进行深入比较与选择、提取与配置,构建起"田园如港,阡陌交通"网状劳动教育课程。

"阡"即横向课程规划,以校内外的日常劳动教育培养学生的劳动习惯、劳动意识为基础,进而通过生产劳动教育中结合实操体验强化学生的动手能力,然后通过服务劳动教育,让学生将劳动转化成为学校、家庭、社会服务的成果,建立起爱劳动、有担当的社会责任意识。

"陌"即纵向课程思考,通过大主题、大项目将日常劳动、生产劳动、服务劳动再实践、再发展,实现劳动教育实施内容的持续循环、创新体验。

学生的日常劳动包括:在学校每个班级进行精细化管理,合理分配每位学生的值日包干区和大扫除包干区,做到人人有事做、事事有人管,每位学生有明确的劳动任务;在家庭中逐步养成良好的整理与收纳等日常劳动习惯。通过校园、家庭劳动常态化,树立学生的劳动意识,培养学生良好的劳动习惯。学生生产劳动、服务劳动分年级内容,具体见表4-9。

表4-9 上海市临港第一中学"如港田园"分年级劳动内容安排表

内容\项目\年级	六年级	七年级	八年级	九年级
生产劳动(结合实操体验强化学生的动手能力)	剪纸、书法、烹饪帮厨、传统工艺制作等	课本剧排演、吟唱剧目排演、烹饪帮厨、传统工艺制作等	智慧小车、无人机编程、烹饪帮厨、器具维护等	海绵城市我来建、"临港海域生态的明天"项目化学习、烹饪帮厨、器具维护等

项目 \ 内容 \ 年级	六年级	七年级	八年级	九年级
服务劳动（转化劳动成果为学校、家庭、社会的服务成果，建立起爱劳动、有担当的社会责任意识）	美化家庭及校园环境、丰富校园文化等	美化家庭及校园环境、丰富校园文化、强化动手能力等	美化家庭及校园环境、强化动手能力、进行公益劳动与志愿服务等	美化家庭及校园环境、强化动手能力、进行公益劳动与志愿服务、思考环境问题并动手建模尝试解决环境问题等

（二）"如港田园"的评价要求

"如港田园"劳动教育课程采用自评与他评相结合、过程与结果相结合的评价方式，注重学生在劳动过程中的表现、劳动成果的质量和持续发展能力。具体见表4-10。

表4-10　上海市临港第一中学"如港田园"劳动教育课程评价表

学生姓名		班级		评价人		
劳动内容（可多选）	日常劳动□生产劳动□服务劳动□			学生自评		他评（教师□家长□社区□）
评价点	评价内容	等次				等次			
		优	良	合格	不合格	优	良	合格	不合格
劳动态度	学生积极参与相关日常劳动、生产劳动、服务劳动								
团队合作	学生具有团队合作意识，与他人合作完成劳动任务								
技术技能	学生掌握相关的劳动技能								

学生姓名		班级		评价人							
劳动内容 （可多选）	日常劳动□生产劳动□ 服务劳动□			学生自评				他评 （教师□家长□社区□）			
评价点	评价内容			等次				等次			
				优	良	合格	不合格	优	良	合格	不合格
时间管理	学生能有效管理时间，完成劳动任务										
劳动成果	学生能呈现出质量较高的劳动成果										
创新能力	学生在完成劳动任务时表现出创新思维										
反思与改进	学生在劳动过程中进行反思并提出改进意见										
评价时间				综合等第							

八、评选"如港之星"，发展学生个性特长

"如港之星"评选以挖掘学生亮点、发展学生特长为主线，以每学期期末的"如港之星"评比为主要载体，为每一位学生搭建一个展示自我的平台，引导学生发现自己的兴趣，挖掘自己的潜力，激励学生发展个性特长，帮助学生树立自信，以点带面榜样引领，提高学生综合素养，促进学生全面发展，营造积极向上的"如港校园"氛围，让校园成为一个使学生健康成长的"幸福港"。

（一）"如港之星"的评选

为充分展示学生的精神风貌，让学生发现自己的闪光点，在同学中树新星，发挥榜样模范的示范带动作用，培养德智体美劳全面发展的中学生，营造良好学风、校风，构建和谐校园，学校每学期末开展"如港之星"评选活动。称号设置及评选标准具体见表 4-11。

表 4 - 11　上海市临港第一中学"如港之星"称号设置及评选要求

称号	评选标准
文明之星	热爱祖国,热爱人民,热爱中国共产党,积极参加爱国主义教育活动,并起到模范带头作用;注重个人仪表,穿戴整洁,符合规范,展现良好的形象;在日常生活中展现出文明礼貌的行为,如尊重师长、友善待人、使用礼貌用语等;爱护学校公共设施和公共财产,不随意损坏或浪费资源;遵规守纪,积极参与学校的各类集体活动,为班级和学校争光;关心他人,乐于助人,主动帮助有困难的同学,展现出良好的团队合作精神;在学习和生活中诚实守信,尊重他人,善于倾听和沟通,建立和谐的人际关系。
学习之星	作业完成情况及课堂表现良好,各门功课成绩优异;学习态度端正,勤奋刻苦、积极主动、有良好的学习习惯;掌握有效的学习方法,能灵活运用不同的学习策略来解决问题,能自我反思和调整学习方法;在学习过程中有明显的进步,包括成绩的提升、学习方法的改进、学习态度的转变。
进步之星	学习态度有显著的变化,各个学科的表现有较大进步;课堂表现良好,能积极思考,主动参与课堂讨论,进行有效互动;能够管理好自己的时间,学习效率高,安排学习计划合理,能够自我激励;积极参加课外活动,具有组织才能,具备良好的人际交往能力;有长期发展趋势,在一段时间内持续保持进步态势。
体育之星	在体育课上表现良好,在体育测试中成绩优秀;体育课上态度积极,能按照老师的要求认真完成训练任务;在某项体育项目中表现出特长或天赋;积极参加学校、镇、区、市等各级部门组织的体育活动和比赛,并能够为班级或学校争得荣誉;在体育活动中展现出良好的团队合作精神,能够与队友配合默契,共同完成比赛任务;具备体育精神,如尊重对手、遵守比赛规则、勇于挑战自我等。
艺术之星	在绘画、音乐、舞蹈等艺术领域展现出独特的才能和天赋,如创意性、技巧性、表现力;艺术作品具有一定的质量和水平;积极参与学校、镇、市等各级部门组织的艺术活动和比赛,并能够为班级或学校争得荣誉;在艺术创作中展现出创新思维和创造力,能够创作出新颖、独特、富有艺术感染力的作品;对艺术学习充满热情,能够认真完成学习任务,不断提高自己的艺术素养和技能水平。
劳动之星	积极主动参与劳动,展现出良好的劳动态度和习惯,如勤奋、认真、负责等;具备一定的劳动技能和实践能力,能够独立完成一些劳动任务;在劳动和实践活动中展现出创新思维和创新能力,如提出新的劳动方法、改进劳动工具等;具备团队合作精神,能够与他人协作完成劳动任务,共同解决问题;劳动成果达到预期效果。

称号	评 选 标 准
公益之星	积极参与志愿服务,服务态度好,具有责任感及奉献精神;取得一定的公益成果,获得他人的认可;在公益活动中有创新方法和形式,具有创新思维和解决问题的能力;遵守公益道德、规范行为、诚信可靠。

(二)"如港之星"的评价要求

为充分发挥校园之星的模范引领作用,同时以此为契机,促进获得荣誉称号的学生严格要求自己,在原有的基础上得到进一步的发展,"如港之星"采用学生自评、小组互评、教师评价相结合的方式进行描述性的评价。具体见表4-12。

表4-12 上海市临港第一中学"如港之星"发展性评价表

姓名		班级		获得称号	
自评					
小组互评 (评价人:)					
教师评价 (评价人:)					

评价要求:对照校园之星评选要求,采用语言描述性评价;写明在哪些方面为其他同学树立了榜样;平时如何对其他同学进行引领,促进同学共同进步;自身在哪些方面较之前有进步。

九、推进"如港节日",浓郁课程氛围

"如港节日"是学校依据"让每一艘生命航船驶向幸福的港湾"这一课程理念构建的、为每一个学生终身发展服务的活动课程。

(一)"如港节日"的课程设计

"如港节日"让学生在活动中感悟、在活动中成长。其中"海洋文化节""海创科艺节""海韵书香节""海越体育节",着眼于满足学生不同特长与不同层次的发展需要,适应社会多样化的需求,力求让每一位学生的个性得到充分、自由、和谐的发展。

"如港节日"课程在知识与技能层面,是对基础课程的进一步深化和拓展;在过

程与方法层面,侧重于学生的活动参与及实践,发展学生组织协作能力、交流沟通能力;在情感与价值观层面,通过活动的浸润,帮助学生发展良好的兴趣爱好、增强内在的成长动力,形成积极健康的人格。"如港节日"课程总体框架,具体见表4－13。

表4－13　上海市临港第一中学"如港节日"活动安排表

主题	主题目标	活动项目	时间
海洋文化节	通过讲座、歌唱、摄影和演讲等方式,让学生参与丰富多彩的活动;学习海洋科普知识,了解海洋的价值和意义,使学生感受海洋的内涵,认识海洋的品质,热爱海洋的博大。	海洋科普大讲堂、海洋音乐文化大合唱、海洋摄影比赛、海洋文化演讲、我为海洋生物代言、海洋创意画等。	3月—4月
海创科艺节	学习科学技术知识,掌握科技创新的思路与方法,提高动手能力和科技创意的兴趣。	科技类:玩具编程、创客机器人、海洋生物及船模制作、科学小实验等。 艺术类:情景剧表演、舞蹈、绘画、歌曲、手工制作、电影配音等。	5月—6月
海韵书香节	营造校园阅读的氛围,提升学生的阅读兴趣,养成爱阅读的行为习惯。	亲子整本书阅读、经典古诗文诵读、诗歌创作、征文、书法、好书推荐、课本剧表演等。	7月—10月
海越体育节	拓展学生在体育课中的知识、技能和体育项目,感受滨海体育文化,发展学生体育方面的兴趣和特长,培养坚韧顽强的体育精神。	田径运动会、啦啦操、街舞、旱地冰球、曲棍球、篮球、拔河、踢跳比赛等。	10月—11月

(二)"如港节日"的评价要求

"如港节日"课程评价以表现性评价为主,坚持评价过程与活动过程相融合,注重评价的形成性和真实性。以学生成长档案袋为主要评价工具,注重学生评价的连续性、渐进性和发展性。评价量规具体见表4-14。

表4-14 上海市临港第一中学"如港节日"活动课程评价表

姓名		班级		填表人			
活动主题	参与情况记录			评价等第			
				优秀	良好	合格	不合格
海洋文化节	□组织与服务 □参与活动 具体活动名称: 获奖情况:						
海创科艺节	□组织与服务 □参与活动 具体活动名称: 获奖情况:						
海韵书香节	□组织与服务 □参与活动 具体活动名称: 获奖情况:						
海越体育节	□组织与服务 □参与活动 具体活动名称: 获奖情况:						

评价等第标准如下:优秀,积极参与并组织相关活动,态度认真,善于沟通,善于建言献策,听从安排,活动表现出色;良好,主动参与相关活动,在团队中互助、交流、共享,活动表现较为出色;合格,按学校或班级规定参与相关活动,态度较为端正;不合格,态度不端正,未参加相关活动。

每一个儿童都应该拥有一个幸福的港湾,在接受教育的同时得到安全、宁静和温暖;每一个儿童都应该有自己的人生目标和方向,知道自己想要去哪里,并且有动力和能力为之努力奋斗;每一个儿童都应该具备批判性思维、创新能力和解决问题的智慧,从而拥有应对未来各种挑战的智慧和能力。通过激活课程实施方式,让每个儿童成为一艘有使命、有智慧、有力量的航船,帮助他们发展关键品质,使他们在生命的航程中能够自信地航行,追求自己的梦想,为社会做出积极的贡献。

(撰稿人:上海市临港第一中学　陆英　姚煜　李亚兵　左灵杰)

第五章

学习的境脉性：
以多维路径激活课程实施

课程实施的本质是以交往为主的实践活动，是师生共同的实践经历。深刻理解学习的境脉性，把握课程实施的实践逻辑，通过多维路径激活课程实施，是减小课程落差的关键。在课程实施过程中，师生携手构建学习的境脉，通过课堂教学、学科育人、社团活动、研学旅行、作业创意、家校共育、节庆活动等多维路径激活课程实施，达成课程改革的愿景。

课程实施论在本质上是一种基于交往的实践活动,它承载着人类精神与知识的双重再生产,同时也构成了师生间生命互动与交往的日常生活实践。有学者认为,课程是师生共同创作的文本,课程实施是师生共同的实践经历。①

　　作为一种实践活动,课程实施在忠实执行课程计划的同时,也需要在执行过程中不断超越与创新。对于课程计划的构建,普遍认为其遵循的是一种理性的思维逻辑,这一模式凸显了规范性、结构性以及理想性的核心特质。课程实施则遵循实践逻辑,具有较强的生成性。② 在学校课程实施层面,遵循实践导向的原则,这一原则既强调了对课程理念的忠实执行,又鼓励了在实践中的创新生成。通过这样的双重逻辑,课程方案有效地转化为具体的实践活动。减小课程落差,是课程实施的最重要的追求。如何做到这一点呢? 我们认为,深刻理解学习的境脉性,把握课程实施的实践逻辑,通过多维路径激活课程实施,就是减小课程落差的关键。也就是说,在课程实施过程中,师生携手构建学习的境脉,通过深刻把握学校课堂教学、学科育人、社团活动、研学旅行、作业创意、家校共育、节庆活动等多维路径的实践逻辑,形成激活课程实施的内生动力,最终达成课程改革的愿景。具体来源如下。

　　一是课堂教学的实践逻辑。课堂教学是课程实施的主要方式。《义务教育课程方案(2022 年版)》对课程实施中深化教学改革提出了新任务,强调素养导向、强化学科实践、推进综合学习和落实因材施教。首先,以素养为导向明确了教学的价值追求,即"为什么教"和"为谁教";其次,强化学科实践则是教学改革的路径,通过实践将知识与学生经验、生活相结合,促进知识的深度理解和应用;再次,综合学习作为教学改革的重要策略,旨在打破知识壁垒,促进知识的整合与结构化;最后,因材施教作为教学改革的具体方法,结合现代技术,鼓励学生的个性化和多样化学习。③ 新课标引领新教学的实践逻辑,基于教学活动的生成性、交互性和动态性特征,从内生、共生及外生三个维度,构建新课标引领新教学实践的三重逻辑,即内生逻辑、共生逻辑、外生逻辑。在三重逻辑中,内生逻辑是本质层,解决"为什么教"的问题;共生逻辑是结构层,解决"怎么教"的问题;外生逻辑是协同层,解决教学支持

---

① 王凯. 课程的超越:学校课程系统设计[M].上海:华东师范大学出版社,2022:107.
② 王鉴,刘莹. 再论课程实施的实践逻辑[J].教育研究,2022,43(10):106—117.
③ 中华人民共和国教育部. 义务教育课程方案(2022 年版)[S].北京:北京师范大学出版社,2022:14.

体系问题。以内生逻辑为基,建构新教学之本质;以共生逻辑为纲,促进"教—学—评"的结构优化整合;以外生逻辑为保障,促进教学与区域支持体系的良性互动。

二是学科育人的实践逻辑。学科育人被视作立德树人的最佳途径。学科何以育人? 有学者提出,学科作为人类智慧的结晶,不仅代表了理性思考,也承载着丰富的历史、文化和社会内涵。要让学科发挥其育人的功能,关键在于构建起学生个体生命成长和学科知识之间紧密而生动的联系。① 在教学活动中,"人—知"关系是基础,它涉及学生如何与知识互动,这不仅是教学理论的核心,也是教学实践中必须面对的重要问题。学科育人的实践逻辑正是基于"人—知"互动,促进学生与知识的深度相遇,将知识内化为学生的生命体验,实现知识对学生成长的内在价值。基于学生生命成长的视角,需要确立发展取向的知识观。这意味着,知识不再是孤立的、静态的,而是与学生发展紧密相连的、动态的。追求知识的结构化、思想体系化、能力表现化和经验连续化,旨在将知识转化为学生的学科素养,为他们的全面发展提供支撑。为了实现这一目标,我们需要超越传统的对象化学习方式,提升学生的学习意义感、自我感和效能感。这意味着,我们要让学习变得可见,让思维在学生的头脑中活跃起来,让文化深深浸润在学生的心田;注重学生的主体性和参与性,引导学生深度学习,使学科学习的过程成为他们科学认知、社会理解、文化认同和生命感悟的旅程。

三是社团活动的实践逻辑。社团活动是学校课堂教学的延伸和补充。《教育部关于全面深化课程改革落实立德树人根本任务的意见》中指出,要密切结合课堂教学、校园文化建设与社团活动,推动家校之间的深度合作,充分吸纳社会资源,合理设计和安排课内外及校内外活动,共同构建一个和谐统一、有益于学生全面发展的优质教育环境。② 随着学生社团活动的育人价值愈发凸显,实践中社团活动的课程化建设显得愈发重要。要有效地实现社团活动的课程化转变,关键在于深入理解并明确其实践路径,即为何教,教什么,如何教,如何评价,也就是说要需要明确社团课程的教育目标是什么、如何选择教学内容和教学方法以及如何评估课程建

---

① 郭元祥. 论学科育人的逻辑起点、内在条件与实践诉求[J]. 教育研究,2020,41(4):4—15.
② 教育部. 关于全面深化课程改革落实立德树人根本任务的意见[EB/OL]. (2014 - 04 - 16)[2017 - 11 - 01]. www. moe. gov. cn/srcsite/A26/jcj_kcjcgh/201404/t20140408_167226. html.

设成果。① 在选择社团课程教学内容时,应注重知识的跨学科融合与实践应用,使学生能够在实践中深化对学科知识的理解与掌握。同时,积极探索创新教学方法,如项目式学习、合作学习等,促进学生更为积极的学习体验。在评价社团课程建设成果时,应建立多元化评价体系,注重过程性评价与结果性评价相结合,全面评估学生在社团活动中的表现与成长。

四是研学旅行的实践逻辑。当前,教育领域正迈向高质量发展的新征程,研学旅行作为教育与旅游融合的创新教学模式,备受学校、家庭及社会各界的瞩目。2016 年底,教育部 11 部门联合发布《关于推进中小学生研学旅行的意见》,将研学旅行视为落实立德树人根本任务的重要举措,并将其正式纳入学校的教学规划中。之后在 2017 年发布的《中小学综合实践活动课程指导纲要》中,明确规定综合实践活动是学生的必修课程,并将研学旅行归为这一课程体系的范畴之内。在推进研学旅行课程的实施过程中,首要任务是确立其实践逻辑起点。研学旅行作为一种新兴的教育形式,它既不等同于商业化的游学活动,也不局限于某一特定的学科领域。相反,它扮演了学校教育与校外教育桥梁的角色,是学校课程体系中综合实践活动的重要组成部分。研学旅行的基石在于各学科课程所积累的理论知识和实践能力,同时,它也为检验这些学科核心素养培育的成效提供了一个实践的平台。② 其次,在推动研学旅行规范、高效、均衡发展的过程中,课程设计是核心环节,旨在引导中小学生亲近自然、融入社会,通过自我反思与集体经历,深化价值认知,强化实践能力,并培养责任感。此课程设计框架应覆盖选定研学主题、融入创新设计理念、规划特色研学路径、明确适用学习阶段、设定具体研学目标、构建丰富课程内容,以及实施研学成果评估等关键环节。这些要素相互关联、相互支持,共同构成了研学旅行的完整实践框架。此外,在推动研学旅行的发展过程中,必须注重不同地区、不同学校之间的均衡发展,避免资源分配不均和过度商业化的问题。同时,还要注重学生的个体差异和兴趣需求,提供多样化的研学项目和选择,让每个学生都能在研学旅行中有所成长和收获。

五是作业创意的实践逻辑。2021 年 7 月,中共中央办公厅、国务院办公厅印发

---

① 樊江峰.社团课程化建设对学校教育的优化[J].教学与管理,2020(31):22—24.
② 段玉山.推动研学旅行,落实立德树人[J].中学地理教学参考,2023(22):1+31.

《关于进一步减轻义务教育阶段学生作业负担和校外培训负担的意见》。这一举措对教师群体提出了新的时代课题：在确保作业量缩减的同时，追求教学质量的飞跃与效率的精进。在"双减"政策广泛推行的背景之下，教师教学作业的布置也应该顺应时代的发展，不断革新，使作业设计更具创意，让学生在创意作业的指引之下切实融入作业实践，进而通过作业的高质量完成，为其核心素养的有效培养提供必要支持。把握作业创意的实践逻辑，首先体现在对传统作业模式的革新上。传统的书面作业往往让学生感到枯燥无味，而创意作业则更注重实践性和多样性。它不再是单一的书面作业，而是注重学生在实践中的学习和成长。教师可以通过设计实践性强的作业任务，让学生能够在实践中学习，在完成作业的过程中亲身体验知识的应用和价值，从而加深对知识的理解和掌握，培养实践能力和创新思维。其次，在作业设计过程中，教师需要充分考虑学生的学习需求和个性特点，设计不同难度、不同形式的作业，让学生在完成作业的过程中能够充分发挥自己的特长和潜力，激发他们的学习兴趣和动力，促进他们的全面发展。

六是家校共育的实践逻辑。家校共育，一种融合了家庭教育和学校教育的教育理念，其实践逻辑深深植根于教育生态的复杂性之中。在现代教育体系中，家庭与学校不再是孤立的两个领域，而是相互促进、共同发展的教育共同体。把握家校共育的实践逻辑，根植于应对实际挑战的迫切需求，该逻辑以问题驱动为特征，问题的发现和解决是推动教育共同体发展的核心动力。① 这些问题可能来自于学生个体成长的现实困扰，也可能来自于家庭教育和学校教育之间的衔接不畅。在解决问题的过程中，家校双方需要建立起一种基于共同目标的合作关系。这种合作关系要求双方保持开放的心态，愿意倾听对方的意见和需求，共同寻找解决问题的最佳方案。通过这种合作关系，家庭和学校能够充分发挥各自的优势，共同为孩子的成长提供有力支持。同时，家校共育的实践逻辑还体现在对教育过程的持续关注和动态调整上。随着学生年龄的增长和认知水平的提升，他们的教育需求也会发生相应变化。因此，家校双方需要不断对教育实践进行评估和反思，根据反馈结果及时调整教育策略和方法。这种持续和动态的调整，有助于确保教育的针对性和实效性，实现家校共育的可持续发展。

---

① 牛楠森.把握新时代家校共育的五种逻辑[J].教育学术月刊,2023(9):97—105.

七是节庆活动的实践逻辑。节庆即"节日庆典",是节日和庆祝活动的总称。节庆活动主要以民族传统节日、国际性和地方性节日等为载体。党的二十大报告中指出要加强对中华优秀传统文化的挖掘和阐发,而节庆活动是传统文化的重要组成部分,具有其独特的文化魅力和艺术价值,在传递民族情感、继承民族传统、促进文化认同等方面有不可忽视的作用。节庆活动所包含的形式和内容都有其背后的文化和精神,因此,节庆活动的实践逻辑首先体现在对传统文化的深入挖掘与传承上。通过节日庆典的形式,将传统习俗、民间艺术、历史故事等元素融入活动中,让学生在参与中体验文化的厚重与博大,丰富学生的文化知识储备,培养他们的文化自觉和文化自信。其次,节庆活动的实践逻辑强调学生的主体性和参与性。在活动的策划、组织和实施过程中,学生被赋予更多的自主权,他们能够根据自己的兴趣和特长,选择适合自己的角色和任务,发挥主动性和创造性。这种参与性强的体验性学习方式,不仅能够激发学生的学习兴趣,还能够培养他们的团队协作能力和创新精神。通过节庆活动,学生能够在轻松愉快的氛围中学习知识、培养能力、形成品格。这种寓教于乐的教育方式,不仅有助于提高学生的学业成绩,更能够培养他们的文化素养、审美能力和社会责任感。

　　总之,课堂教学、学科育人、社团活动、研学旅行、作业创意、家校共育和节庆活动等方面的实践逻辑相互交织、相辅相成,共同构成了学习的境脉特质,构筑了学生全面发展的教育生态。通过发挥这些多维路径的协同作用,激活课程实施,丰富学生学习体验,为学生提供丰富的学习资源和机会,推动其全面发展。

一校一策

小潮童课程:
让儿童感受生命
成长的独特韵律

上海市浦东新区潮和幼儿园创建于 2010 年 10 月,是上海市一级一类幼儿园。2019 年 9 月幼儿园扩大办园规模,创建了分部,目前幼儿园有南园部和北园部两个园区,南园部位于南汇新城镇潮和路 113 号,占地面积 5 062 平方米,建筑面积 4 284 平方米,有 10 个班级,2023 学年开设 10 个班级,3 个小班、3 个中班、4 个大班;北园部位于南汇新城镇芦云路 256 号,占地面积 5 088.5 平方米,建筑面积 4 371.3 平方米,办班规模为 12 个班级,2023 学年开设 4 个小班、4 个中班和 4 个大班。两个园区相隔 500 米,周边交通比较方便,为均衡管理提供了便利。目前,幼儿园在编教师 50 名,非在编教师 3 名,在编教师平均年龄 30.8 岁,其中 35 岁以下者占 82%;在编教师本科学历 48 人,占 96%;专科学历 2 人,占 4%;拥有"中小学高级教师"职称 4 名,"中小学中级教师"职称 16 名,"中小学初级教师"职称 28 名。在教师队伍中,区级骨干教师 3 名,区新秀教师 4 名,学前教育中心骨干 9 名(其中 3 名老师已评为区新秀教师),园级骨干 7 名。幼儿园曾获浦东新区文明单位、浦东新区校本研修学校、上海市"十三五"家庭教育指导实验基地、浦东新区"绿色学校"等称号,2019 年被评为浦东新区见习教师培训基地。幼儿园连续多年被评为浦东新区优秀早教指导点、浦东新区见习教师规范化培训优秀聘任学校、浦东新区校本研修优秀单位,获评 2017、2018 年浦东新区绩效考核优秀单位,2022 年浦东新区见习教师规范化培训优秀基地学校,2023 年上海市家庭教育示范校。

第一节　聆听生命成长的和谐韵律

上海市浦东新区潮和幼儿园的课程建设发展大致经历了三个阶段。一是构建基础课程、初探童谣特色阶段,以《幼儿园教育指导纲要》《上海市学前教育纲要》以及《上海市学前教育课程指南》等文件精神为指引,开展共同性课程的学习、实践与研讨,确保日常课程的落实。同时,幼儿园结合芦潮港地区、本园条件以及本地区幼儿发展情况,确立以"沪语童谣"为幼儿园特色项目进行研究,在幼儿一日生活中开展沪语童谣实践研究。二是构建"沪语童谣"特色课程阶段,做实"沪语童谣"特色课程,通过教科研引领和课题研究,使得课程不断多元化,《幼儿园沪语童谣方案集》《沪语童谣选编 3—6 岁幼儿传唱沪语童谣手册》《潮和幼儿园沪语童谣课程实施方案》相继出炉。三是课程融合发展阶段,在上海全面建设高质量幼儿园、落实立德树人、促进幼儿全面发展的大背景下,尝试把特色课程与共同性课程有机融合,形成自己的园本课程,力图把办园理念和课程理念、课程目标等形成体系,通过构建一体化的综合全面的园本课程,真正发挥课程育人价值,并开始了新的探索与实践。

一、教育哲学:潮和教育

教育应该紧随时代潮流,拥抱变革,同时也要深刻理解和尊重每个幼儿的独特性和个性化需求,促进每一个幼儿的全面发展。结合幼儿园独特的"潮和"文化和长期教育实践经验,我们将"潮和教育"确立为幼儿园的教育哲学。这一理念的确立,既是对国内外教育动态的深入观察和研究的结果,也是对我们多年教育实践经验的总结与升华。

"潮",即潮流,代表着时代的潮水,是社会发展的动向和趋势。"潮"也鼓励幼儿园教育保持创新和开放的态度,积极拥抱新思想、新理念,使教育更贴近社会发展潮流。"和",即"不同而和,和而不同",这一理念体现了对个性的尊重和关注。幼儿园教育应致力于发现、理解和尊重每个幼儿的独特个性,通过创建包容、和谐的教育环境,激发幼儿发展自我的能力,培养其自信心。

综合而言,"潮和教育"是引领时代的素质教育。"潮和教育"致力于不断创新和适应社会潮流。这意味着教育体系要紧跟科技、知识、社会变革的步伐,不仅关注幼儿的学习发展,还关注情感智能、社交能力、创新思维等多方面的素质培养,帮助幼儿形成能够适应未来社会挑战的核心素养。"潮和教育"是追求个性的特色教育。我们认为教育不仅仅是一种普遍性的知识传授,更注重每个学生独特的天赋、兴趣和需求。通过个性化的教学方法和丰富多元的课程活动,致力于激发每个幼儿的内在潜能,培养他们独立思考、自主学习的能力。这种特色教育不仅满足每个幼儿的个性需求,也为他们提供了更广阔的发展空间,通过个性化教育促进幼儿的自我发现和自我成长。因此,我们的办园理念为:让精神时尚,让个性飞扬。

我们坚信,

万物有其节律;

我们坚信,

教育是思想的对话;

我们坚信,

学校是精神蓬勃的地方;

我们坚信,

让个性飞扬是教育的使命;

我们坚信,

做精神时尚的教师是最美的;

我们坚信,

让儿童感受生命成长的韵律是教育最舒展的姿态。

二、课程理念

根据"潮和教育"之哲学,我们提出"让儿童感受生命成长的独特韵律"这一课程理念。在我们看来,这一理念的具体内涵如下。

——课程即生命成长。我们的课程使命是帮助儿童获得成长的力量,为此,课程设计要为幼儿创设适宜发展的学习环境,提供丰富多样的学习材料,并采用适合幼儿的教学方法,开辟有效的学习路径,激发幼儿学习的热情,让他们在进步中体验成就感,使每个幼儿都能获得成长和发展的动力,培养立潮头、领潮风、赶潮流的"三潮"儿童,引领他们在成长的道路上勇敢前行,不断超越自我。

——课程即独特体验。课程不仅是学习的过程,更是一场独特的体验。每个幼儿都拥有自己独一无二的个性,因此课程内容也应多元和丰富。在共同性课程之外,"小潮童课程"根据幼儿不同兴趣爱好以及特长,设置不同层次、不同类型、不同周期的可供选择的特色课程,既保障基础性学习的要求,又满足幼儿的不同需求,通过丰富多元的课程内容,让每一个幼儿都能获得属于自己的独特学习体验。

——课程即儿童立场。遵循以儿童中心的课程实施观,在课程实施过程中以儿童的需求和视角为出发点。课程内容、教学方法和活动安排都紧密围绕儿童的兴趣、能力和发展阶段设计,让教育真正成为满足儿童个性化需求和促进其自我发展的过程。

——课程即生长韵律。万事万物都有其内在韵律:潮水涨落有其韵律;音乐、诗歌有其韵律;生命的成长亦有其内在韵律。基于生命成长和谐韵律的课程意味着遵循儿童自然发展规律,寻求传统与现代、个体化与社会化的平衡。以培养"三潮"儿童为目标,关注幼儿的全面且个性的发展,采用多元化的评价方法,如观察、谈话、作品展示等,发挥评价的调节反馈作用,激活幼儿内在生命潜能,促进幼儿全面发展。

总之,我们的课程目标在于让每一个幼儿都能找到属于自己的学习路径,体验成长的喜悦和成就感。我们在课程实施中既注重五大领域的融合,又重视每个幼儿的个性发展,尊重幼儿的生长节律,使课程契合每个幼儿全面和谐的发展需求。以创新和开放的态度,积极拥抱新思想、新理念,在肯定和包容幼儿个性的基础上,积极统整国家课程、地方课程、园本课程,以课程理念为指引,构建幼儿园特色园"小潮童课程"模式。

第二节　吹响弄潮逐浪的嘹亮号角

《上海市学前教育课程指南》将课程目标确定为:培养健康活泼、好奇探究、文明乐群、亲近自然、爱护环境、勇敢自信、有初步责任感的新时代儿童。我们据此确立幼儿园的课程目标。

一、育人目标

在"让精神时尚,让个性飞扬"的办园理念引领下,幼儿园把"三潮"儿童作为育人目标,努力培养"立潮头、领潮风、赶潮流"的新时代儿童,具体内涵如下。

——爱家乡,有礼貌,立潮头。

——爱生活,乐运动,领潮风。

——爱探索,会思考,赶潮流。

二、课程目标

参考《3—6岁儿童学习与发展指南》及《上海市学前教育课程指南》的相关目标要求,围绕幼儿园课程哲学,我们制定了以下课程目标(见表5-1)。

表5-1　上海市浦东新区潮和幼儿园课程目标表

目标 班级	爱家乡,有礼貌,立潮头	爱生活,乐运动,领潮风	爱探索,会思考,赶潮流
小班	在日常集体活动中学习基本的社交礼貌,培	在日常生活中培养基本的自理能力,如自主	积极参与简单的自然和社会活动,培养对身边世

目标 班级	爱家乡,有礼貌,立潮头	爱生活,乐运动,领潮风	爱探索,会思考,赶潮流
小班	养与他人友好交往的能力。 学习简单的沪语童谣,培养对童谣的喜爱之情,具有对家乡的基本认识。	进食和整理玩具,同时学习表达情绪,形成初步的健康生活习惯。 愿意参与活动,初步掌握简单的身体动作,感受运动给生活带来的乐趣。	界的好奇心。 通过简单的语言和肢体动作表达自己的需求和情感。 接触不同的音乐和艺术形式,感受色彩、形状和声音,激发对美的基本感知。
中班	在集体生活过程中,礼貌与人交往,初步了解并遵守共同生活所必需的规则,从而不断发展适应社会生活的能力。 更深入地学习沪语童谣,增进对家乡文化的了解,培养对传统文化的喜爱之情。	培养良好的生活习惯,如健康饮食和定时作息,能自主完成简单的任务,培养良好的生活习惯。 参与更多样化的运动,提高身体协调性,增强体能。	亲近自然,了解人与环境的依存关系,培养探索和发现的兴趣。 用更丰富的语言描述生活经验,同时使用绘画、手工等非语言方式表达创意和情感。 通过参与不同文化背景的故事讲述、音乐和舞蹈活动,培养对美的感知和欣赏能力。
大班	具有良好的社会适应能力,幼儿与成人、同伴互动,尝试与人友好相处并建立友谊。 掌握多样的沪语童谣,深入了解家乡的历史文化,增强对家乡的认同感以及对传统文化的传承意识。	具有良好的健康适应能力,能自主、独立地完成力所能及的事,形成愉快的情绪、良好的生活习惯和基本的生活能力。 积极活动,增强体质,提高运动能力和行动的安全性。	亲近自然,更深入地了解社会,认识人和环境的依存关系,进一步培养探索自然的兴趣。 通过故事创作、角色扮演等活动,发展想象力和创造力。 参与各种文化背景下的艺术活动,如不同节日庆祝活动,提升审美情趣和文化理解能力。

第三节　搭建潮童成长的智慧阶梯

幼儿园以"小潮童课程"为抓手,致力于实现培养立潮头、领潮风、赶潮流的"三潮"儿童的育人目标,构建了与之相应的幼儿园课程框架与体系。

一、课程逻辑

基于"潮和教育"的教育哲学以及课程目标,我们设置了"小潮童课程"体系,包括"潮和之健、潮和之语、潮和之艺、潮和之探、潮和之心"五大类课程,从"潮和课堂""潮和空间""潮和游戏""潮和生活""潮和运动""潮和节日"等途径推进课程实施,以下是"小潮童课程"逻辑示意图(见图5-1)。

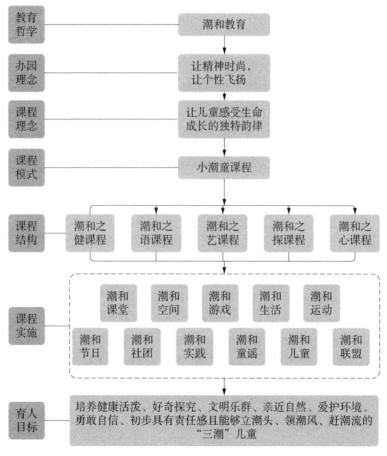

图5-1　上海市浦东新区潮和幼儿园"小潮童课程"逻辑图

二、课程结构

我园根据《3—6 岁儿童学习与发展指南》,将幼儿的学习与发展划分为五大领域,分别是健康、语言、艺术、科学和社会,将我们的课程分为"潮和之健""潮和之语""潮和之艺""潮和之探"和"潮和之心"五个主要部分,每个部分都包含共同课程和特色课程两个层面,旨在促进幼儿的全面发展与个性发展(见图 5-2)。

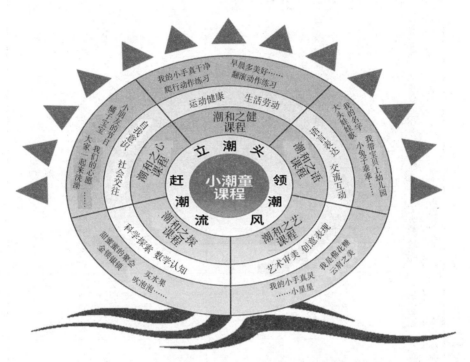

图 5-2　上海市浦东新区潮和幼儿园"小潮童课程"结构图

三、课程设置

立足幼儿需求,结合已有课程资源,对课程内容体系进行系统设置(见表 5-2)。

第四节　编织绚丽多彩的潮和画卷

课程实施是实现课程理想的必要途径。从幼儿园实际出发,依据课程目标,我园制定出富有园本特色的课程实施方案,从建构"潮和课堂",激活"潮和空间",创意"潮和游戏",推行"潮和生活",做实"潮和运动",做好"潮和节日",做活"潮和实践",聚焦"潮和童谣",评选"潮和儿童",建设"潮和联盟"等方面入手,奉行"让儿童

表5－2 上海市浦东新区潮和幼儿园课程设置表

学期	潮和之健		潮和之语		潮和之艺		潮和之探		潮和之心	
	共同课程	特色课程	共同课程	特色课程	共同课程	特色课程	共同课程	特色课程	共同课程	特色课程
小班 上	我的小手真干净 早晨多美好 我们不怕冷的大衣	爬行动作练习 翻滚动作练习	我的名字 我带宝贝上幼儿园 早上好 云朵棉花糖	大头娃娃歌 小兔子乖乖 小肥皂 谚婆子驾驾驾、卖糖粥 落叶	我的小手真灵 我是棉花糖 苹果歌 橘子船	韵律操：小星星 京剧基本动作：踮子步 艺术大师作品欣赏 认识古筝等弦 古筝基本坐姿及弹奏手型	男孩、女孩 排队 甜蜜蜜的聚会 买水果 猴妈妈的水果店	金锁银锁摇啊摇 金钩钩	走一走，瞧一瞧 嘟嘟爱上幼儿园 酸酸甜甜的橘子 橘子宝宝	小朋友的节日 我们的心愿 堆沙造树
小班 下	快快躲起来 雨水接力赛	跑步动作练习 跳跃动作练习	大熊山 太阳出来了 谁来了	困觉了 青青草 小雨点 小动物走路 五指歌 数字歌 小星星 两只老虎	瞰门 羊毛卷卷 喂小兔 小兔拼贴画	韵律操：小星星 芭蕾手位基础练习 戏曲基础知识：智取威虎山 模仿吴冠中作品进行涂鸦创造 "抹"指法练习	可爱的小兔 小兔家的院子 水变雨	老鹰抓小鸡 拍大麦炒黄豆	下雨的时候 参观理发店 大家一起来洗澡	垃圾不乱扔 快乐中秋 庆祝国庆咚咚锵

学期	潮和之健		潮和之语		潮和之艺		潮和之探		潮和之心	
	共同课程	特色课程	共同课程	特色课程	共同课程	特色课程	共同课程	特色课程	共同课程	特色课程
中班 上	香香的黄色 快乐圈圈	拍球基础练习 左右交替拍球练习	我的家 爸爸的手 我爱妈妈 家是什么	张家老伯伯 哥哥走，我也走 五官歌	造房子 爸爸本领大 我爱我家	芭蕾基础组合：云肩之美 艺术大师作品欣赏——丰子恺"托"指法练习	我家住哪里 造楼房火车开了	吹泡泡 马兰花摇小船	方方角角和圆 奶奶 小鸟一家 招待小客人	我有一双灵巧的手 保护地球妈妈 我们去哪里呀
中班 下	春游 天冷别冻着	左右手交替拍球练习 运球练习	我从哪里来 我家的房间 爸爸的手	骑铁马 扳落石头上高山 小事体小蜡笔 小白兔造房子 看动物	给爷爷奶奶敲敲背、捶捶腿 画妈妈	芭蕾基础组合 舞蹈：我们都是中国龙 戏曲操 戏曲基础知识：腊八粥 模仿丰子恺画家作品进行图形联想创造 "抹托"练习 "勾"指法练习	猜猜我家有几口人 我家的门牌号	丢手绢 老鼠笼 谜迷转	猜猜我有多爱你 哪递员叔叔好 乌龟开店	中秋节的来历 庆祝六一 花灯会

学期		潮和之健		潮和之语		潮和之艺		潮和之探		潮和之心	
		共同课程	特色课程	共同课程	特色课程	共同课程	特色课程	共同课程	特色课程	共同课程	特色课程
大班	上	护林小卫士 幼儿园的厨房里	跳绳基础练习 体能训练	月亮船 国王的印章 有趣的汉字	中国节 阿拉是上海人 摇篮曲 上海弄堂童谣:八字令、陆老头、娃娃盼统一	我爱天安门 登高篓 中国娃娃 金山农民画	舞蹈:我们都是中国龙、国粹飘香 艺术大师作品欣赏 齐白石 "勾托"练习 "勾托抹托"组合练习	五星红旗升起来 国庆前夕 我的火车就要开	落叶大皮球 大蜻蜓	寄信 森林里真热闹 请你和我跳个舞	我的新年愿望 过新年 一只小花狗
	下	长眼睛的皮肤 身体上的单双数	跳绳基础练习 百秒快速跳绳练习	国庆真热闹 枫桥夜泊 盘古开天辟地	小皮球 接口令 大桥塔隧道 画房子	美丽的北京天安门 五星红旗 登长城 青花瓷	舞蹈:我们都是中国龙 板凳谣 京剧脸谱 嫦娥奔月 色彩技法 四季树 玛丽有只小羊羔	月饼变变变 看灯笼找字 武题 我们一起去旅游	划龙舟 跳绳滚铁环	分蛋糕做名片 快上一年级了	快乐植树节 劳动最光荣 我们爱地球

感受生命成长的独特韵律"的理念,实践"小潮童课程",形成符合我园特色的课程实施体系。

一、建构"潮和课堂",提升保教质量

课堂教学是课程实施的重要途径。我们的"潮和课堂"是以促进幼儿全面发展为宗旨,以儿童为中心,以促进幼儿在原有水平上和谐发展为根本目标,进行的儿童视域下的幼儿园课程的探索与实践。它具有以下关键词。

1. 解放。"潮和课堂"是理念解放的课堂。解放儿童的头脑,释放儿童的天性;解放儿童的双手,培养其动手能力;解放儿童的时空,将更多学习的主动权交给儿童。

2. 丰富。"潮和课堂"是教学内容丰富的课堂。我们致力于为幼儿提供多元化、富有挑战性的教学内容,涵盖健康、语言、艺术、科学和社会等多个领域,全面满足幼儿的学习发展之需。在"潮和课堂"中,教学不仅仅是知识的传递,更是激发幼儿的好奇心、创造力和社交技能的媒介。我们的目标是让每个幼儿在这个丰富的教学环境中充分发展,为未来的学习和生活做好准备。

3. 灵活。在"潮和课堂"中,教师坚持以观察和了解幼儿为基础,尊重每个幼儿独特的学习方式、能力及发展水平,对幼儿已有经验、最近发展区以及活动过程进行系统思考。真正转变视角,将幼儿发展放在首位,根据幼儿在学习过程中的状态对教学过程进行灵活调整,给予幼儿支持,促进每一个幼儿身心和谐发展。

二、激活"潮和空间",开发隐性课程

幼儿园中的教育设施、图书、音像资料、户外活动设施、专用活动室等都是课程资源,我们充分利用这些资源,使之变成幼儿可以参与的学习空间。我园园舍设施完备,各项指标均优于"05 标准",设有科学探索室、建构室、美术室、游戏活动室、图书室等 9 个专用活动室,创设了探索长廊、乐高长廊、室外建构平台等设施,并有户外戏水池、沙池、自然种植区、运动区、室外爬网等适合且支持幼儿发展的环境。我们充分发挥环境的教育价值,利用园所周边资源和两园址之间的空间资源,设计富有韵律感的学习环境,如各类活动区、展示区、阅读区等。在这些有韵律的空间中,幼儿可以自由地探索、发现和学习,以此激发他们对生活的热爱和对学习的兴趣。

三、创意"潮和游戏",激发儿童参与

游戏是幼儿的天性,与课堂学习相比,游戏能激发幼儿的内驱力,在游戏中他们会表现得更积极、专注。为此,我们为幼儿提供了多样化的游戏活动。除了角色游戏、建构游戏、表演游戏、沙水游戏、活动室游戏、户外游戏等常见的游戏活动,我们还特别开发了特色沪语童谣游戏,包括"趣"弄堂、"趣"公园、"趣"闯海,将沪语童谣课程教学从校园延伸至户外、公园、海港等周边场所,进一步拓展沪语童谣的教学活动空间。遵从幼儿身心发展规律和兴趣需求,以游戏为活动的基本方式,将童谣和运动游戏结合起来,让幼儿在感受沪语童谣优美韵律的同时体验到身体律动的快乐。如沪语童谣《马兰花》是上海经典的弄堂游戏——跳皮筋的伴唱童谣,可以单人合作也可以多人合作,在集体教学活动中设计将沪语童谣《马兰花》融入到幼儿的运动游戏中,能够发展幼儿的动作技能、身体协调性,让幼儿享受运动乐趣的同时也能够对《马兰花》这首经典的沪语童谣进行学习与传承。

四、推行"潮和生活",提升课程品质

课程应基于幼儿生活经验,融于幼儿一日生活。课程实施的具体内容和活动形式必须从幼儿的生活经验出发,贴近幼儿的生活实际,增强课程内容与现实生活的联系。我们致力于创造一个有节奏、有规律的生活环境,让幼儿在日常生活的安排中感受到稳定性和规律性。通过"规律与重复"的日常生活体验,幼儿们内化出一种生活秩序感,平和而充实地度过每一天。

为了进一步丰富幼儿们的语言环境,我们引入了"小广播"这一创新方式,定时在幼儿每天来园时,户外活动召集、午餐散步、离园等时刻播放沪语童谣音频。这种规律性的沪语童谣教学让幼儿在幼儿园一日生活中不断接触沪语童谣,使沪语童谣成为他们成长过程中的一部分。通过沪语童谣优美的韵律,幼儿不断提升语言美感,体验生命成长的和谐韵律,并从中获得心灵的滋养。

这种生活化的课程实施,不仅提升了课程的实用性和趣味性,还有助于幼儿更好地理解和吸收知识,为他们的全面发展奠定坚实的基础,让幼儿在快乐中学习,充分发展潜能。

五、做实"潮和运动",提升健康水平

健康是幼儿成长的重要支撑,而运动是培养健康生活方式的关键。我们致力于通过多样化的运动全面提升幼儿健康水平。体操活动、体育游戏、器械运动、自

然锻炼等基础性运动项目有助于发展幼儿的身体素质,增强幼儿的肌肉力量和协调性,提高幼儿的体能水平,还培养幼儿的团队合作和竞争精神。此外,我们还将沪语童谣游戏创新融入幼儿户外运动、融入每日早操律动、室内运动以及亲子运动中,通过组织内容丰富、形式多样、富有地方特色和趣味性的沪语童谣运动游戏,让幼儿生活于充满和谐韵律的世界,在玩中学、学中乐、乐中健康成长,培养幼儿对上海文化的喜爱和传承意识,发展幼儿对沪语、对家乡的热爱之情。

六、做好"潮和节日",浓郁课程氛围

节日作为文化身份认同的重要载体,参与其中本身就是建立文化认同的过程。我园特别举办的"沪语童谣节"便是这一理念的生动体现。该节日包括游园荟和童谣荟,通过每年定期举办的两次专门的童谣节活动,致力于将全体师生带入富有韵律的沪语童谣世界。在这一节日中,幼儿可以参与沪语童谣画展、幼儿传唱童谣比赛、沪语讲故事比赛等活动,而教师和家长则可以参与沪语故事赛、沪语童谣创作比赛、沪语童谣图书制作、沪语童谣征集赛等活动。这样持续性的、形式多样的活动不仅让幼儿充分感受到沪语童谣的魅力,促进了他们在知识、能力、情感、语言等领域的全面和谐发展,同时也有效提升了教师的沪语童谣教学能力以及家长对园所特色活动的支持。

我们组织教师研究、开发、积累各类沪语童谣课程活动的自编教材,已编制形成《3—6岁幼儿园沪语童谣手册》,出版《幼儿园沪语童谣方案集》小、中、大班三本书;形成《一道来讲上海话——以节日为主题的沪语童谣方案集》。我们鼓励教师在教学实践中创造性地使用教材,并积极开发、利用各种教学资源,为幼儿提供丰富多彩的沪语童谣学习素材。

七、创设"潮和社团",发展儿童兴趣

"潮和社团"因"潮和教育"而来,是课堂教学的延展和深化,旨在通过丰富多彩的社团活动挖掘幼儿特长、关注幼儿兴趣爱好,为幼儿发展提供多维的成长空间。我们最大程度地优化教学资源,扩大课程的自主选择性,立足幼儿园实际,组建京剧、舞蹈、绘画、民乐等多个社团,进一步陶冶幼儿的艺术情操,提升文化素质,培养他们积极向上的精神风貌。

"潮和社团"是发展个性的社团。各种社团课程缤纷绚丽,多姿多彩,幼儿在社团中尽情展现个性,发挥才能。

"潮和社团"是传承赋能的社团。将民族文化精神融入课程和特色活动中,用赤子之心点燃文化的火炬。

"潮和社团"是挖掘潜能的社团。拓展幼儿视野,发展幼儿思维,陶冶幼儿情操,培养幼儿特长,促进所有幼儿全面发展。

八、做活"潮和实践",丰富成长体验

"小潮童课程"具有向内生发、向外融合的发展空间。为进一步提升课程与幼儿内在成长节律的切合程度,满足幼儿成长过程中自我探索、社会交往的内在发展诉求,我们为幼儿提供了丰富多样的社会实践活动。在教师组织下,让幼儿参与社会实践,与周围的环境互动,探索世界,进一步拓宽视野,满足并适应幼儿不同成长阶段的发展需要。幼儿通过参与社会实践活动,可以接触、了解社会中的各种活动和场景,拓展其生活经验和见识;通过和不同人群交流,也可以增强幼儿的社交、表达能力,通过开展丰富多彩的社会实践活动,帮助幼儿找到人与自我、他人、世界和谐共处的方式,获得积极的社会情感,生发对劳动、生活、学习、家乡的热爱,在有和谐韵律的世界中收获成长的愉悦。

九、聚焦"潮和童谣",发展课程特色

我园的沪语童谣特色课程主张幼儿"学沪语童谣",出发点是让幼儿以沪语童谣为媒介,产生"爱上海""爱临港""爱社区"的情感。沪语童谣富有韵律的艺术呈现方式及其所蕴含的丰富教育内涵会自然而然地陶冶幼儿的性情,内化为幼儿理解生活、表达自我的基础节奏,幼儿遵循自我发展的独特节奏生活成长,才能实现身心的和谐发展。沪语童谣作为我园一直发展的特色课程,已渗透进幼儿生活学习的方方面面。我园的沪语童谣课程设置了"童谣小课堂"和"一道来白相"两大主题,涵盖了集体活动、运动游戏活动、节日活动、表演活动等多元化活动形式,让幼儿浸润在充满文化底蕴与生趣的童谣之中,感悟历史文化与生活气息,收获语言的质感、性情的陶冶,在保持自我与他人、世界的和谐关系中,生愉悦、生热爱,获得全面而和谐的成长。

在日常教学中,教师要根据教学目标和课程目标,合理开展童谣朗诵、演唱、绘画、演绎等形式多样的童谣教学活动,让幼儿在和谐宽松的教育氛围中尽情展示和表演,提高幼儿对沪语童谣的学习兴趣。利用幼儿好动的特点为幼儿提供丰富、可行的操作材料,如插图、拼图等,激发幼儿身体律动的欲望,培养幼儿手、脑、口并用

的能力；利用多媒体技术，为幼儿提供栩栩如生的形象、精彩的图文、悦耳的音频、有趣的动画，充分调动幼儿对童谣学习的热情，让幼儿在多种感官参与中学习感受童谣之美；在学习的时候要求幼儿边说边唱边做动作，将所学的沪语童谣根据自己的理解用体态动作或表情表现出来，通过具身认知有效提升幼儿沪语童谣的学习效果。在教学童谣的过程中，教师应采用多样化的教学方法，让幼儿在各类童谣教学活动的参与过程中，发展自己的能力，挖掘自己特长和潜力，引导幼儿在沪语童谣优美的韵律中找寻到自身生命成长的和谐韵律。

十、评选"潮和儿童"，发展个性特长

竞赛活动能让幼儿体验生命成长的快乐，激发他们参与活动的积极性，培养幼儿不断挑战自我的精神。在比赛的过程中，因为想要赢，幼儿会再自发地奋发向上，唤醒潜能，在这个过程中幼儿会逐渐发现自己有更多的特长，并不断提升自信心。同时，竞赛过程中幼儿能深切体会能力的重要性，并转化为幼儿自主学习的内驱动力，促进幼儿自主发展。因为比赛多为团队合作形式，需要配合协助才能完成任务，能够增强幼儿集体意识，培养团队精神和合作能力。

我们通过举办各类竞赛活动评选"潮和儿童"，充分发掘和培养幼儿的个性特长。我园的竞赛活动包括运动会、故事比赛、绘画等各类美术比赛等，教师在组织各类竞赛活动时要注重培养幼儿自我保护力。明确竞赛活动的目的和形式，制定好竞赛、游戏的规则和奖励机制，规则应该简单明亮，易于理解，能够让幼儿愉快地参与比赛以及进行游戏，不会出现过激行为。活动采用多样化的奖励形式，语言表扬、实物奖励、颁发证书等形式，在表扬的过程中增加学习引导，要让幼儿明白自己得到奖励的真实原因，鼓励幼儿在后续的学习中不断探索、努力。

十一、建设"潮和联盟"，推动亲子互动

儿童的生命成长离不开父母的呵护和支持，亲子教育之道不仅要创造幼儿的生命，更要帮助幼儿的生命成长和觉醒。在潮和幼儿园，我们深信每一个幼儿的成长需要得到全社会，尤其是家庭的关注和支持。为了更好地发挥家庭教育力量，我们积极建设"潮和联盟"，旨在推动亲子互动和共同成长。

我们在课程活动中设计了形式多样、内容丰富的亲子活动，如亲子沪语图书制作活动、亲子节日庆祝主题活动、亲子沪语童谣编讲活动、亲子童谣大联欢、毕业典礼活动等。同时，作为上海市浦东新区家庭教育指导基地学校，我园积极参与家教

课题的申报,家教课题"利用海港地域资源开展幼儿亲子运动的实践研究"引领园所在教学实践中进一步丰富亲子运动的形式和内容,利用地域资源在大自然中开展亲子活动,让幼儿感觉大自然的韵律节奏,感受到自己也是自然界的一部分,使生命节奏符合自然界的韵律。

为了有效实现园所亲子活动的育人价值,教师要加强对家长的指导,让家长明白我园所开展的各类亲子活动的目的、内容和意义以及对幼儿生命成长和全面发展的价值,进一步增强家长对我园各类亲子活动的重视程度。同时,我们指导家长在日常生活中依据儿童生命成长的节律施以养护和教育,根据学前幼儿存在内在节奏较不稳定的特点,培养幼儿规律的生活作息,帮助幼儿健康平稳地进入生命的韵律节奏。在日常的教育活动中,让幼儿学习诗歌、朗诵、听优美的音乐以及在家练习沪语童谣,让幼儿过充满和谐韵律的家庭生活。通过"潮和联盟"的建设,我们不仅加强了与家长的互动和合作,还为幼儿提供了更多的学习和成长机会,共同推动他们的生命成长。

(撰稿人:上海市浦东新区潮和幼儿园　高萍　王丹青　黄晓红)

第六章

评价的生长性：
以多元评价促进课程实施

学校课程评价是课程研究的重要领域，是学校课程实施的重要促进力量。对学校课程进行科学评价，可以系统描述学校课程的存在样态与实际效果。课程是一个生长、改善和进步的过程，通过对课程的多元评价，可以全面了解学生的知识掌握和综合素质的发展情况，并以此为基础改进课程，促进课程的实施。

一般认为,学校课程评价包括以下四个方面:学校课程内容的文本分析、学校课程实施的过程关照、学校课程建设的特色呈现以及学校课程建设的主体表达。① 我们认为,学校课程评价主要体现在优化课程文本、点亮课程实施、凸显课程特色、激活课程主体四个维度上。

第一,通过课程评价可以优化学校课程文本。有学者认为,学校层面的课程评价从两个方面优化学校课程文本:一是系统考察学校课程的总体方案、学校课程指导纲要、学科课程指南等课程文本是否齐备、相关内容要素是否完整、表述是否科学、设计是否规范;二是在对具体课程文本进行分析时,研判课程设计与编制的科学化表达以及理性化呈现。我们认为,多元课程评价可以优化课程目标和课程内容文本:一是在评价课程目标时,通过评价学生的学科知识的掌握程度和综合素质的培养是否高度契合学生发展的需要,从而优化课程目标;二是在评价课程内容时,从当今社会先进的思想文化、学校的课程教育教学理念、学生的认知发展规律与水平以及学生心理与年龄特征四个方面优化课程内容。因此,我们当以课程评价来为课程文本的建设指明方向。

第二,通过课程评价可以点亮学校课程实施。有学者认为,课程实施是个动态的过程,课程评价在课程实施的过程中不断检验课程是否满足了学生的需要,进而为课程实施的改进提供价值指导。② 我们认为,学校课程实施的动态性决定了课程评价的生长性,我们需要对课程进行动态化的调整和创生。课程评价能够衡量在课程实施过程中教师对该课程的教育理念的达成度和学生通过该课程在行为模式、思维水平、学业成绩的提升效果,进而点亮课程的实施过程。因此,我们要基于学生的个体差异和个性特点,发挥学生评价的主体作用,强调对学生的身心健康发展具有全面促进作用的形成性评价,而不仅仅是单纯评价学习成绩;注重课程实施过程的表现性评价,考查学生知识与技能的掌握程度,实践、问题解决、交流合作和批判性思维以及创新性思维的发展。

第三,通过课程评价可以凸显学校课程特色。学校的特色课程必定是能够反映学校办学理念、彰显学校办学特色、指向学生核心素养的课程体系,对学校课程

① 李红恩.学校课程评价的意蕴、维度与建议[J].教学与管理(中学版),2019(12):1—4.
② 蒋雅俊.课程评价:课程价值的创造与实现[J].华南师范大学学报(社会科学版),2014(3):63—68+162.

开展个性化评价是发展学校课程特色的必由之路。通过个性化的课程评价方案凸显学校课程特色,需从以下三方面进行考察:考察课程设置的基础是否基于自身优势、学校周边资源、教师资源;考察课程设置的内容是否融入学校的历史传统文化、因地制宜、学校的培养目标和发展规划;考察课程设置中教师和学生对课程的参与度等。

第四,通过课程评价可以激活学校课程主体。有人认为,学校课程评价既要体现出对各课程参与主体的关怀,还要参考学校课程各参与主体的主观感受。我们认为,课程评价的功能在于激活课程主体,实现对课程的优化。我们通过课程评价可以激活学校课程主体,一是评价学生的学习结果即表现、态度、核心素养的培养、学习方式、对课程的满意度;二是评价教师的专业发展即对课程的领导力、设计能力、评价能力等的提升;三是评价学校的发展即课程对学校建设和发展带来的推动作用等。课程评价激活学校课程的主体,进而推动课程的优化改革。

总之,学校课程在不断发展,学校课程的评价也需要与时俱进。各校的课程设置都有自身的个性和特色,上文提到的四个评价维度尚有不完善之处,需要根据学校的实际情况不断调整和优化,发挥课程评价对课程实施应有的价值和功能,调节并优化课程设置,彰显本校课程特色,促进课程有效实施,激发学生主体评价意识,最终建立满足学生核心素养发展需要的课程体系。

一校一策

"泥之香课程":
让每个生命散发出
丝丝飘香的泥土气息

上海市泥城中学创建于 1948 年,是一所具有七十余年历史和光荣传统的公办完全中学。学校前身是建于 1948 年的泥城乡村师范学校,1978 年更名为南汇县泥城中学,2009 年 11 月定名为上海市泥城中学。七十余年的风雨兼程,几代人的拼搏努力,学校不断发展壮大。学校占地面积 30 545 平方米,硬件设施相对薄弱,教育教学设备基本完备。初高中共有教学班 33 个,学生 1 100 余人,教职工 122 名。初中部有教学班 17 个,共有学生 542 名,其中本市户籍 261 名,占比 48.15%;外省市学生 309 名,占比 51.85%。初中部有教师 61 人,高级职称 15 人, 级职称 28 人,区骨干教师 4 人,研究生学历 2 人,平均年龄为 43 岁。学校以"求真、创新、开拓、进取"为校训,推崇"爱生精业、严谨善导"的教风。坚持育人为本,以立德树人为根本任务,推进现代学校制度建设,逐步完善现代学校治理结构,通过制度规范、民主管理来凝聚人心,形成共识,先后被授予"上海市安全文明校园""上海市绿色校园""区文明单位"等荣誉称号。

第一节　让生命散发出泥土气息

泥城中学所在的泥城地区历史、文化悠久。泥城镇由长江水和钱塘江水夹带的泥沙长期冲积而成,成陆时间距今 170 余年。为防海潮侵袭,筑有四方如城的泥圩,因集镇而得名。历史上的泥城有五大特点。一是"红"。泥城是一座具有光荣历史的英雄之城,堪称浦东的"延安"。1930 年"泥城农民武装暴动"载入中国共产党党史,建立了浦东第一个苏维埃政权;1938 年"汇角战斗"打响浦东抗日第一枪,创建了"浙东抗日根据地",涌现了沈千祥、周大根、姜氏三兄弟等一批革命先烈。二是"白"。20 世纪 60—70 年代,泥城被誉为"全国棉花之乡",棉花亩产超 100 千克,位居全国之首。三是"黄"。浦东三黄鸡源自泥城。四是"绿"。1999 年,泥城被国家农业部命名为"中国青扁豆之乡"。五是"紫"。借助临港大开发的东风,泥城镇经济社会均呈现高速发展态势,产城融合不断深化,城乡一体化不断推进,可谓"紫气东来"。

一、教育哲学:泥香教育

泥城人世代代忠诚不渝、抱诚守真、精诚团结,造就了泥城今日的辉煌。泥城,是一个带着泥土气、接地气、聚人气的城镇。对于国家、民族来说,这是一种精神;对于学校来说,这是一种文化;对于师生来说,这是一种品质。我们根据学校特点和文化特色,把学校的办学理念确定为:让校园弥漫着泥土的芬芳。因此,学校提出如下教育哲学:"泥香教育",即我们的教育充满泥城这片沃土的芬芳。

——"泥香教育"是传承的教育。泥城是一座具有光荣历史的英雄之城。泥城中学的每一位师生都了解泥城的历史,继承革命传统,传承革命精神。学校努力培养具有良好道德品质和深厚人文素养的学生,使其成为有理想、有本领、有担当的新时代好少年。

——"泥香教育"是丰富的教育。学校通过开设丰富多样的课程,构建学生的知识体系,培养学生的综合素质。我们鼓励学生参与不同种类的课程和实践活动,将理论与实践相结合,从而提升创新精神和实践能力,符合时代发展的需求。

——"泥香教育"是立体的教育。学校坚持立德树人的根本任务,围绕教书育人的核心,遵循教育规律和学生的身心发展规律,关注每一个学生的身心成长,真正做到"教育无小事、事事皆育人",实现学校的立体发展和学生的全面发展。

——"泥香教育"是生长的教育。教育的真谛在于激发每个学生的内在潜能,帮助他们确定未来的发展方向。教师承载着传播知识和思想的历史使命,肩负着塑造灵魂和生命的时代重任。我们的教师注重专业发展,不断提升教育教学水平,助力学生成长、成才。

我们秉承如下教育信条:

我们坚信,

优质的教育必将充满生机与活力。

我们坚信,

理想的校园理应弥漫泥土的芬芳。

我们坚信,

每一个儿童都拥有蓬勃向上的生命力。

我们坚信,

为每个生命提供成长的沃土是教育的神圣使命。

我们坚信,

让每个生命散发出丝丝飘香的泥土气息是教育的最美追求。

二、课程理念

在"让校园弥漫着泥土的芬芳"的办学理念引领下,学校提出如下课程理念:让每个生命散发出丝丝飘香的泥土气息。其具体内涵如下。

——课程即生命的美好。从生命的观点理解课程,课程的价值追求就是生命的成长和价值的提升。不仅满足每一个生命潜在的成长需求,且努力达成生命之间的相互理解和认同。理解生命,是为求真;敬畏生命,是为求善;珍爱生命,是为求美。学校开发至真、至善、至美的课程,帮助学生成为自由自觉、全面发展的人。

——课程即芬芳的气息。学校开发的课程注重五育融合,为学生构建完整的知识结构,提高问题解决能力,培养创新精神和实践能力;帮助学生学会做人和做事,引导他们坚持做中学、学中悟,为适应未来社会发展奠定基础。

——课程即文化的相遇。文化是课程之魂,课程是文化之路。学校的课程融入德育文化,为学生的健康成长奠基;融入学科文化,为学生的素养培育增效;融入本土文化,为学生的个性发展赋能;融入协同文化,为学生的三方共育助力。学生领悟和感受多样的课程中蕴含的不同文化,文化潜移默化地积淀为他们成长的动力和信念。

——课程即个性的生长。斯宾塞倡导,让每一个个体都能找到自我价值,实现自我潜能的释放。学校结合革命传统和地方特色开发课程,为学生搭建个性特长发展的平台。在课程实施中,学校关注学生的兴趣、能力和潜力,努力满足每个学生的个性发展需求,塑造学生独特、鲜明的个性和品格。

基于以上理念,我们将课程模式命名为"泥之香课程"。"泥之香课程"模式是在"双新""双减"背景下对学校课程的创新和发展。我们的课程秉承立德树人的核心理念,注重五育融合,营造积极向上、和谐融洽的学习氛围,塑造每个学生独特的个性和品格,为学生的全面发展奠定坚实的基础。

第二节　成长为接地气的中国人

学校所处的泥城地区历史悠久,有着泥城红色革命的传统,培养了一批又一批的社会建设者。现在又作为临港的门户,立于改革与创新的潮头。学校立足当代,且寻根溯源,以"泥香教育"为哲学,致力于为学生的全面发展提供适合的教育,为每一个学生的成功打下坚实的基础。

一、育人目标

学校倡导每一个学生都做接地气的中国人,致力于培养拥有"泥土气""书卷气""文艺气"和"豪迈气"的良好品质、专业素养和社会责任感的新时代好少年。

——抱诚守真,有"泥土气"。

——乐学善思,有"书卷气"。

——志趣高雅,有"文艺气"。

——强健体魄,有"豪迈气"。

二、课程目标

基于以上课程理念,学校将育人目标进一步细化,形成六年级至高三年级的课程目标。具体如表6-1。

表6-1 上海市泥城中学课程目标

育人目标 年级	泥土气	书卷气	文艺气	豪迈气
六年级	学习泥城历史,了解革命传统,传承革命精神。学习中华传统文化,具有比较开阔的文化视野和一定的文化底蕴。了解个人生活和公共生活中的基本道德要求和行为规范,诚实守信、团结友爱、尊老爱幼,养成良好的道德品质。具有基本的规则意识和安全意识,遵守规则和法律规范,提高自我防范意	热爱国家通用语言文字,热爱中华文化,具有正确、规范运用语言文字的意识和能力,能在具体语言情境中有效交流沟通。认识中外语言的异同,发展语言能力和文化沟通与交流的能力,坚定文化自信,提升思维品质和学习能力。掌握基本的理科知识和思维方法,具有初步的理性思维能力;发展批判性	感知、发现、体验和欣赏艺术美、自然美、生活美、社会美,提升审美感知能力。丰富想象力,运用媒介、技术和独特的艺术语言进行表达与交流,运用形象思维创作情景生动、意蕴健康的艺术作品,提高艺术表现能力。感受和理解国家深厚的文化底蕴,传承和弘扬中华传统文化、革命文化、	掌握与运用体能和技能,提高运动能力。积极参与体育活动,养成良好的体育品德。形成基本的劳动意识,具有热爱劳动、热爱劳动人民,尊重普通劳动者的积极情感,树立劳动最光荣、最崇高、最伟大、最美丽的观念。发展初步的筹划思维,形成基本的劳动能力,在劳动过程中学会自我管理、团队合作。

育人目标 年级	泥土气	书卷气	文艺气	豪迈气
	识,初步具备参与社会生活的能力。	思维,形成实事求是的科学态度,培养探究实践能力,初步形成理性精神。	社会主义先进文化,坚定文化自信。	
七年级	学习泥城历史,了解革命传统,传承革命精神。学习中华传统文化,具有比较开阔的文化视野和一定的文化底蕴。 了解个人生活和公共生活中的基本道德要求和行为规范,诚实守信、团结友爱、尊老爱幼,养成良好的道德品质。 具有基本的规则意识和安全意识,遵守规则和法律规范,提高自我防范意识,初步具备参与社会生活的能力。	热爱国家通用语言文字,热爱中华文化,具有正确、规范运用语言文字的意识和能力,能在具体语言情境中有效交流沟通。 认识中外语言的异同,发展语言能力和文化沟通与交流的能力,坚定文化自信,提升思维品质和学习能力。 掌握基本的理科知识和思维方法,具有初步的理性思维能力;发展批判性思维,形成实事求是的科学态度,培养探究实践能力,初步形成理性精神。	感知、发现、体验和欣赏艺术美、自然美、生活美、社会美,提升审美感知能力。 丰富想象力,运用媒介、技术和独特的艺术语言进行表达与交流,运用形象思维创作情景生动、意蕴健康的艺术作品,提高艺术表现能力。 感受和理解国家深厚的文化底蕴,传承和弘扬中华传统文化、革命文化、社会主义先进文化,坚定文化自信。	掌握与运用体能和运动技能,提高运动能力。积极参与体育活动,养成良好的体育品德。 形成基本的劳动意识,具有热爱劳动、热爱劳动人民,尊重普通劳动者的积极情感,树立劳动最光荣、最崇高、最伟大、最美丽的观念。 发展初步的筹划思维,形成基本的劳动能力,在劳动过程中学会自我管理、团队合作。

育人目标 年级	泥土气	书卷气	文艺气	豪迈气
八年级	学习泥城历史，了解革命传统，传承革命精神。学习中华传统文化，具有比较开阔的文化视野和一定的文化底蕴。 了解个人生活和公共生活中的基本道德要求及行为规范，诚实守信、团结友爱、尊老爱幼，养成良好的道德品质。 具有基本的规则意识和安全意识，遵守规则和法律规范，提高自我防范意识，初步具备参与社会生活的能力。 珍爱生命，热爱生活，初步具有自尊自强、坚韧乐观的心理素质和道德品质，具备积极向上、锐意进取的人生态度。	热爱国家通用语言文字，热爱中华文化，具有正确、规范运用语言文字的意识和能力，能在具体语言情境中有效交流沟通。 认识中外语言的异同，发展语言能力和文化沟通与交流的能力，坚定文化自信，提升思维品质和学习能力。 掌握基本的理科知识和思维方法，具有初步的理性思维能力；发展批判性思维，形成实事求是的科学态度，培养探究实践能力，初步形成理性精神。	感知、发现、体验和欣赏艺术美、自然美、生活美、社会美，提升审美感知能力。 丰富想象力，运用媒介、技术和独特的艺术语言进行表达与交流，运用形象思维创作情景生动、意蕴健康的艺术作品，提高艺术表现能力。 感受和理解国家深厚的文化底蕴，传承和弘扬中华传统文化、革命文化、社会主义先进文化，坚定文化自信。 了解不同地区、民族和国家的历史与文化传统，理解文化与构建人类命运共同体的关系，学会尊重、理解和包容。	掌握与运用体能和运动技能，提高运动能力。积极参与体育活动，养成良好的体育品德。学会运用健康与安全的知识和技能，形成健康的生活方式。 形成基本的劳动意识，具有热爱劳动、热爱劳动人民，尊重普通劳动者的积极情感，树立劳动最光荣、最崇高、最伟大、最美丽的观念。 发展初步的筹划思维，形成基本的劳动能力，在劳动过程中学会自我管理、团队合作。 养成良好的劳动习惯，塑造基本的劳动品质，培养积极的劳动精神，弘扬劳模精神和工匠精神。

年级 \ 育人目标	泥土气	书卷气	文艺气	豪迈气
	关心集体、社会和国家,具有主人翁意识、责任感和集体主义精神,自觉维护祖国统一和国家安全。具有为人民服务的奉献精神以及公共意识和公共精神。			
九年级	学习泥城历史,了解革命传统,传承革命精神。学习中华传统文化,具有比较开阔的文化视野和一定的文化底蕴。 了解个人生活和公共生活中的基本道德要求和行为规范,诚实守信、团结友爱、尊老爱幼,养成良好的道德品质。 具有基本的规则意识和安全意识,遵守规则和法律规范,提高自我防范意	热爱国家通用语言文字,热爱中华文化,具有正确、规范运用语言文字的意识和能力,能在具体语言情境中有效交流沟通。认识中外语言的异同,发展语言能力和文化沟通与交流的能力,坚定文化自信,提升思维品质和学习能力。 掌握基本的理科知识和思维方法,具有初步的理性思维能力;发展批判性	感知、发现、体验和欣赏艺术美、自然美、生活美、社会美,提升审美感知能力。 丰富想象力,运用媒介、技术和独特的艺术语言进行表达与交流,运用形象思维创作情景生动、意蕴健康的艺术作品,提高艺术表现能力。 感受和理解国家深厚的文化底蕴,传承和弘扬中华传统文化、革命文化、	掌握与运用体能和运动技能,提高运动能力。积极参与体育活动,养成良好的体育品德。学会运用健康与安全的知识和技能,形成健康的生活方式。形成基本的劳动意识,具有热爱劳动、热爱劳动人民,尊重普通劳动者的积极情感,树立劳动最光荣、最崇高、最伟大、最美丽的观念。发展初步的筹划思维,形成基

育人目标 年级	泥土气	书卷气	文艺气	豪迈气
	识,初步具备参与社会生活的能力。 珍爱生命,热爱生活,初步具有自尊自强、坚韧乐观的心理素质和道德品质,具备积极向上、锐意进取的人生态度。关心集体、社会和国家,具有主人翁意识、责任感和集体主义精神,自觉维护祖国统一和国家安全。具有为人民服务的奉献精神以及公共意识和公共精神。	思维,形成实事求是的科学态度,培养探究实践能力,初步形成理性精神。	社会主义先进文化,坚定文化自信。 了解不同地区、民族和国家的历史与文化传统,理解文化与构建人类命运共同体的关系,学会尊重、理解和包容。	本的劳动能力,在劳动过程中学会自我管理、团队合作。 养成良好的劳动习惯,塑造基本的劳动品质,培养积极的劳动精神,弘扬劳模精神和工匠精神。
高一	学习泥城历史,了解革命传统,传承革命精神。坚定文化自信,自觉弘扬社会主义核心价值观,树立积极向上的人生理想。为全面发展和终身发展奠定基础。	通过阅读与鉴赏、表达与交流、梳理与探究等语文学习活动,在语言建构与运用、思维发展与提升、审美鉴赏与创造、文化传承与理解方面都获得进一步的发展。	与义务教育阶段课程的人文性、审美性和实践性一脉相承,体现思想性、时代性、基础性、选择性和关联性,培养学生的艺术核心素养。培养和发展艺术欣赏、表现和	获得未来发展、终身学习、美好生活和担当民族复兴大任所必备的核心素养,成为有理念、会设计、能动手、善创造的人。 立足实践、注重创造、体现科技

育人目标 年级	泥土气	书卷气	文艺气	豪迈气
	具有政治认同素养，坚定四个自信，拥护中国共产党的领导，树立共产主义远大理想和中国特色社会主义共同理想。 具有科学精神素养，解放思想、实事求是，感悟人生智慧，过有意义的人生。 具有法治意识素养，明确建设社会主义法治国家的基本要求，树立法治观念，懂得权利与义务的关系。 具有公共参与素养，具有集体主义精神，遵守规则，有序参与公共事务，热心公共事业，乐于为人民服务。	在义务教育的基础上，进一步促进英语学科核心素养的发展，培养具有中国情怀、国际视野和跨文化沟通能力的社会主义建设者和接班人。 能获得进一步学习以及未来发展所必需的基本知识、基本技能、基本思想、基本活动经验，提高发现和提出问题的能力、分析和解决问题的能力。	创造能力，保持并增进对艺术的持久兴趣。 通过对艺术魅力的体验和感悟，陶冶情感、涵养美感、和谐身心、健全人格、活跃形象思维，启迪智慧，激发创意表达，理解文化内涵，拓宽国际视野。 通过以美育人，引导学生以自主、合作、探究的方式参与学习，学会在现实生活情境中发现、提出和分析问题，综合运用艺术学科及跨学科知识与技能解决问题，认同并弘扬中华优秀传统文化，尊重人类文化的多样性。	与人文相统一。 通过实践活动构建默会知识和程序性知识，发展工程思维和创造能力，提高解决技术问题的综合能力。 通过身体练习，学习体育与健康知识、技能与方法，在义务教育基础上，培养学生的体育与健康学科核心素养，增进高中学生身心健康。 热爱运动，积极主动地参与运动，学会体育与健康学习和锻炼，增强科学精神、创新意识和体育实践能力，身心健康、体魄强健，为新时代健康文明生活做好准备。
高二	学习泥城历史，了解革命传统，传承革命精神。	通过阅读与鉴赏、表达与交流、梳理与探究	与义务教育阶段课程的人文性、审美性和实	获得未来发展、终身学习、美好生活和担当民

育人目标 年级	泥土气	书卷气	文艺气	豪迈气
	坚定文化自信，自觉弘扬社会主义核心价值观，树立积极向上的人生理想。为全面发展和终身发展奠定基础。 具有政治认同素养，坚定四个自信，拥护中国共产党的领导，树立共产主义远大理想和中国特色社会主义共同理想。 具有科学精神素养，解放思想、实事求是，感悟人生智慧，过有意义的人生。 具有法治意识素养，明确建设社会主义法治国家的基本要求，树立法治观念，懂得权利与义务的关系。 具有公共参与素养，具有集体主义精神，遵守规则，有序参与公共事务，热心	等语文学习活动，在语言建构与运用、思维发展与提升、审美鉴赏与创造、文化传承与理解方面都获得进一步的发展。 在义务教育的基础上，进一步促进学生英语学科核心素养的发展，培养具有中国情怀、国际视野和跨文化沟通能力的社会主义建设者和接班人。 能获得进一步学习以及未来发展所必需的基本知识、基本技能、基本思想、基本活动经验，提高发现和提出问题的能力、分析和解决问题的能力。	践性一脉相承，体现思想性、时代性、基础性、选择性和关联性，培养学生的艺术核心素养。 培养和发展艺术欣赏、表现和创造能力，保持并增进对艺术的持久兴趣。 通过对艺术魅力的体验和感悟，陶冶情感、涵养美感、和谐身心、健全人格、活跃形象思维，启迪智慧，激发创意表达，理解文化内涵，拓宽国际视野。 通过以美育人，引导学生以自主、合作、探究的方式参与学习，学会在现实生活情境中发现、提出和分析问题，综合运用艺术学科及跨学科知识与技能解决问题，认同并弘扬中华优	族复兴大任所必备的核心素养，成为有理念、会设计、能动手、善创造的人。 立足实践、注重创造、体现科技与人文相统一。通过实践活动构建默会知识和程序性知识，发展工程思维和创造能力，提高解决技术问题的综合能力。 通过身体练习，学习体育与健康知识、技能与方法，在义务教育基础上，培养学生的体育与健康学科核心素养，增进高中学生身心健康。 热爱运动，积极主动地参与运动，学会体育与健康学习和锻炼，增强科学精神、创新意识和体育实践能力，身心健康、体魄

年级 \ 育人目标	泥土气	书卷气	文艺气	豪迈气
	公共事业,乐于为人民服务。		秀传统文化,尊重人类文化的多样性。	强健,为新时代健康文明生活做好准备。
高三	学习泥城历史,了解革命传统,传承革命精神。坚定文化自信,自觉弘扬社会主义核心价值观,树立积极向上的人生理想。为全面发展和终身发展奠定基础。 具有政治认同素养,坚定四个自信,拥护中国共产党的领导,树立共产主义远大理想和中国特色社会主义共同理想。 具有科学精神素养,解放思想、实事求是,感悟人生智慧,过有意义的人生。 具有法治意识素养,明确建设社会主义法治国家的基本要	通过阅读与鉴赏、表达与交流、梳理与探究等语文学习活动,在语言建构与运用、思维发展与提升、审美鉴赏与创造、文化传承与理解方面都获得进一步的发展。 在义务教育的基础上,进一步促进学生英语学科核心素养的发展,培养具有中国情怀、国际视野和跨文化沟通能力的社会主义建设者和接班人。 能获得进一步学习以及未来发展所必需的基本知识、基本技能、基本思想、基本活动经验,提高发现和提出问题的能	与义务教育阶段课程的人文性、审美性和实践性一脉相承,体现思想性、时代性、基础性、选择性和关联性,培养学生的艺术核心素养。 培养和发展艺术欣赏、表现和创造能力,保持并增进对艺术的持久兴趣。 通过对艺术魅力的体验和感悟,陶冶情感、涵养美感、和谐身心、健全人格、活跃形象思维,启迪智慧,激发创意表达,理解文化内涵,拓宽国际视野。 通过以美育人,引导学生以自主、合作、探究的方式参与学习,学会在现实	获得未来发展、终身学习、美好生活和担当民族复兴大任所必备的核心素养,成为有理念、会设计、能动手、善创造的人。 立足实践,注重创造,体现科技与人文相统一。通过实践活动构建默会知识和程序性知识,发展工程思维和创造能力,提高解决技术问题的综合能力。 通过身体练习,学习体育与健康知识、技能与方法,在义务教育基础上,培养学生的体育与健康学科核心素养,增进高中学生身心健康。学生热爱运动,

年级 \ 育人目标	泥土气	书卷气	文艺气	豪迈气
	求,树立法治观念,懂得权利与义务的关系。具有公共参与素养,具有集体主义精神,遵守规则,有序参与公共事务,热心公共事业,乐于为人民服务。	力、分析和解决问题的能力。	生活情境中发现、提出和分析问题,综合运用艺术学科及跨学科知识与技能解决问题,认同并弘扬中华优秀传统文化,尊重人类文化的多样性。	积极主动地参与运动,学会体育与健康学习和锻炼,增强科学精神、创新意识和体育实践能力,身心健康、体魄强健,为新时代健康文明生活做好准备。

第三节　给予生命蓬勃向上的力量

学校以"泥之香课程"为抓手,以传承和创新为主线,始终贯穿"泥香教育"之理念,致力于实现培养"接地气的中国人"的育人目标。因此,学校基于政策、基于校情、基于研究、基于对话,紧扣目标,构建了一套面向未来、结构合理、系统思考、强调操作、体现特色的课程框架,包括课程设置、课程结构与课时安排,对学生在校学习时间、空间与学习内容进行整体规划。

一、课程逻辑

基于学校"泥香教育"哲学和"让每个生命散发出丝丝飘香的泥土气息"的课程理念,我们设置了"泥香教育"的课程逻辑结构,如图6-1、图6-2。

二、课程结构

根据多元智能理论,学校将现有的国家课程、地方课程、校本课程整合为六大板块,形成了五育并举的"泥土气课程"体系:品香课程、语香课程、智香课程、创香课程、健香课程、艺香课程。学校课程结构图如图6-2所示,具体如下。

1. 心香课程。整合国家课程中的道德与法治以及团队活动、少先队活动、节

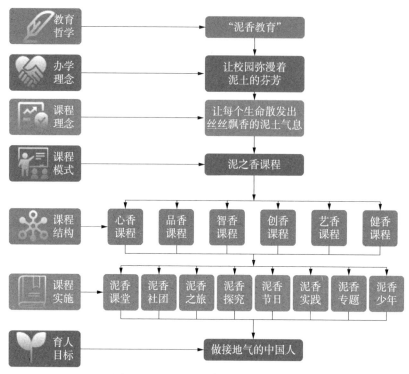

图 6-1　上海市泥城中学课程逻辑图

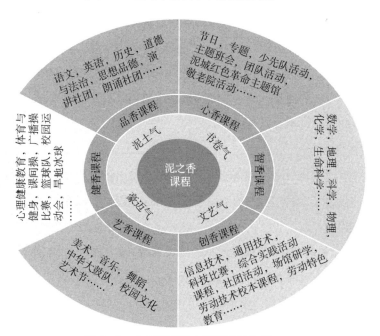

图 6-2　上海市泥城中学课程结构图

日、专题、泥城红色革命纪念馆、敬老院活动、社区义工等,旨在促进学生品德的健康发展。

2. 智香课程。整合国家课程中的各门基础课程,旨在提高学生的学业成绩水平,发展智力和逻辑思维能力。包括数学、地理、物理、化学、生命科学。

3. 健香课程。关注运动与健康,整合国家课程中的心理健康教育与体育与健身,旨在促进学生的心理健康,增强身体素质。包括心理课、体育与健身、课间操、广播操比赛、篮球队、校园运动会、旱地冰球。

4. 艺香课程。关注艺术与审美,整合国家课程中的艺术类课程,旨在挖掘学生的艺术潜能,发展个性和特长。包括美术、音乐、舞蹈、中华大鼓队、校园文化艺术节。

5. 品香课程。整合国家课程中的语言课程和品德培养课程,以及校本课程中的社团课程等,旨在促进学生语言能力的发展。包括语文、英语、历史、道德与法治、思想品德、演讲社团、朗诵社团等。

6. 创香课程。关注科学与探索,整合国家课程中的信息技术与科学以及研学、实践等,旨在促进学生的创新思维和实践能力。该课程架构既兼顾义务教育阶段对学科教学的要求,又通过综合课程激活每一个学生的个性和潜能,培养具有综合素质的人才,以实现"泥香教育"之目标。包括信息技术、通用技术、科技比赛、综合实践课程、社团活动、劳动技术、劳动特色教育、场馆研学。

三、课程设置

基于"泥香教育"课程逻辑和"泥之香"课程结构,学校将初高中共七个年级的课程设置如下,见表6-2。

表6-2 上海市泥城中学"泥之香课程"设置表

		品香课程	智香课程	创香课程	健香课程	艺香课程	心香课程
六年级	上学期	语文 英语 历史 道德与法治 演讲社团 朗诵社团	数学 地理 科学	信息技术 科技比赛 综合实践活动课程 社团活动 场馆研学	心理健康教育 体育与健身 课间操广播操比赛 篮球队 校园运动会	音乐 美术 舞蹈 中华大鼓队 校园文化艺术节	节日 专题 少先队活动 主题班会 泥城红色革命主题馆教育

		品香课程	智香课程	创香课程	健香课程	艺香课程	心香课程
六年级	下学期			劳动技术 劳动特色教育课程	旱地冰球		敬老院尊老爱幼教育
		语文 英语 历史 道德与法治 演讲社团 朗诵社团	数学 地理 科学	信息技术 科技比赛 综合实践活动课程 社团活动 场馆研学 劳动技术 劳动特色教育课程	心理健康教育 体育与健身 课间操 广播操比赛 篮球队 校园运动会 旱地冰球	音乐 美术 舞蹈 中华大鼓队 校园文化艺术节	节日 专题 少先队活动 主题班会 泥城红色革命主题馆教育 敬老院尊老爱幼教育
七年级	上学期	语文 英语 历史 道德与法治 演讲社团 朗诵社团	数学 地理 科学 生命科学	信息技术 科技比赛 劳动技术 劳动特色教育课程 综合实践活动课程 社团活动 场馆研学 洋山深水港和重装备区探究与实践	心理健康教育 体育与健身 课间操广播操比赛 篮球队 校园运动会 旱地冰球	音乐 美术 舞蹈 中华大鼓队 校园文化艺术节	节日 专题 少先队活动 主题班会 泥城红色革命主题馆教育 敬老院尊老爱幼教育 社区义工教育活动
	下学期	语文 英语 历史 道德与法治 演讲社团 朗诵社团	数学 地理 科学 生命科学	信息技术 科技比赛 劳动技术 劳动特色教育课程 综合实践活动课程 社团活动	心理健康教育 体育与健身 课间操广播操比赛 篮球队 校园运动会 旱地冰球	音乐 美术 舞蹈 中华大鼓队 校园文化艺术节	节日 专题 主题班会 泥城红色革命主题馆教育 敬老院尊老爱幼教育 社区义工教育

	品香课程	智香课程	创香课程	健香课程	艺香课程	心香课程
七年级			场馆研学洋山深水港和重装备区探究与实践			活动
八年级 上学期	语文英语历史道德与法治演讲社团朗诵社团	数学科学生命科学	科技比赛劳动技术劳动特色教育课程综合实践活动课程社团活动名企实践大学研学洋山深水港和重装备区探究与实践	心理健康教育体育与健身课间操广播操比赛篮球队校园运动会旱地冰球	音乐美术舞蹈校中华大鼓队校园文化艺术节	节日专题主题班会泥城红色革命主题馆教育敬老院尊老爱幼教育社区义工教育活动
八年级 下学期	语文英语历史道德与法治演讲社团朗诵社团	数学科学生命科学	科技比赛劳动技术劳动特色教育课程综合实践活动课程社团活动名企实践大学研学洋山深水港和重装备区探究与践	心理健康教育体育与健身课间操广播操比赛篮球队校园运动会旱地冰球	音乐美术舞蹈中华大鼓队校园文化艺术节	节日专题团队活动主题班会泥城红色革命主题馆教育敬老院尊老爱幼教育社区义工教育活动

		品香课程	智香课程	创香课程	健香课程	艺香课程	心香课程
九年级	上学期	语文 英语 历史 道德与法治 演讲社团 朗诵社团	数学 物理 化学	科技比赛 劳动技术 劳动特色教育课程 综合实践活动课程 社团活动 名企实践 大学研学 洋山深水港和重装备区探究与实践	心理健康教育 体育与健身 课间操 广播操比赛 篮球队 校园运动会 旱地冰球	音乐 美术 舞蹈 中华大鼓队 校园文化艺术节	节日 专题 团队活动 主题班会 泥城红色革命 主题馆教育 社区义工教育活动
	下学期	语文 英语 历史 道德与法治 演讲社团 朗诵社团	数学 物理 化学	科技比赛 劳动技术 劳动特色教育课程 综合实践活动课程 社团活动 名企实践 大学研学 洋山深水港和重装备区探究与实践	心理健康教育 体育与健身 课间操 广播操比赛 篮球队 校园运动会 旱地冰球	音乐 美术 舞蹈 中华大鼓队 校园文化艺术节	节日 专题 团队活动 主题班会活动 泥城红色革命 主题馆教育 社区义工教育活动
高一	上学期	语文 英语 历史 思想政治 演讲社团 朗诵社团	数学 地理 物理 化学 生物学	信息技术 通用技术 劳动特色教育课程 综合实践活动课程 社团活动 名企实践	心埋健康教育 体育与健身 课间操 广播操比赛 篮球队 校园运动会 旱地冰球	艺术 中华大鼓队 校园文化艺术节	节日 专题 团队活动 主题班会活动 泥城红色革命 主题馆教育 社区义工教育活动

		品香课程	智香课程	创香课程	健香课程	艺香课程	心香课程
高一				大学研学洋山深水港和重装备区探究与实践			
	下学期	语文英语历史思想政治演讲社团朗诵社团	数学地理物理化学生物学	信息技术通用技术劳动特色教育课程综合实践活动课程社团活动名企实践大学研学洋山深水港和重装备区探究与实践	心理健康教育体育与健身课间操广播操比赛篮球队校园运动会旱地冰球	艺术中华大鼓队校园文化艺术节	节日专题团队活动主题班会活动泥城红色革命主题馆教育社区义工教育活动
高二	上学期	语文英语历史思想政治演讲社团朗诵社团	数学地理物理化学生物学	通用技术劳动特色教育课程综合实践活动课程社团活动名企实践大学研学洋山深水港和重装备区探究与实践	心理健康教育体育与健身课间操广播操比赛篮球队校园运动会旱地冰球	艺术中华大鼓队校园文化艺术节	节日专题团队活动主题班会活动泥城红色革命主题馆教育社区义工教育活动
	下学期	语文英语历史	数学地理物理化学	通用技术劳动特色教育课程综合实践	心理健康教育体育与健身课间操广播操比赛	艺术中华大鼓队校园文化艺术节	节日专题团队活动主题班会活动

		品香课程	智香课程	创香课程	健香课程	艺香课程	心香课程
高二		思想政治 演讲社团 朗诵社团	生物学	活动课程 社团活动 名企实践 大学研学 洋山深水港和重装备区探究与实践	篮球队 校园运动会 旱地冰球		泥城红色革命主题馆教育 社区义工教育活动
高三	上学期	语文 英语 历史 思想政治 演讲社团 朗诵社团	数学 地理 物理 化学 生物学	通用技术 劳动特色教育课程 综合实践活动课程 社团活动 名企实践 大学研学 洋山深水港和重装备区探究与实践	心理健康教育 体育与健身 课间操 广播操比赛 篮球队 校园运动会 旱地冰球	艺术 中华大鼓队 校园文化艺术节	节日 专题 团队活动 主题班会活动 泥城红色革命主题馆教育 社区义工教育活动
	下学期	语文 英语 历史 思想政治 演讲社团 朗诵社团	数学 地理 物理 化学 生物学	通用技术 劳动特色教育课程 综合实践活动课程 社团活动 名企实践 大学研学 洋山深水港和重装备区探究与实践	心理健康教育 体育与健身 课间操 广播操比赛 篮球队 校园运动会 旱地冰球	艺术 中华大鼓队 校园文化艺术节	节日 专题 团队活动 主题班会活动 泥城红色革命主题馆教育 社区义工教育活动

第四节　扎根泥土充分生长

学校课程以学习为中心,关注学生的个体差异,强调提升学生的综合素养。那么我们该如何去实施课程、评价课程?学校从以下八个方面建设和实施并评价学校课程:建构"泥香课堂",落实核心素养的培育;创设"泥香社团",发展学生兴趣爱好;推进"泥香之旅",落实研学旅行课程;创意"泥香探究",落实项目化学习课程;做活"泥香节日",浓郁课程实施氛围;做实"泥香实践",做好社会实践活动;落实"泥香专题",促进学生全面发展;评选"泥香少年",培养学生个性特长,最终落实核心素养的培养。

一、建构"泥香课堂",落实核心素养培育

"泥香课堂"是实现"泥香教育"的重要途径,是落实核心素养的主要阵地。通过"泥香课堂",学生掌握各科文化知识,培养思维,全面发展。

(一)"泥香课堂"的实施

——"泥香课堂"有大地的情怀。以培养接地气的中国人为价值导向,注重培养学生乐于扎根祖国、发展祖国的家国情怀。

——"泥香课堂"有人文的氛围。注重创设宽松、和谐、民主的课堂氛围,让学生敢于表达、勇于创新。

——"泥香课堂"有扎实的基础。注重打好学生的基础,落实各科基础知识的学习,培养逻辑思维能力,全面掌握文化知识。

——"泥香课堂"有立体的过程。注重教育的策略和方法,有课堂集中学习、自主性学习、合作性学习、实验及各种实践性学习。

——"泥香课堂"有增值的评价。注重激励式教学评价的课堂,善用激励激发学生学习热情,增强学生学习动力,鼓励他们以饱满的激情投入课堂学习,让学生得到自主发展,同时发挥自己的个性和创造能力,并最大程度地提升相应的核心素养。"泥香课堂"主要由教务处组织管理课堂教学,各教研组落实评课及改进措施,并针对改进措施进一步探讨和实践。

(二)"泥香课堂"的评价

学校主要从教学目标、重难点处理、教学方法、教学思想、师生活动、课堂气氛、素养发展七大维度对课堂效果进行评价。具体评价标准见表6-3。

表6-3 上海市泥城中学"泥香课堂"教学评价表

评价项目		评价内容	分值	得分
教学设计 （20分）	教材与学情 分析（5分）	教材与学情分析准确、全面。	5	
	教学目标 （10分）	指向新课标核心素养。	4	
		目标统领教学内容。	3	
		目标表述清晰、可观察、可测量、可评价。	3	
	重难点处理 （5分）	重点、难点处理符合学生认知规律。	5	
教学过程 （60分）	教学方法 （30分）	从学生已有的学习经验和生活体验出发创设情境，灵活导入，充分激发学生的学习兴趣和求知欲望。	10	
		教学方式和手段灵活多样，积极运用信息技术，时刻注重学生兴趣的培养和其他维度的知识渗透。	10	
		根据学生的年龄特点和教学内容的需要，注重创设丰富有趣的情境，激发学生的学习兴趣。	10	
	教学思想 （10分）	因材施教，尊重学生人格，根据差异情况确定不同目标和评价方法，满足不同学生自我发展的需要。	5	
		对课堂上学生的兴趣、表现、闪光点等及时作出评价，激发学生学习、探索的兴趣和热情。	5	
	师生活动 （20分）	给学生充分的自主学习、合作学习、展示分享的时间和空间。	10	
		面对课堂上出现的问题，提供多样化、趣味化、开放性的解决途径；注重培养学生敢于质疑、独立思考的习惯。	10	
教学效果 （20分）	课堂气氛 （10分）	课堂气氛和谐、活跃、民主、宽松，学生学习主动。	10	
	素养发展 （10分）	课程核心素养得到有效落实，学习目标能在学生身上实现。	10	

综合评价意见	优点：
	不足：
	建议：

二、创设"泥香社团"，发展学生兴趣爱好

社团课程作为学校综合课程的重要组成部分，在发展学生的兴趣爱好、挖掘学生的潜能、培养学生的综合素养等方面起着重要的作用。学校因地制宜创设和实施"泥香社团"课程，并对课程进行科学评价。

（一）"泥香社团"课程实施

基于本校的教师资源和教学资源，我们开设四大类社团课程，供学生自主选择。在专业教师的指导下，尊重学生的兴趣、爱好和经验，让每一位学生在学习活动中拓展兴趣，发展潜能。学校社团涵盖了艺术类、体育类、科创类、自然类四大类。

1. 艺术类社团主要包括舞蹈社团、绘画社团、中华大鼓队等，中华大鼓队包括击鼓、萨克斯管、单簧管、小号。艺术社团旨在培养学生的艺术情操，引导学生在艺术活动中发挥想象力和创意，提高审美意识和创新能力。艺术社团课程每周一次，每学期 15 次，另外每逢学校的重大活动、节日和校园文化节活动时，还会安排专门的表演和比赛活动。

2. 体育类社团包括篮球队、旱地冰球。篮球社团包括男队和女队，每周训练 3 次，每学期参加区级篮球比赛。旱地冰球每周训练 2 次，参加区级比赛。体育社团课程由专任体育老师指导，引导学生在活动中提升身体素质，发展体育核心素养。

3. 科创类社团主要是搭建建筑模型和汽车模型，由科技老师指导，参加科技比赛，旨在通过动手动脑的探究性活动，激发学生的科学探究意识、培养观察分析和推理能力。

4. 自然类社团主要引导学生走进附近的农场，探索植物、进行田园实践，培养

热爱自然、热爱劳动之情。学生通过观察和记录季节性作物的生长过程,探索自然的奥秘,提升综合素养。

(二)"泥香社团"课程评价

为激励各社团积极开展社团活动,促进各社团的健康发展,学校制定了社团评价细则,通过打分制来监管社团活动,期望以科学的评价激励来正向引导社团活动,推动社团建设的进一步发展。本方案注重从社团活动的前期准备、参与态度、知识技能掌握、阶段成果展示等方面进行综合评价;注重过程性评价,观测学生在学习活动过程中的体验和感受等,多角度、多层面、全方位地评价学生;注重多元化评价,从学习的准备和态度、知识技能的掌握、活动管理、成效特色、素养发展五大维度对社团课程进行评价。具体评价标准见表6-4。

表6-4 上海市泥城中学"泥香社团"课程评价表

评价项目	评价内容	分值	得分
社团课程前期准备	制定一份社团课程纲要和课程计划。(通过检查文本)	10	
社团课程内容	课程内容丰富且有意义,满足学生兴趣发展的需求,内容具有可学性、可迁移性,并不断改进调整。学生对课程的满意度高。(通过检查活动记录和学生问卷调查评价)	10	
社团课程实施	能根据教学计划精心准备,坚持因材施教,认真指导。(通过检查活动记录评价)	10	
社团课程管理	1. 活动管理:认真落实各项工作,活动期间的秩序、组织纪律良好,活动过程中没有违规现象。(通过检查活动记录评价)	10	
	2. 安全管理:有完整的活动方案、备案、应急预案,活动安全保障有力,无安全事故。(通过检查方案文本和活动记录评价)	10	
	3. 场地管理:活动后场地内地面干净、桌椅整齐、墙壁无污迹、教学具无破损。(通过现场检查评价)	10	
学生学习态度	学生学习热情高,对社团活动参与度高。(通过检查活动记录评价)	10	

评价项目	评价内容	分值	得分
核心素养发展	发展了兴趣爱好、合作竞争意识、创造性思维。（通过学生的调查问卷评价）	10	
社团课程成效	能够激发学生的学习兴趣、挖掘学生某方面的特长。（通过检查比赛成绩、作品展示、作品汇演评价）	20	
总分			

三、推进"泥香之旅"，落实研学旅行课程

研学旅行是融社会调查、参观访问、亲身体验、资料搜集、专家点评、集体活动、同伴互助、文字总结等为一体的综合性社会实践活动，是基础教育课程体系中的一门综合实践活动课程。其目的是让学生接触社会和自然，在旅游中学习和锻炼，从而培养生活技能、集体观念、创新精神和实践能力，增进对自然和社会的理解及认识，增强社会责任感。学校充分利用学校及周边资源，落实"泥香之旅"课程，开展农场研学、红色研学、科技研学等活动，促进书本知识和社会生活的深度融合，引导学生在真实的实践和体验中积累经验，获得思想道德、实践能力的提升。学校研学活动主要包括农场研学、红色研学、科技研学，以此让学生接触社会和大自然，拓展知识视野，提升核心素养，最终获得全面发展。

（一）"泥香之旅"研学方案

为开展农场研学、红色研学、科技研学，我们制定了一系列的研学方案，每个方案有不同的特色和形式。

1. 农场研学：充分利用学校附近的森洋农场基地，开展特色田园研学活动。引导学生在学习实践中认识农作物、提升操作技能，培养对大自然的热爱之情，发展劳动素养。从农产品的采摘、贮藏、包装、农残检测到酱菜制作，研学活动内容丰富，形式多样。

2. 红色研学：基于泥城红色革命纪念馆的资源，开展革命传统教育、爱国主义教育，引导学生在研学之旅中感知红色文化，传承不怕困难、不畏艰险，勇于斗争、敢于胜利的精神。

3. 科技研学：走进航海博物馆，学习航海知识及现代化航海技术、造船技术等，

接触精尖科技,培养精益求精的工匠精神。走进特斯拉等名企,了解现代造车新技术,树立环保新理念,培养创新精神。

(二)"泥香之旅"研学评价

学校主要从研学前期准备、研学方案设计、研学内容、研学实施、研学管理、素养发展等方面对研学之旅的效果进行评价。具体评价标准见表6-5。

表6-5 上海市泥城中学"泥香之旅"活动评价表

评价项目	评价内容	权重	得分
研学前期准备	设计安全、知识和技能类的先导课,以及研学指导手册。	10	
研学方案	有一套比较详尽完善的研学设计方案。	10	
研学内容	主题明确新颖、目标指向核心素养,有一定的区域或地方特色。活动内容丰富、形式生动,学生满意度高。	20	
研学实施	在研学活动实施过程中,指导老师适时指导、关爱和帮助学生。整个研学过程有稳定的后勤保障。	20	
研学管理	有完整的活动方案、备案、应急预案。活动安全保障有力,无安全事故。	20	
素养发展	拓展了视野,增进了对自然和社会的理解和认识;培养了生活技能、集体观念、创新精神和实践能力;养成了自理自立、文明礼貌、互勉互助、吃苦耐劳、艰苦朴素等优秀品质和精神;增强了社会责任感。	20	
总分			

四、创意"泥香探究",落实项目学习课程

探究性学习是一种注重学生自主探究和实践的学习方式,它能够培养学生的创新能力、实践能力以及团队合作能力,帮助他们更好地掌握知识,提高学习能力。学校基于不同学科特点和培养目标,设计"泥香探究"小组项目学习课程:农作物小探究、科技小探究、生物小探究,引导学生在动手动脑的探究活动中训练思维、开拓视野、提升操作实践能力,注重培养学生的科学探究意识和严谨求实的学习习惯。

(一)"泥香探究"的课程设计

我们从探究主题和目标确定、方案设计和实施以及评估和反思等方面着手,设

计了一套探究课程项目化学习的路径。

首先,确定探究性学习主题。探究主题应与学科相关、符合学生的兴趣和能力,同时又有一定的挑战性。我们结合学校教育资源的实际,开发了探究农作物、生物学小探究等项目化学习课程。

然后,确定探究性学习目标。知识目标:学生能够掌握相关学科知识,了解前沿研究进展和应用现状;能力目标:学生能够运用所学知识进行实践探究,掌握科学研究的基本方法和技能;素养目标:学生能够培养创新精神、实践能力和团队合作精神等素质。

最后,设计探究性学习方案并实施。(1)明确探究主题的问题、目的和方法,以及实验条件和工具设备等。(2)小组分工,明确各成员的任务和职责。(3)实施和数据采集:明确实验步骤和数据采集方法,并及时记录数据。(4)数据分析和结论:进行数据处理和分析,得出实验结果和结论,同时总结经验和教训。(5)报告撰写和展示:需要根据探究结果撰写报告,并进行展示和讨论。(6)评估和反思:是否达成预期的目标;反思实验过程中的问题和经验,以便后续的改进;听取学生的反馈和意见,对探究性学习方案进行改进和优化;考虑探究成果的可持续性和推广性。

按照学校设计的探究项目化学习的路径:确定探究主题——确定探究目标——设计学习方案——实施探究课程——评估和反思,开展了农作物小探究项目化学习课程、生物学小探究项目化学习课程。

1. 农作物小探究项目化学习课程。结合学生生活实际与科学课程内容,充分利用学校及周边社区资源,设计农作物项目化学习探究课程,引导学生通过探究实践,发展观察、对比、概括、归纳的能力,有效地提高学生的科学思维、科学表达能力,形成正确的科学观念。深入田间,了解土地肥力提升、农作物品种改良、灌溉技术改进、农作物病虫害的防治等农业生产技术,体会劳动改变人民生活的重要价值,从而培养尊重劳动人民,崇尚劳动的核心素养。

2. 生物学小探究项目化学习课程。(1)动物小探究。饲养几种易于接触的动物,初步掌握有序观察的方法,了解动物的外部特征和生活习惯。探索生命的奥秘,了解生命的生长、发育和繁衍等过程。(2)植物学小探究。观察树叶的变化,探究温度、光照等因素对树叶的影响。

(二)"泥香探究"的课程评价

学校主要从课程前期准备、课程设计、课程实施、课程管理、课程成效、素养发展六个方面对探究课程进行评价。具体评价标准见表6-6。

表6-6 上海市泥城中学"泥香探究"课程评价表

评价项目	评价内容	权重	得分
探究准备	明确探究问题、目的和方法,以及实验条件和工具设备。	10	
探究设计	探究课程主题明确新颖、目标指向核心素养。	10	
	确定探究的三个目标:知识目标、能力目标、素养目标。	10	
	探究内容丰富、形式生动,学生满意度高。	10	
探究实施	明确小组各成员的任务和职责。 严格执行探究步骤,及时记录探究数据并分析和总结实验结果。	5	
	探究活动开展过程中,及时给予学生指导和帮助。	5	
	活动期间的秩序、组织纪律良好。	5	
探究管理	有完整的活动方案、备案、应急预案。	5	
	安全保障有力,无安全事故。	5	
	活动后场地内地面干净、桌椅整齐、墙壁无污迹、教学具无破损。	5	
		5	
探究成效	有探究项目化学习课程的探究报告或经验总结。	5	
		10	
素养发展	开拓了视野;培养了创新能力、实践能力以及团队合作能力;培养了科学探究意识和严谨求实的学习习惯。	10	
总分			

五、做活"泥香节日",浓郁课程实施氛围

校园节日文化是以节日为载体,以学生特有的思想观念、心理素质、价值取向、思维方式等为核心,以具有校园特色的人际关系、生活方式、行为方式以及由学生参与的文化、体育、思想教育活动和各类文化设施为表征的精神环境、文化氛围。

校园节日文化活动的开展,有利于传承、发扬传统文化的精髓,调动学生的兴趣,提高积极性、参与性,组织各种学生喜闻乐见、符合学生理解能力和身心发展特点的活动,如参观、表演、游戏等,寓教于乐。同时要注意调动学生参加活动的积极性,给他们自己选择活动的权利,充分发挥他们的主动参与意识。学校"泥香节日"主要包括传统节日课程、现代节日课程、校园节日课程,根据不同节日文化,开展相应教育活动,营造丰富多彩的校园文化。我校具体开展的中华传统节日见表6-7,校园主题节日见表6-8。

(一)"泥香节日"课程设计

"泥香节日"课程主要从中华传统节日、现代节日、校园节日几个方面开展。

1. 中华传统节日:从春节、清明节、中秋节、重阳节等节日入手进行传统文化教育,引导学生认识博大精深、源远流长的中华文化,帮助学生进一步深化对中华传统文化的认同感,增强文化自信,在活动中提升文化素养,见表6-7。

表6-7 上海市泥城中学中华传统节日表

节日	主题	内容及实施
春节	迎新春活动	在学校开展春联、剪纸、小制作等作品展示活动,在假期里进行拜年活动。通过多种形式的活动,引导学生了解春节的悠久历史和灿烂文化,增强民族自豪感和建设美好家园的光荣感。
清明节	祭奠先烈	开展祭奠革命先烈活动,通过为革命先烈扫墓、敬献花圈、重温入团入队誓词、举行主题班队会等形式,缅怀革命先烈,对学生进行革命传统教育,固本铸魂、践悟初心。
端午节	纪念屈原	组织学生上网搜索资料,理解端午节的由来和意义;举行包粽子活动,吃粽子,思屈原;网络观看民间赛龙舟活动。理解端午节的文化意蕴和屈原的爱国之情。
中秋节	赏月活动	学生通过上网查找资料、调查访问等方式了解中秋节的由来及民间习俗;搜集并阅读与中秋、月亮相关的古诗、词、文、故事、对联等,感受优秀的民族传统文化;开展月饼制作活动,品尝月饼的香甜,体验劳动和分享的乐趣。

节日	主题	内容及实施
重阳节	敬老活动	走进泥城敬老院,开展"敬老月"系列活动,组织开展敬老助老志愿服务活动,采取灵活多样的方式为高龄老人、空巢老人、孤寡老人、病残老人、特困老人提供文化娱乐、精神慰藉等方面的服务。

2. 校园主题节日

表6-8 上海市泥城中学校园主题节日表

节日	主题	内容及实施
环保节	弘扬志愿精神、齐建绿色家园	以班级为单位植树造林,营造绿色环境,号召人们保护环境,树立环保意识。
雷锋节	爱心无限、快乐奉献	1.学习雷锋精神 2.爱心义卖活动 3.争做小志愿者
劳动节	我劳动、我光荣	开展"画报致敬劳动者""感恩父母,今天我当家"等活动,引导学生在多元活动体验中提升综合素养。
儿童节	快乐童年,趣味"六一"	开展庆祝"六一"系列活动:绘画比赛、诗歌表演、讲故事比赛、亲子运动会等,积极创设更多机会,让每个孩子都能找到自己的闪光点,使每个孩子的个性都能得到飞扬、潜能得到充分的发挥。让家长有进一步了解自己孩子的机会,加深家园情、师生情、亲子情。
宪法日	我知法,我懂法	在每年的国家宪法日,开展法律宣传和法治教育活动。在源自生活的实践中,增强学生学法、守法、用法的意识,提升法治素养。
书香文化节	我阅读,我快乐	以班级为单位,进行一次整本书阅读指导课、一次读书交流会。进行阅读笔记指导(书签、读书小报、摘录名言警句、读后感等),年级组举行读书评比展示活动。校级阅读指导课研讨交流、校级阅读笔记交流展示评比活动,邀请作家来校,与学生面对面聊阅读、聊写作。

(二)"泥香节日"课程评价

学校坚持对主题节日活动进行科学管理,从节日活动前期准备、活动内容、活动实施、活动管理、素养发展五大维度进行评价,并收集学生、家长、社会等主体的反馈,促进节日活动的不断完善。具体评价见表6-9。

表6-9 上海市泥城中学"泥香节日"课程评价表

评价项目	评价内容	分值	得分
前期准备	有完善详尽的节日活动计划方案。	10	
内容设计	节日活动内容丰富,趣味和教育意义并存,学生和家长满意度高。	20	
实施过程	能根据活动计划有序开展活动,指导老师适时指导。	30	
活动管理	活动管理:活动期间的秩序、组织纪律良好。 安全管理:有完整的活动方案、备案、应急预案。 场地管理:活动后场地内地面干净整洁。	10	
素养发展	了解中华民族的优秀传统文化,潜移默化地接受中华民族的优良传统熏陶,在情感、态度、认知、行为、能力等方面得到发展。	30	
总分			

六、做实"泥香实践",做好志愿教育活动

社会实践教育,是加强中小学生素质教育的重要环节。开展丰富多彩的社会实践活动,引导学生在社会大课堂中"玩中学,学中玩",更好地了解社会、掌握本领、增强社会责任感,让学生在实践中不断锻炼和成长。学生通过克服各种挑战和困难,培养坚韧不拔的品质、增强自信心和自我管理能力。同时,学生在实践活动中还可以发现自己的优势和不足,及时调整自己的学习和发展方向,促进创新实践能力的发展。

(一)"泥香实践"社会活动的实施

学校积极开展"校园义卖活动""职场体验官""社区义工活动"等实践,在学校日常运行中渗透劳动、品德教育。实践活动的开展既可以拓展学生的学习空间,培

养创新思维,也能促进学生素养的全面发展。

1. 校园义卖活动:每学期一次,在学校操场举行校园义卖活动,所得收入捐赠给山区儿童,让学生体验义卖的辛苦及意义,并对义卖收获进行班级评比。

2. 职场体验官:每学期一次,结合劳动教育,链接周边社区资源,开展丰富多样的职场体验活动。引导学生进企业、进工厂、采访员工、撰写体验日记,感知现代职业的多样性,提升学以致用、服务社会的意识和能力。

3. 社区义工活动:学校每学期开展一次"社区义工"活动,宣扬乐于奉献的雷锋精神,加强与社区的联系和资源共享,引导学生学以致用、知行合一、热心公益,打造师生参与、居民欢迎、互助共赢的良好局面。

(二)"泥香实践"活动评价

学校坚持对社会实践活动进行科学管理和评价,立足于实践活动的准备、实践活动的设计、实践活动的实施、实践活动的管理、素养发展五大维度进行评价,基于家校社互评机制,收集定性和定量数据,全面评价实践活动的开展成效,以评价促进活动的更新迭代和持续发展。具体评价内容见表 6-10。

表 6-10 上海市泥城中学"泥香实践"活动评价表

评价项目	评价内容	分值	得分
实践活动前期准备	有完善详尽的社会实践活动计划方案。	10	
社会实践活动设计	社会实践活动目的清晰明确。 实践活动内容丰富,有教育意义,能促进学生的动手能力,能激发学生的创造性思维。	20	
社会实践活动实施	能根据活动计划有序开展活动,指导老师适时指导。	30	
社会实践活动管理	活动管理:活动期间的秩序、组织纪律良好。 安全管理:有完整的活动方案、备案、应急预案。 场地管理:活动后场地内地面干净整洁。	10	
学生核心素养发展	与人交流合作能力、动手实践能力、创造性思维有所发展。	30	
总分			

七、落实"泥香专题",促进学生全面发展

专题教育,一般也称为主题教育或集中教育,是一种针对特定主题或问题进行的教育活动。它的主要目的是加深学习者对某一领域的理解和认识,同时提高他们的实践能力和解决问题的能力。专题教育具有一定的针对性和实践性,旨在培养学习者的综合素质。"泥香专题"教育通过大课堂、小组讨论、实践活动等多种形式,积极链接社会资源,定期邀请各领域专家、名师、先进人物入校,为学生进行专题演讲、宣传教育活动,打造全员、全程、全方位育人环境。分年段实施青春期教育、心理健康教育、民防教育等专题教育,助力学生成为有家国情怀、身心和谐发展的人。

(一)"泥香专题"教育的内容及实施

1. 学校青春期教育:从学生感兴趣的话题出发,结合实际案例,由专业辅导员、导师引导学生正确认识青春期的心理特点,学习、掌握处理男女同学间的纯洁友谊以及自我保护等方面的知识。

2. 心理健康教育:学校专业教师及外部专家从自我意识、情绪调适、人际交往、压力调节等角度,引导学生积极主动关注自身心理健康状态,培养良好的心理素质,促进身心全面和谐发展。

3. 国防民防教育:结合禁毒、反邪教、消防安全等主题教育,向学生普及民防安全知识技能,增强国防观念和人防意识,共同构建和谐平安的校园环境。

(二)"泥香专题"教育的评价

学校坚持以评价促发展,对专题教育活动的设计、实施、素养发展进行全面、多维评价。利用问卷形式鼓励学生、家长、专家团队等群体参与到对学校专题教育活动的评价之中,收集反馈意见,及时调整完善。具体评价内容见表 6-11。

表 6-11 上海市泥城中学"泥香专题"教育评价表

评价项目	评价内容	分值	得分
专题教育前期准备	有完善详尽的专题教育计划方案,有可操作性。	10	
专题教育设计	专题教育目的清晰明确。 专题教育内容丰富、有教育意义。 专题教育形式多样,如大课堂、小组讨论、实践活动等。	20	

评价项目	评价内容	分值	得分
专题教育的实施	能根据活动计划有序开展活动,指导老师适时指导。	30	
专题教育的管理	专题教育开展秩序、组织纪律良好。 安全管理:有完整的安全方案、备案、应急预案。	10	
核心素养发展	培养了学生的综合素质;身心和谐,心理素质进一步增强;提高了与专题相关的知识水平;提高了问题解决能力和社交技巧;培养了领导力和团队精神。	30	
总分			

八、评选"泥香少年",培养学生个性特长

"每个学生身上都有自己的闪光点,如果教师能把握好学生的闪光点,就会成为学生进步的起点。"新时代背景下,挖掘学生的个性和特长,实现立德树人的育人目标,是教育的方向。遵循教育规律,打破"唯分数"论的教育观念,锐意改革创新,让每一个孩子都能够在时代发展中放飞梦想、成就人生,成为对社会有用的人才。学校通过评选"泥香少年"这一活动,从德、智、体、美、劳、实践、创新等方面全方位引导学生发展,旨在挖掘潜能,激发学习动力,培养进取心和竞争意识,促进个性和特长的发展。

(一)"泥香少年"评选活动的实施

开展"泥香少年"评选活动,需设立评选委员会、设立评选项目、建立评选方案、确定每一项评选标准。由班级投票选举出候选人,班主任整理"泥香少年"材料并推送至学校评选委员会,再讨论最后的胜出者。每个项目的评选人数为学生总人数的10%。学校共设有六个"泥香少年"评选项目。

1."泥香美德少年",评选乐于助人,有优秀事迹,品德高尚的杰出者。

2."泥香英才少年",评选学习方面成绩突出者,参考期中、期末以及竞赛成绩。

3."泥香体育健将",评选体育方面的优秀者,参考校园运动会、篮球比赛、旱地冰球比赛成绩。

4."泥香劳动之星",评选劳动模范者,爱劳动、会劳动的优秀学生。

5."泥香实践能手",评选在社会实践活动中表现突出的学生,动手能力强,能

与人合作、有创造性思维。

6."泥香创新少年",评选发明创造的突出贡献者,参考科技活动、科技比赛探究实践等课程的表现和成绩。

(二)"泥香少年"评选活动的评价

学校一直坚持以评价促发展的理念,为了真正让"泥香少年"评选活动起到促进学生个性和特长发展的作用,我们创设了一套切实可行的评选活动方案,并不断调整,让评选活动尽可能发挥更大的作用。评价主要从各项评选活动的准备工作、评选的民主性、评选的真实性、评选的促进作用等方面展开。具体评价内容见表6-12。

表6-12 上海市泥城中学"泥香少年"评选活动评价表

评价项目	评价内容	分值	得分
评选方案	评选方案内容详尽、具有可操作;评选的标准客观且具科学性。	30	
评选活动的实施	评选活动组织有序,从班级开始逐级评选。	10	
	评选活动公平。	10	
	评选活动民主,有投票选举、自我推荐、教师提名等。	10	
	材料真实,评选者的材料真实可靠,有价值、有意义。	10	
评选活动的作用	激发学生向上的热情。	10	
	促进学生特长的发展。	10	
	促进学生综合素养的提升。	10	
总分			

（撰稿者:上海市泥城中学　尤庆荣　李岭梅　李雪）

第七章

主体的参与性：
以专业力量深化课程实施

　　教师参与课程有利于提高课程的适应性，推动课程的创造性实施。以专业力量深化课程实施，首要的是教师主体的积极参与。架构课程制度，激活课程意识；掌握课程知能，设计课程内容；点燃课程智慧，强化课程生成；唤醒课程主体，创意课程评价；依托课程联盟，参与课程治理。敦促教师专业主体参与课程实施过程，提高教师的课程建设能力，使教师参与课程建设的实践走深走实，真正促进课程改革。

教师是与"课程"深度融合的。教师参与课程的意义在于获得专业自主权、提升专业素养。① 教师参与课程有利于提高课程内容的适切度,架构学校课程时能够提出符合本校实际的建议,梳理学校课程之间的联系,使学校课程组成更为合理。教师参与课程有利于提高课程实施的灵活性,教师参与课程实施这一环节,可以实现国家课程/地方课程的校本化,同时根据学生学情,结合真实情境,创造性地共创教育经验。教师参与课程有利于专业水平提升,这一过程不仅能增加其课程校本化的实践体验,并且能够从课程开发角度持续推动教师的专业能力和水平的发展。

如何体现教师主体的参与性,以专业力量推动教师主体深入参与课程开发的各个环节,我们认为可以从课程意识、课程内容、课程生成、课程评价、课程治理等方面,激发教师主体参与课程实施的内驱力,提高教师主体开发课程的专业能力,提升课程的育人功能。

一是激活课程意识。优秀的教师是学校课程建设与实施的核心力量,强化课程的育人功能,必须注重激发教师的课程意识,提升教师的课程建设能力。架构课程制度,建立健全校级课程建设管理制度与发展机制,完善课程开发、实施、评价等程序,需要学校发挥引领作用,大力倡导并确立"教师是课程建设者和领导者"的课程观,转变教师教育观念,激发教师内在动力,支持教师的课程建设行动。建构科学合理的教师发展评价体系是激励教师参与学校课程建设的重要保障,激励教师自觉提升课程建设意识与能力。② 我们认为,从外部制度层面架构促进教师积极参与课程开发等环节的一系列制度,能保障教师课程意识的萌芽和发展。同时,从内部观念转变做足功夫,可以逐步加深教师对课程理念的认识,并且以课程意识的建立和能力发展作为教师专业发展的起点,真正满足教师内在需求和职业认同带来的幸福感。

二是设计课程内容。教师参与课程设计与开发是一项复杂的、专业的活动,不仅要求教师深刻理解新课程标准的理念、目标与相关要求,还需要教师初步掌握课程开发的相关知识与理论、遵循课程开发的步骤与方法、运用课程开发的原理与技术,在专业人员的指导下,通过团队合作共同完成课程建设任务。③ 我们认为,掌握

---

① 沈兰.教师参与课程开发:意义与途径[J].全球教育展望,2002(1):56—59.
② 张菁,孙懿宏.教师参与课程建设的自身限制与外部阻力[J].教育家,2023(32):12—13.
③ 张菁,孙懿宏.教师参与课程建设的自身限制与外部阻力[J].教育家,2023(32):12—13.

课程知能,是提升教师课程设计能力的关键,教师主体参与设计课程内容有助于国家课程校本化的创造性实施,这就要求教师在理解新课程标准的基础上,还具备参与课程内容设计的能力,需要教师结合对课标的理解,积极研究教材内容,探究课程内容的设计,运用科学方法系统开发课程,激发教师内驱力,建设促进学生全面发展的课程体系。

三是强化课程生成。课堂教学不是预先设定的封闭过程,而是开放的、动态的,具有生成性的。教师在教学过程中,要有课程的动态生成理念,点燃课程智慧,把各种在教学过程中有价值的因素,包括发生的问题、意外事件、学生的情感、意愿等利用起来,注重课堂上师生之间的情感交流、思想碰撞。课程开发和实施是一个从静态设想到动态生成的过程,在实际教学中以生成性目标为依据,在课程的反馈实施过程中,课程不断完善,课程目标更加合理。[①] 我们认为,课程生成的深度取决于教师课程专业知识与能力的提升,需要在外部建立教师培训体系,结合学科教学中的实践问题安排相应的培训内容,在动态满足教师专业需求的过程中提供有针对性的支持。同时,在梳理课程生成的过程中关注教师的有效做法,给其他教师提供更多课程实施的思考路径,助推课程有效生成。

四是创意课程评价。学校应构建由课程专家、管理者、教师、家长与学生共同组成的课程评价共同体,其中,课程专家等通过自上而下的视角提出专业性、概括性的课程意见,学生则通过自下而上的微观视角给出相对主观的反馈,从而实现对学校现行课程系统的全面分析,确保最终评价结果的科学合理。在这一共同体中,所有参与评价的人都是平等、互相合作的伙伴,教师作为"平等中的首席"对学生的评价互动进行指导。[②] 我们认为唤醒课程主体、拓宽课程评价,可以有效促进课程的内涵发展。除了专家、学生参与课程评价以外,更为重要的是需要增强教师作为评价主体的意识,将课程评价和教学结合起来,使教师检视自我教学,进行自我反思与改进。学校引进专业资源,使教师具有充分的知识储备,教师感受到参与课程评价对自己的课堂教学和专业成长有积极的促进作用,在自我实现中将课程评价实践下去,从而提升课程水平。

五是参与课程治理。以教师视角审视学校课程,丰富了课程治理的研究视野,

---

① 张廷琦. 课程开发的动态生成模式探究[J]. 湖北开放职业学院学报,2022,35(5):157—159.
② 冉利敏. 学校课程评价中的学生参与[J]. 基础教育课程,2022(21):27—33.

彰显了教师的主体性。教师可以主动表达自己的利益诉求,发挥专业优势,对学校课程的发展提出规划建议。依托课程联盟,架构不同层面的课程研讨,教师参与课程治理的各个环节,在治理过程中坚持整体意识,着眼学校课程的整体规划,为构建适切本校学生发展的课程体系而努力。我们认为,教师参与课程治理本身就是课程保障中最为重要的一环,为此,提升教师的课程领导力就成为重中之重,从理念层面建立教师主体参与课程治理的意识,从实践层面搭建教师发挥课程领导力的平台,从资源层面提供可行的课程治理的条件,同时发挥教师与管理者、学生、家长的团结共治,课程质量才得以保证。

总之,以专业力量深化课程实施,首要的是教师主体的积极参与,通过强化教师主体参与课程实施的过程,真正提高教师的课程建设能力,使教师参与课程建设的实践走深走实,真正促进课程改革。

一校一策

润红心课程:
给予每一个生命
积极向上的力量

上海市秋萍学校,是一所以本地区抗日英雄周秋萍烈士名字命名的九年一贯制学校,位于临港新片区南汇新城镇芦潮港社区。学校始于 1939 年建立的秋萍小学,历经更名、合并、传承、发展,于 2007 年完成扩建,又于 2009 年原南汇区划归浦东后,正式定名为上海市秋萍学校。学校占地面积 54 288 平方米,建筑面积 29 466 平方米,校园环境宜人,教学设施完备,拥有一支师德高尚、学识深厚、与时俱进的教师队伍。学校现有学生 1776 人,专任教师 143 人,其中硕士及以上学历 4 人,正高级教师 1 人,高级教师 16 人,区骨干教师 9 人,区青年新秀教师 5 人。学校先后获得全国青少年足球特色学校、全国"心系女童"优秀基地学校、上海市首批素质教育实验校、上海市花园单位、上海市安全文明校园、上海市平安示范单位、上海市中小学日常行为规范示范校、上海市中小学心理健康教育实验校、上海市健康促进单位、浦东新区教师专业发展学校等荣誉称号。

第一节　擦亮每个孩子的生命底色

上海市秋萍学校,是一所以本地区抗日英雄周秋萍烈士名字命名的九年一贯制学校,自 1939 年建立以来,我们始终坚持以红色教育为抓手,传承红色基因、赓续红色血脉,护佑学生赤子之心,培养时代先锋少年。

一、教育哲学

我们学校的教育哲学:红心教育。此哲学既有鲜明的在地文化的印记,体现着对本校红色文化的传承;又是深沉育人理念的高度凝练,彰显着对学生赤子之心的护佑。

"大人者,不失其赤子之心也。"在孟子的智慧中,我们看到了他对纯净心灵的赞美与追求。而在现代教育的实践中,我们更加深刻地认识到,赤子之心不仅是品德好、能力强的标志,更是教育的宝贵财富和守望目标。在王阳明看来,"此心清明,至善而发","无善无恶心之体,知善知恶是良知"。他认为人生来本心光明,但可能在世俗中污染本心。在我们看来,教育的重要使命就是帮助学生认识和守住本心。赤子之心是我们党赓续奋斗、砥砺前行的精神内核,是广大党员舍己为人、无私奉献的力量源泉,因此,我们提出"红心教育"的理念,赓续红色血脉,以教师的赤子之心护佑学生的赤子之心,让每一颗心灵都在红色的文化熏陶中初心不移、茁壮成长。

我们坚信,好的教育是能滋养红心的。赤子之心是光明的、向学的、清澈的、仁爱的,它蕴含着无尽的潜能和创造力,是待发掘的珍贵宝藏。而红色文化就是成长的催化剂,作为我校教育的鲜明特色,不仅是历史的传承,更是时代的召唤。我们将红色文化融入教育的全过程,让学生在红色故事中感受历史的厚重,在红色精神的熏陶中迸发生命的力量。

我们坚信,好的教育是能"点燃红心"的。学校不仅是知识的殿堂,更是守护和启迪赤子之心的圣地。一个浸润着红色文化的校园,能够点燃学生的爱国之火,铸就他们的历史使命感。我们将校园打造成红色精神的沃土,让每一寸土地都流淌着红色的血液,让每一面墙壁都诉说着红色的故事,传承着红色的力量。

我们坚信,好的教育是能"红心相惜"的。教育是一场关于赤子之心的守护之旅,它需要教师以耐心、细心和爱心去沟通和唤醒。我们所倡导的教育,是充满人文关怀的,是能够激发学生内生动力的。教师将担当起引领者的角色,以启发式、讨论式、合作式、探究式的教学,引导学生在思考中探寻真理,在讨论中碰撞智慧,在合作中共同成长,在探究中超越自我。同时,我们也将关注学生的情感体验,让他们在学习的旅程中品味成功的喜悦与失败的酸楚,从而锤炼出坚韧不拔的品质。

我们坚信,好的教育是能"红心致远"的。每一位学生内心都怀揣着纯真的赤子之心,他们渴望在知识的瀚海中扬帆远航,期待在成长的征途上绽放属于自己的光芒。在我们眼中,他们犹如独特的种子,孕育着成长为参天大树的潜力与希望。因此,我们尊重每位学生的个性与差异,深耕他们的成长需求,以充满爱与关怀的教育环境,为他们筑就实现梦想的舞台。

我们坚信,教育的最终成果是学生能够始终保持赤子之心。我们的教育旨在引导学生认识自我、守护本心、育华精神,培养出具有赤诚之心、创新能力、强健体魄和盎然兴趣的自觉少年。通过"红心教育"的实施,我们期望学生能够深刻理解红色文化的深厚底蕴与时代价值,自觉传承和弘扬红色精神,为祖国的繁荣富强贡献自己的力量。同时,我们也将致力于学生的全面发展,激发他们的创新精神和实践能力,为他们在未来社会中展翅高飞奠定坚实的基础。

二、办学理念:擦亮每一个孩子的生命底色

红色是每一个孩子需要坚守的生命底色,蕴含着无限的潜力和希望。我们的办学理念就是以"红心教育"为引领,擦亮每一个孩子的生命底色,让他们在自己的人生道路上散发出耀眼的光芒。

"红心教育"是我们学校的教育哲学,它强调赓续红色文化、护佑赤子之心。在红色文化的熏陶下,孩子们将逐渐培养起坚定的信仰、崇高的理想和爱国情怀。同时,我们将护佑每一个孩子的赤子之心,让他们始终保持对真、善、美的追求,对祖国和人民的忠诚与热爱。

为了擦亮每一个孩子的生命底色,我们将以"红心教育"为核心,全面实施素质教育。我们将注重孩子们的个体差异,尊重他们的兴趣和特长,为他们提供多样化的成长路径。在课程设置上,我们将融入红色文化元素,让孩子们在学习中感受到

红色精神的力量。同时,我们将开展丰富多彩的课外活动,让孩子们在实践中体验红色文化的魅力。我们努力为孩子们营造一个充满红色氛围的成长环境,在"红心教育"的引领下,让每一个孩子的生命都焕发出光彩。

三、课程理念:给予每一个生命积极向上的力量

在我们眼中,每一个孩子都是一颗独特的种子,内蕴着无限的可能与生机。他们有的热烈如火,有的静谧如水,有的灵动如风,有的坚韧如石。而我们的课程,就是阳光、雨露、土壤和空气,滋养他们,使他们得以生根、发芽、开花、结果。因此,我们提出如下课程理念:给予每一个生命积极向上的力量,培养学生的赤诚之心、创新之能、强健之体、盎然之趣。

课程即百花齐放,我们坚持人人成才的课程目标。我们深知每个孩子都是独一无二的,他们各自拥有不同的潜能和兴趣。因此,我们的课程旨在激发孩子们的内在动力,帮助他们发现并发展自己的优势,培养他们的创新能力和批判性思维,使他们在学习和生活中都能保持积极向上的态度。

课程即欣欣向荣,我们注重全面发展的课程架构。我们坚信,优质的课程内容不仅要包含基础知识和技能,更要融入审美教育、道德教育、公民教育等多种元素,以全面提升孩子们的素养。同时,我们的课程注重与生活实际的联系,引导孩子们从生活中学习,将所学知识应用于生活,使他们在学习的过程中不断体验成功的喜悦。

课程即心花怒放,我们倡导不愤不启的教学方式,鼓励孩子们主动参与、积极探究。我们的课程实施注重孩子们的个体差异,采用灵活多样的教学方法和手段,以满足不同孩子的学习需求。同时,我们也注重课程的实践性,为孩子们提供丰富的实践机会,让他们在实践中学习,在学习中实践,从而真正掌握知识和技能。

课程即灿如夏花,我们鼓励一路芬芳的教育陪伴。我们将以爱为引领,以知识为武器,为每一个孩子提供适合他们的课程内容和教学方式,帮助他们在学习的道路上不断前行,不断超越,从而实现自我价值的最大化。我们的课程将是孩子们生命成长的重要伙伴,陪伴他们走过每一个重要的成长阶段,给予他们积极向上的力量,为他们的未来奠定坚实的基础。

课程即生命起舞,我们注重心花绽放的舞台搭建。在这个舞台上,每一个孩子

都将有机会展示自己的才华和魅力,实现自己的梦想和追求。我们用心倾听每一个孩子的心声,用爱照亮每一个孩子的成长之路,让他们在课程的滋养下茁壮成长,绽放出属于自己的光彩。

课程即花开有声,我们的课程评价将坚持全面、公正、科学的原则,以孩子们的全面发展为核心。我们采用多元评价方式,既关注孩子们的学习结果,也关注他们的学习过程和学习态度。同时,我们也注重评价的反馈功能,通过评价帮助孩子们认识自己的优点和不足,明确改进方向,从而激发他们的学习动力,促进他们的持续发展。

总之,我们立足学校红色文化底蕴,践行"红心教育"理念,积极构建完善的"润红心课程"体系,系统实施"红心之语、红心之智、红心之创、红心之健、红心之艺、红心之品"六大课程,努力培养学生的赤诚之心、创新之能、强健之体和盎然之趣。

第二节　充盈每个孩子的成长之力

课程是落实立德树人根本任务、实现育人目标的载体,因此,确立学校育人目标以及课程目标是课程建设的基础,也是引领课程建设的方向。

一、育人目标

我们致力于培养"有赤诚之心、有创新之能、有强健之体、有盎然之趣的少年儿童"。

——有赤诚之心。激发学生爱家爱国的梦想、内在潜能和创造力,为学生提供多样化的教育资源和平台,让学生在探索中发现自己的兴趣和优势,对自我负责,尊重他人,承担力所能及的社会责任,积极履行义务,明确自己的人生方向。

——有创新之能。培养学生的学术能力、实践能力、创新能力,通过优化课程设置、加强实践教学、拓展研学途径、开展科技创新活动,全面提升学生的能力素养,注重培养学生的团队合作精神和奉献精神,使学生学会合作,为社会贡献力量。

——有强健之体。逐步形成正确的价值观、必备品格和关键能力,包括运动能力、健康行为和体育品德等。让学生掌握与运用体能和运动技能,提高运动能力;

学会用专业的知识和技能,形成健康的生活方式;同时,积极参与体育锻炼,养成良好的体育品德。

——有盎然之趣。坚持以审美为核心,培养学生的表达能力和创造力。能利用艺术的语言和表现形式来传达自己的观点和感受,增强自己的沟通能力和交流能力。提高学生的劳动实践能力、信息处理能力、观察和思维能力、文化交流能力和团队合作能力,发展学生的创造性思维,形成良好的人文素养。

二、课程目标

依据以上要求,我们将学校育人目标进行细化,形成一至九年级的课程目标,见表7-1。

表7-1 上海市秋萍学校课程目标表

年级	有赤诚之心	有创新之能	有强健之体	有盎然之趣
一年级	1. 能够初步形成规则意识,言行举止符合基本的道德准则和规则。 2. 懂得感恩,乐于帮助他人,懂得欣赏别人的优点和长处。 3. 养成良好的卫生和生活习惯,掌握基本的安全保健常识;自觉保护自然环境,爱护公共卫生。	1. 学习独立识字,正确使用普通话,在阅读中积累词语,感知汉字与生活的联系。 2. 经历简单的数的抽象过程,形成初步的数感、符号意识和运算能力。能辨认简单的立体图形和平面图形,从生活中提出简单的数学问题,尝试解决问题。 3. 在学习中敢于模仿、表达,大声跟读音视频材料感知语言信息,提高英语学习兴趣;运用所学语言进行简单交流。 4. 认识常见物体的基本外部特征、生活中常见的材料、周围常见的植物和动物,敢于表达自己的想法。	1. 了解正确的身体姿势;体验非移动性技能的具体内容和练习方法。 2. 在不同活动场景中学会区分自我空间和公共空间。 3. 知道体育锻炼有益健康,学会受外伤出血时及时止血的方法。	1. 能体验音乐的情绪与情感,在音乐体验中唤起爱校、爱国、爱家乡的情感,积极参与演唱、演奏等艺术活动,享受艺术表现的乐趣。 2. 初步形成发现、感知、欣赏美的意识。

年级	有赤诚之心	有创新之能	有强健之体	有盎然之趣
一年级		5. 初步感知劳动的艰辛与乐趣,学会尊重他人的劳动付出。喜欢劳动,具有主动劳动、积极参加劳动的愿望。具有初步的个人生活自理能力。初步形成关爱生命、热爱自然的意识。		
二年级	1. 认识传统节日,学会安排节假日的休息与劳动。 2. 热爱班集体,初步了解班集体的构成、分工。 3. 认识并爱护公共设施。能够向英雄模范人物学习优秀品质和高尚的道德情操。 4. 养成自己的事情自己做的好习惯,能够控制消极情绪,形成做事认真、明辨是非、知错就改的品质。	1. 注意汉字的间架结构,初步感受汉字的形体美。养成良好的写字习惯。用普通话正确、流利地朗读课文。在阅读中积累词语,对感兴趣的人物和事件有自己的感受和想法,并乐于与人交流。在写话中乐于运用学到的词语。根据表达需要,学习使用标点符号。 2. 认识常见的长度单位,形成初步的量感、空间观念、数据意识。在主题活动中认识货币单位、时间单位和基本方向,尝试用数学方法解决问题,形成初步的量感和应用意识。 3. 能根据单词的音、形、义学习词汇,体会词汇在语境中表达的意思。在语境中运用所学语法知识描述人和物,进行简单交流。	1. 体验操控性技能、移动性技能的具体内容和练习方法。 2. 在运动过程中体验方向、水平、路径、节奏、力量和位置速度的变化,知道相关的运动术语。正确表达情绪、能与他人友好地沟通交流。	1. 对音乐有好奇心和探究欲。初步了解中国音乐文化和世界多元音乐文化。在各种艺术实践中初步建立规则意识和合作意识。 2. 学会从外观和使用功能等方面了解物品的特点,初步形成设计意识。知道中国传统工艺是中华民族的瑰宝,增强民族自豪感。

年级	有赤诚之心	有创新之能	有强健之体	有盎然之趣
		4. 知道简单工具的功能和使用方法；能完成学习任务，进行总结反思，初步养成良好的学习习惯。具有珍爱生命、节约资源、保护环境的意识。 5. 初步形成以自己的劳动服务他人的意识，具有初步的劳动安全意识，具有热爱劳动、热爱劳动人民、尊重普通劳动者的积极情感。		
三年级	1. 掌握有关生命安全与健康的基本常识和技能。 2. 了解家乡发展和国家建设取得的重大成就。 3. 初步学会调控情绪和与人沟通的方法，积极参加集体活动。 4. 崇尚劳动，热爱劳动、尊重普通劳动者。	1. 能初步把握文章的主要内容。能用普通话交谈，听人说话能把握主要内容，并简要转述。学习修改习作中有明显错误的词句。尝试运用语文并结合其他学科知识解决问题。 2. 形成数感、运算能力、初步的推理意识、量感、空间观念和初步的几何直观。 3. 理解、运用所学句型，并能正确书写。借助语言结构进行仿说或仿写。运用所学语言进行简单交流。了解中外文化差异，具有国家认同感，对中华优秀传统文化感到骄傲。 4. 认识常见物体的特征和	1. 知道身体成分的基础知识、改善方法；体验并掌握发展柔韧性、协调性、灵敏性、平衡能力的多种练习方法。 2. 了解近视的成因及吸烟与被动吸烟的危害。	1. 具有丰富的音乐情绪与情感体验，在与音乐作品的情感共鸣中感受爱党、爱国、爱社会主义的情感，具有乐观的生活态度以及对美好事物的关爱之情；养成良好的欣赏习惯。 2. 能运用传统或现代化的工具、材料和媒介，创作美术作品，表达自己

続表

年级	有赤诚之心	有创新之能	有强健之体	有盎然之趣
		常见材料的性能、物体的多种运动方式、对动植物进行简单的分类，制订简单的探究计划。学习实事求是，尝试用不同思路和方法完成探究和实践。 5. 尊重劳动，尊重普通劳动者，初步形成热爱劳动的态度。养成良好的个人清洁卫生习惯。初步学会简单的家务劳动技能，培养生活自理能力。 6. 知道数字设备使用的基本规范。能选用合适的数字设备解决问题、表达与交流信息。了解数据、数据编码的作用与价值，理解数据编码是保持信息社会组织与次序的科学基础。		的所见所闻、所感所想。 3. 能积极参与美术与其他学科相结合的造型游戏活动，初步形成综合探索与学习迁移的能力。
四年级	1. 参与力所能及的家务，学会承担家庭责任。 2. 热爱班集体，积极参与集体活动和民主管理，学会制定班级规则。学会与他人沟通。 3. 初步了解农业生产活动，	1. 能初步把握文章的主要内容，用批注的方法阅读；能生动地讲故事，能根据讨论目的记录重要信息，有条理地汇报，初步学习整理资料的方法。能合作编小诗集。 2. 发展数感、几何直观、运算能力、量感、空间观念、数据意识、应用意识、推理意识等方面的核心素养。 3. 培育文化意识。了解中	1. 知道身体成分的基础知识、改善方法；体验并掌握发展心肺耐力、肌肉力量、肌肉耐力、爆发力的多种练习方法。 2. 了解健康的食品和饮料及合理膳食	1. 能自信、自然地进行演唱、演奏等艺术活动，乐于表达自己。能在探究、即兴表演和编创等艺术创造活动中展现个性和创意。 2. 能运用造型元素，形式原

年级	有赤诚之心	有创新之能	有强健之体	有盎然之趣
	体会劳动者的艰辛。 4. 学会购物,理性消费,树立节能环保意识。	西方的优秀文化,感受文化差异;具有国家认同感、爱国主义情怀和文化自信。在语言实践活动中互帮互学,尝试通过多种方式发展和解决问题。 4. 认识到节约资源和保护环境的重要性,能制订和执行学习计划,开展探究活动。 5. 参加校园卫生等劳动,适当参加社区环保公益劳动,初步形成公共服务意识。 6. 合理使用数字身份,规范地进行网络信息交流。进行简单的多媒体作品的创作,尝试开展数字化创新活动。	对生长发育及身心健康的益处。	理和欣赏方法欣赏作品。感受中外美术作品的魅力。 3. 为班级、学校的活动设计物品,体会设计对生活的改善和美化。
五年级	1. 明确中国特色社会主义进入新时代的内涵。 2. 了解宪法规定的公民基本权利与义务,具有一定的法治意识和社会责任感。 3. 具有合作意识和集体主义精神,遵纪	1. 能根据需要搜集信息。在阅读中了解事件,说出感受。留心观察,积累习作素材,学习修改习作。策划简单的活动,学写计划和总结。 2. 形成符号意识、运算能力、推理意识、数据意识、初步的应用意识。感受数学的价值,体验并欣赏数学美。 3. 能在音视频材料中获取基本信息,感知与体验文化多样性。能积极参与	1. 体验并掌控基本的运动技能;了解健康的生活方式。 2. 掌握一些情绪控制方法,了解常见的运动伤病及处理方法。	1. 增加对中国音乐文化的了解,了解世界多元音乐文化,开阔文化视野。关注生活中的音乐现象。 2. 能利用不同的工具、材料和技能,制作传统工艺品,学习工艺师的工匠

年级	有赤诚之心	有创新之能	有强健之体	有盎然之趣
	守法,担当责任。	课堂活动,注意倾听,大胆尝试用英语进行交流。 4. 从多角度提出可探究的科学问题和研究假设,制订比较完整的探究计划。 5. 初步掌握基本的家庭饮食烹饪技法,具有食品安全意识。增强生活自理能力,积极参与公共服务,初步形成社会责任感。能综合运用多学科知识解决劳动中出现的问题。 6. 体验物理世界和数字世界深度融合的环境,体会、了解算法的特征,用流程图等方式描述算法。		精神。能将美术与自然、文化、科技相融合,探究各种问题,提高综合探索与学习迁移的能力。
六年级	1. 体贴父母长辈,参与力所能及的家务劳动,感受劳动的意义,了解未成年人的权利,学会自我保护。 2. 初步了解国情,对国家发展有初步的理性认识,形成爱党、爱国、爱社会主义、爱人民、爱集体的情感。	1. 能运用口头讲述或书面评析的方式表达对自然和文学作品的观察与体验,抒发自己的情感。 2. 探索运用基本的数量关系、几何直观、逻辑推理和其他学科的知识方法分析与解决问题,形成模型意识和初步的应用意识、创新意识。 3. 在图片的帮助下听懂、读懂并讲述简单的故事,乐于了解异国文化和习俗,积极与他人合作,共同完成学习任务。 4. 掌握基本的科学知识,用	1. 了解并运用体能发展的基础知识和多种练习方法。 2. 了解并运用发展协调性、灵敏性、平衡性的基础知识和多种练习方法。 3. 理解体育锻炼对健康的重要性,主动参与校内外体育锻炼。	1. 领悟音乐的思想感情和内涵意蕴,提高音乐欣赏和评述能力,乐于参与多种与音乐相关的艺术表现活动,展现自己的个性化理解和创意。 2. 能运用造型元素、形式原理和欣赏方法,欣赏、

年级	有赤诚之心	有创新之能	有强健之体	有盎然之趣
		于解释相关的自然现象、解决简单的实际问题。培养学生的综合思维,帮助学生形成系统、动态、辩证地看待问题的思维方式,树立求真务实、开拓创新的科学精神。 5. 了解家庭常用器具的功能特点,具有食品安全意识。进一步增强生活自理能力和整理家务能力,初步具有家庭责任感。 6. 树立正确价值观,形成信息意识;初步具备解决问题的能力,发展计算思维;提高数字化合作与探究的能力,遵守信息社会的法律法规,践行信息社会的责任。		评述世界不同国家和地区的美术作品,养成尊重、理解和包容的态度。能运用传统与现代化的工具、材料创作美术作品。
七年级	1. 了解青春期的生理和心理变化,体会青春期的美好。 2. 尊重和敬畏生命。 3. 强化做社会主义建设者和接班人的思想意识,对爱国主义有一	1. 积极观察、感知生活,发展联想和想象能力,提高形象思维能力。辩证地思考问题,有理有据地表达自己的观点。 2. 能对不同观点、结论和方案进行质疑、批判、检验和修正,进而提出创造性的见解和方案。对自然现象充满好奇心和探究热情,能大胆提出自己的见解,并基于证据和逻辑	1. 了解并运用发展协调性、灵敏性、平衡性的基础知识和多种练习方法,掌握运动项目的基本知识。 2. 学练运动项目的技战术。 3. 能将健康与安全知识运	1. 能选用合适的音乐作品表达自己的情感,编创与展示简单的音乐作品,进一步了解、尊重世界多元音乐文化。 2. 能根据"人与自然和谐

年级	有赤诚之心	有创新之能	有强健之体	有盎然之趣
	定的理性认识和具体的实践,弘扬爱国主义精神。	得出结论。 3. 形成推理能力,发展空间观念和几何直观。综合运用数学和其他学科的知识从不同的角度寻求分析问题和解决问题的方法,形成模型观念和数据观念。 4. 积累日常生活中的习惯用语和交流方式;能围绕相关主题,运用所学语言,与他人进行日常交流。 5. 初步养成历史时序意识和历史空间感,结合对语文、地理等课程的学习,树立正确的历史观。 6. 设计简单的实验方案和调查方案,利用问卷、访谈等形式进行社会调查;尝试用绿色发展理念,对家乡的发展规划提出合理建议,增强热爱家乡、建设家乡的意识。 7. 适当体验金工、木工、电子等项目的劳动过程,参与种植、养殖等生产劳动,获得初步的职业体验,形成初步的职业意识和生涯规划意识。	用于日常生活中。 4. 遵守各种规范和准则,尊重裁判、尊重对手,形成公平竞争意识。	共生"的设计原则,对学校或社区进行环境规划,增强社会责任意识。 3. 能利用不同的工具和材料,制作或创作工艺品,体会传统工艺"守正创新"的内涵与意义。

年级	有赤诚之心	有创新之能	有强健之体	有盎然之趣
八年级	1. 了解习近平法治思想。 2. 了解宪法基本知识，树立宪法至上观念。 3. 懂得公民的基本权利和义务，理解全过程人民民主的制度优势。 4. 学习《民法典》《刑法》等法律，培育和提高自我保护的意识和能力，自觉抵制违法犯罪行为。	1. 能结合自己的经验，理解、欣赏和初步评价文学作品，丰富自己的情感体验和精神世界。 2. 形成合适的运算思路解决问题，形成抽象能力、模型观念，进一步发展运算能力。形成推理能力，发展空间观念和几何直观。 3. 在书面表达中，能选用不同的句式结构和时态，描述和介绍身边的人、事、物，能初步了解英语的语用特征，选择恰当的交际策略。 4. 利用证据对问题进行分析和解释。有科学探究的意识，具有一定的观察能力和提出问题的能力；初步具有对科学探究过程和结果作出解释的能力。形成基本的生物学观念，初步掌握科学思维方法，初步确立严谨求实的科学态度，乐于探索生命的奥秘。 5. 初步养成历史时序意识和历史空间感。认识和感悟五四精神、长征精神，继承革命传统，培养优良作风。增强爱祖国、爱家乡的情感。提高生	1. 提高体能水平，形成对所学运动项目的兴趣和爱好。 2. 了解并运用发展肌肉力量、肌肉耐力、位移速度、爆发力的基础知识和多种练习方法。 3. 运用比赛规则参与裁判工作，观看体育比赛并能进行简要评价。	1. 从中国音乐中汲取民族文化智慧，坚定文化自信。包容不同音乐表达方式，尊重文化差异。 2. 了解美术产生的背景及不同时代、地区、民族和国家的美术特征，知道中国古代经典美术作品。

年级	有赤诚之心	有创新之能	有强健之体	有盎然之趣
		活自理能力,增强家庭责任意识。体会运用所学知识分析和解决实际问题的过程。		
九年级	1. 认识中国特色社会主义的伟大建设成就。 2. 认识国家统一是实现中华民族伟大复兴的历史前提和基本保证。 3. 了解世界正处于百年未有之大变局,了解全人类共同价值的内涵,领悟构建人类命运共同体的意义。 4. 树立"劳动光荣、创造伟大"的观念,坚定为实现远大理想而奋斗的信念。	1. 积极观察、感知生活,发展联想和想象能力,提高形象思维能力。学会发现美、表现美和创造美,形成审美情趣。 2. 掌握数据收集与整理的基本方法,形成数据观念、模型观念和推理能力。综合运用数学和其他学科知识与方法解决问题,发展核心素养。 3. 提取并归纳关键信息,理解隐含意义。树立国际视野,具有比较、判断文化异同的基本能力。初步具备运用所学英语进行跨文化沟通与交流的能力。 4. 从物理学视角观察周围事物,解释有关现象,解决简单的实际问题。初步具有科学探究和跨学科实验能力,综合运用多学科的概念、方法和思想,分析并解决真实情境中的生物学问题。掌握并运用重组思维、发散思维等创造性思维的基本方法,提出新颖合理的	1. 体能全面协调发展。 2. 理解运动项目的相关原理、历史和文化,能运用知识与技能分析和解决体育展示或比赛中遇到的问题。 3. 有规律地参与校内外体育锻炼,增强运用健康与安全知识和技能进行健康管理的能力。 4. 积极应对体育活动中遇到的困难,勇于拼搏争先,具有责任意识和集体荣誉感。	1. 能认识不同艺术的主要表现形式、表现手段和审美特征,理解音乐与其他学科,以及人类生活、社会发展等方面的紧密联系和相互作用。 2. 了解"设计满足实用功能与审美价值,传递社会责任"的设计原则,能为学校或社区的学习与生活需求设计作品,形成设计意识,增强社会责任感。 3. 了解非物质文化遗产的含义。

年级	有赤诚之心	有创新之能	有强健之体	有盎然之趣
		观点。 5. 学会运用实验、调查等手段获取事实,进行推理;能解释一些化学问题,提出自己的见解,发展科学思维。树立人与自然和谐共生的观念,具有责任担当意识。 6. 认识古代世界各个文明的发展状况和代表性成果。理解、尊重各个文明之间的差异。坚定和平理念,增强忧患意识,为构建人类命运共同体贡献自己的力量。		

第三节 激发每个生命的希望之火

为实现学校课程目标,我们建构了学校的课程逻辑体系。

一、课程逻辑

依据"红心教育"的教育哲学、"擦亮每一个孩子的生命底色"的办学理念和学校的育人目标,学校梳理现有课程,建构了体现"给予每一个生命积极向上的力量"之课程理念的"润红心课程"体系,包含红心之语、红心之智、红心之创、红心之健、红心之艺、红心之品六大课程领域,丰富多彩的课程共同承载着育人功能,实现育人目标。学校课程逻辑图如下(见图7-1)。

二、课程结构

依据"给予每一个生命积极向上的力量"的课程理念,形成包含红心之语、红心之智、红心之创、红心之健、红心之艺、红心之品六大课程领域的"润红心课程"结构图(见图7-2)。

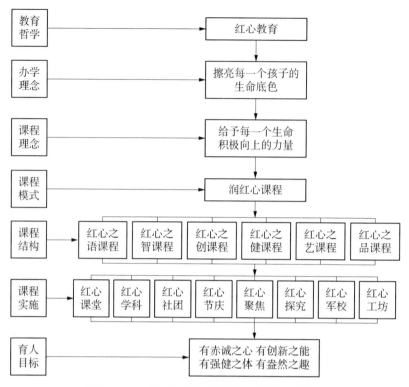

图 7-1 上海市秋萍学校"润红心课程"逻辑图

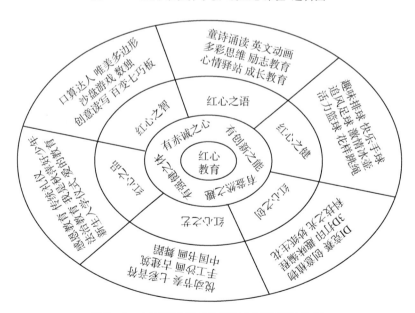

图 7-2 上海市秋萍学校"润红心课程"结构图

三、课程设置

立足学生需求，结合学校课程资源，我们对课程的内容体系进行系统设置（见表 7 - 2）。

表 7 - 2　上海市秋萍学校课程设置表

学期	红心之品课程	红心之智课程	红心之健课程	红心之艺课程	红心之语课程	红心之创课程
一上	新生入学仪式	拼音王国 口算大王	走进篮球 心理游戏 趣味排球	悦动节奏	经典绘本	妙纸生花
一下	习惯养成课程	汉字对对碰 百变七巧板	踢毽子	唱儿歌 纸浆画	百变彩纸	趣拼豆豆
二上	我是班级小主人	诗文诵读 口算达人	体育游戏 沙盘游戏 武术社 拉丁舞	捏泥 手工沙画 声乐	童诗诵读	趣味科学
二下	我是家庭小助手	沙盘游戏	体育游戏 跆拳道	科幻画 舞蹈	英文动画	机器人搭建
三上	课堂与课间	语言表演 乘法口诀大比拼	接力赛手 足球小将	童谣达人 古筝 鼓号队	情绪与健康 多彩思维	项目化制作
三下	我是秋萍好少年	日记之旅 口语天天练	激情冰壶	合唱	健康与饮食 非遗鸟哨	科学小实验
四上	礼仪教育	我是主编 数独 鱼类欣赏	追风足球 快乐手球	少儿国画欣赏 服装设计 管乐团	家庭劳动 爱邮集邮	创意设计
四下	垃圾分类	唯美多边形	走进篮球 围棋	七彩音符 篆刻艺术	环保公益 图书阅览	趣味编程
五上	自立自主教育	阅读悦美	田径课程	歌韵绕梁 中国书画 羲之书法	心理游戏	车辆模型 3D打印

学期	红心之品课程	红心之智课程	红心之健课程	红心之艺课程	红心之语课程	红心之创课程
五下	传统礼仪	创意读写	走进篮球	舞蹈艺术	青春期教育	科学小发明 创意植物
六上	新生军训 爱的教育	课本剧	花样跳绳	舞蹈	心理社团	人工智能
六下	感恩教育	我是演说家	激情冰壶	小小合唱团	励志教育	空中竞技
七上	法治教育	地理绘图	女子足球	古建筑	心情驿站 潮音文学	DI 创作 DI 竞技
七下	安全教育	经典阅读	活力篮球	口琴社团	综合实践 红十字救护	快乐剪纸
八上	消防安全	英语配音	怒放手球	七彩绘画	书法	职业体验
八下	14 岁生日	历史上的今天	翱翔风筝 亲青心理	动漫绘画	趣味历史	手工制作
九上	时政论坛	魅力数学	走进排球	打击乐	成长教育	职业体验
九下	梦想启航	生活中的化学	活力篮球	手球	心情驿站	科技之光

第四节 开启每个生命的绽放之旅

学校课程实施是课程育人的重要方面。我们通过实施"红心课堂",建设"红心学科",创设"红心社团",推进"红心之旅",落实"红心探究",激活"红心校园",点燃"红心节庆",做实"红心工坊",实现学校课程目标。

一、建构"红心课堂",提升课程实施质量

学校将课堂视为心灵的自明之所,让心中向学的意识更加清明,让知识的光芒与心灵的求索交相辉映。我们精心打造以"民主、合作、互动、探究"为内涵特点的课堂教学,倡导学生踏上"自觉学习"和素养提升的红心之旅。在这一过程中,教师不仅是知识的传递者,更是学生心灵成长的引导者。

教师实施红心课堂教学时,遵循"学生自主学习——合作探究——教师精妙点

拨——课堂实践练习"的脉络,每一步都旨在激发学生的内在动力,培育他们独立思考、协作创新的能力。

学生自主学习,并非放任自流,而是在教师的巧妙设计下,自主遨游知识的海洋。他们在这里夯实基础,解决疑惑,并在问题的引导下,不断激发求知的欲望。

合作探究,是学生智慧的碰撞与融合。在小组的温暖怀抱中,他们共同面对挑战,分享思考的果实。教师则在一旁静静观察,适时提供支架,引导学生走向更深更广的学习天地。

教师的点拨在课堂教学中有不可替代的作用。教师当讲则讲,宜灌则灌,但绝不是单向的灌输,而是具有启发性的点拨,坚持趋向于自我教育的原则,尽量减少某一确定的结论,在释疑的同时提出更有价值的问题。

课堂实践练习,是学生巩固知识、检验学习效果的重要环节。学生在练习中感悟知识的力量,体验成功的喜悦,而教师则通过细致的反馈,帮助学生总结经验,迈向更高的学习峰巅。

二、建设"红心学科",强化学科课程特色

依据学科课程标准的要求,根据学生发展需要,对学科基础课进行拓展。学校各学科组进行拓展构建时,关注学科基本属性,以课程标准的目标分类为方向,以学科课程资源整合为抓手,侧重厘清基础课程与拓展课程的逻辑,帮助学生完善知识体系,提升学科素养,提高学科学习能力,激发学习潜能与兴趣,打造"红心学科"课程群。

语文学科课程群:侧重给予学生生命关怀和审美滋养,围绕语言建构与运用、思维发展与提升、审美鉴赏与创造、文化传承与理解等核心素养,以国家课程为基础,在阅读品味、口语交际、综合实践三个领域进行课程建构,包含"经典诵读""经典阅读""我是演说家""拼音王国""创意读写"等。

数学学科课程群:主要以数学游戏和数学问题为工具,发挥数学在培养人的思维能力和创造力方面的作用,锻炼数学智能,增强学生自我成就感。设置"百变七巧板""唯美多边形""数独""乘法口诀大比拼""口算达人""魅力数学"等课程,通过动手操作、合作交流、成果展示等方式培养学生的自我成就感,提升学生的数学核心素养。

英语学科课程群:主要夯实英语学习的基础,鼓励学生积极主动地开口表达,

激发学生学英语的兴趣,落实学生语言能力、思维品质、学习能力、文化品格等核心素养,增强学生的自信心和团队合作意识,提高学生的语言综合运用能力。设置"英文动画""口语天天练""英语配音"等课程。

道德与法治学科课程群:用社会主义核心价值观滋润心灵,全面提高学生的法治观念和法律意识,学会面对复杂的社会生活和多样的价值观念,以正确的价值观为标准,做出正确的道德判断和选择,了解当今世界发展的状况和趋势。设置"时政播报""时政点评""职业体验""成长教育""时政论坛""法制教育"等,以期全面系统地了解热点问题。

物理学科课程群:设置"包罗万象的物理""忙个不停的能量""神奇的电路"课程,从有趣又匪夷所思的生活现象入手,由浅入深地引导学生进行猜想,提升学生的科学思维能力,在学生设计实验、小组实验的过程中,提升他们的科学探究能力,经历科学家发现客观规律之路,在课程中融入德育,逐步养成科学态度与责任,通过对不同专题的问题进行分析和处理,逐渐形成物理思维。

趣味化学课程:依托课本资源,将化学学习延伸至趣味小实验中,激发学生的兴趣,提高学生的实验能力。依据课程标准在科学探究方面的要求,将科学探究与初中化学知识及实际生活联系起来,提高学生的科学素养。从化学发展史、生活揭秘、身边的化学等方面建构课程。

"植物园"生态课程:根据季节特征和学校土地特点,选择适合种植的品种在植物园中进行栽种,让学生亲自动手松土、播种,提高学生的动手能力和身体素质。在植物园的"生态教室"里种植一些特殊植物和花卉,学生撰写观察日记,增加学生的爱花护花知识,提高爱护植物的意识。

三、创设"红心社团",满足学生多元需求

以学校新一轮发展规划为指引,继续深化和实践生命教育理念,真正落实"擦亮每一个孩子的生命底色"的办学理念。组建"红心社团",开展丰富多彩的社团活动,丰富学生的校园生活,满足学生的多元发展需求。学校社团活动的开展在促进学生全面发展的同时,充分挖掘学生的潜能,使学生初步形成某些特长,并不断提高学生在艺术、劳动、文学、书法、音乐、体育等方面的能力。

学校现开设了体育、艺术、科创、安全、人文、传统文化、劳动七大类共66个学生社团,极大地丰富了学生的校园生活,提升了学生的实践能力,满足了学生的个性

化发展需要。

1. 体育类社团。体育社团以培养学生的运动能力和团队合作精神为目标,学校组织了各类体育活动,包括训练、比赛、拓展项目等,涵盖了手球、足球、篮球、排球、冰壶、武术等多种体育项目。

2. 艺术类社团。艺术类社团一直以其独特的方式,润物无声地滋养着学生的心灵。它不仅仅是技艺的传授,更是对学生审美、思维和情感的全方位培养。学校充分挖掘和利用艺术的独特魅力,开设管乐团、舞蹈、合唱、绘画、剪纸、演讲与口才等课程,坚持让每个学生都成为艺术教育的受益者。

3. 科创类社团。科创社团致力于学生创新能力的培养,积极引导学生热爱科技、怀揣梦想、勇于创新、敢于实践。学校科创社团主要包括:DI 社团、机器人社团、无人机社团、人工智能社团等。在学校领导的大力支持和科创辅导老师的悉心指导下,鼓励学生参加各种科创活动,使学生在科创活动的舞台上大展风采,放飞梦想。

4. 安全类社团。安全教育类社团立足于学生的安全教育。学校开展的心理社团和红十字救护社团主要以知识讲座以及实践活动为载体,着眼于提高学生的身心安全,使学生在轻松愉快的氛围里,增强自己的安全意识和自我保护能力。

5. 人文类社团。我们有颇具创造力和探索性的人文类社团,如国学社、文学社、集邮社、影视欣赏社等,让学生以文学之名相会,以文学结友,在人文的蕴养之中,承继往圣之思想,修成独立之自我。

6. 传统文化类社团。中国的传统文化不仅是流传已久的历史瑰宝,更是文化发展的基石。学校一直重视传统文化教育,开展了风筝、书法、手工、武术、鸟哨等传统文化社团课程。每门课程都由专业的外聘教师和本校喜爱传统文化课程的教师指导。

7. 劳动类社团。"以劳树德,以劳增智,以劳强体,以劳育美",劳动是创造物质财富和精神财富的源泉。为了丰富校园生活,发挥劳动育人的价值,学校劳动类社团积极开展了各种劳动体验项目,让每个学生都能够在社团课中展现自己,绽放光芒。

四、点燃"红心节庆",浓郁课程实施氛围

根据学生身心成长的阶段性需求,学校以"节日文化"为基础,融合"秋萍"特色,创设了一系列"红心节庆"活动。以活动体验、主题学习、综合竞赛、志愿服务等

多种学习形式落实文化课程,凸显学校的特色教育,促进学生在参与中获得体验,在活动中提升综合素质,涵养品格。

学校将主要节日、重大纪念日、学生喜爱的校园节日等节庆活动梳理分类为:红心传统节日、红心现代节日、红心校园节日三类课程实施。

1. 红心传统节日。开展以传统节日为主题的系列活动,增强学生对民族传统节日的喜爱和对传统文化的认同,营造浓郁的教育氛围,提升校园文化。

表7-3 上海市秋萍学校红心传统节日活动安排

节庆	主题内容	活动
元旦	同伴巧手迎新年	剪贴窗花
春节	迎新年	写对联、贴年画,制作春节元宵小报
清明节	不忘历史祭英烈	主题队会,献花留言
端午节	端午安康	包粽子,制作端午小报
重阳节	尊师敬老月	重阳敬老活动,吟诵古诗,我为重阳留个言,登高,到社区参加时间银行慰老服务
中秋节	"向国旗敬礼"	小报制作评比,写中秋小诗

2. 红心现代节日。开展以现代节日为主题的课程,进行爱国主义教育、劳动教育、感恩教育等。激发学生热爱生活、热爱学习、热爱校园的情感,做个爱国守法的好公民。

表7-4 上海市秋萍学校红心现代节日活动安排

节庆	主题内容	活动
妇女节、植树节	尊重妇女、感恩母亲、植绿护绿	给妈妈的一封信、种一棵绿植活动等
劳动节	劳动月	分年级劳动教育
儿童节	快乐过六一	毕业季活动
教师节	尊师敬老月	教师节活动
国庆节	向国旗敬礼	小报制作评比,争当升旗手

3. 红心校园节日。校园节日庆祝活动是校园丰富多彩的文化生活的一部分，开展立足于校园节日活动为主题的课程，目的是为学生搭建自我展示的舞台，使学生感受校园文化，陶冶情操，增强班级的凝聚力。

举办"红心唱响新时代"——秋萍红歌艺术节。在建党百年之际，从百年党史中赓续精神血脉，在历史回眸中增强民族自信。年轻而富有朝气的秋萍学子唱响红歌，铭记党发展的艰辛历程，以饱满的热情，努力奋进，弘扬时代正能量，立志实现中国梦。

开展"清明祭英烈　春雨润红心"——缅英节活动。学校组织学生开展形式多样、内容丰富的红色教育活动，学生通过参观烈士陈列馆、祭扫烈士墓、缅怀革命先烈等铭记历史，致敬革命先烈，传承红色基因，懂得感恩，珍惜现在的幸福生活。同时，通过感受英雄精神，激发他们学习动力，为祖国的未来贡献自己的力量。

开展"争做劳动小红星"——劳动教育节活动。学校开展劳动教育活动，让学生动手实践、接受锻炼、磨炼意志，学习劳动技能，增强劳动意识，树立正确的劳动价值观和良好的劳动品质，与德育、智育、体育、美育相融合，促进学生形成正确的世界观、人生观、价值观。

"红心赤诚　热辣滚烫"——爱心义卖活动，让爱在秋萍传递。通过义卖筹款的形式，倡导互助互爱的精神，提升学生的实践能力，进一步促进校园精神文明建设，形成良好道德风尚。

开展"红心绘梦沐书香"——暑假阅读节活动。书籍是开启智慧之门的钥匙，是培养人文精神和科学素养的重要载体。为了深入贯彻素质教育的理念，激发师生的阅读热情，培养良好的阅读兴趣和习惯，丰富师生的精神世界，营造书香校园，学校举办读书节活动。通过阅读活动，弘扬中华优秀传统文化，传承红色基因，培养学生的爱国情怀，促进师生共同成长。

开展"润红心　筑军梦"——少年军校建设活动。通过少年军校建设，引导学生学习国防知识，厚植红色基因，牢固树立国家安全观，养成正确的行为规范、锻炼坚强的意志、训练良好的纪律，培养少年儿童爱党、爱国、爱军、爱团、爱队的思想。让少年军校成为国防教育的主阵地，有计划、有方向地进行国防教学，筑牢红色根基，成为能够担当民族复兴大任的时代新人。

开展"红心跃动悦健康"——体育节活动。随着学校成长教育理念的实施，学校以开展"阳光体育运动"课程出发,培养学生合作、自信、果断、公平竞争及团结协作等良好品质,发展学生个性,促进学生在身体、心理和社会适应能力等方面健康和谐地发展。学生积极地参与到体育活动之中,发扬拼搏和团结协作精神,感受体育的魅力。

开展"红心向未来"——科创节活动。以培养学生的创新精神和提高学生的科技素养为核心,通过开展科技创新活动,使学生进一步了解科学,热爱科学,激发对科学的兴趣,培养学生的研究精神、创新精神,提高学生的实践能力。进一步丰富学生的校园文化生活,深化学校的科创教育,为学生提供更多展现自我才华和提高自身科学素质的空间与平台。

五、做好"红心聚焦",落实专题教育活动

一段历史,一种精神,一个时代。依托学校的红色资源,开展红色教育、传承红色基因。秉承"爱国、尚德、求真、拼搏"的校训,不断守正创新,以培养"有梦、有能、有担当的自觉少年"为目标,以"红色基因、体育见长、科技创新"为主线,不断创新活动载体,丰富活动形式,找准工作切入点和着力点,打造秋萍学校特色活动品牌,引领少年儿童健康成长、全面发展。

通过活动熏陶、浸润式体验等将红色文化教育与学校各项工作紧密结合,课程模块以红色认知、红色情怀、红色意志和红色行为四大内容为主,以"探寻红色印记,传承红色基因,培养红色情怀"为主题,开展特色鲜明、形式多样的红色文化教育课程。

红色认知。通过英雄精神激励感化。开展"童声颂党恩"校园读书活动、"阅读红色经典"手抄报比赛、"秋萍精神我来讲——周大根宣讲员志愿者活动"、"唱支红歌给党听"班班有歌声等活动对全校师生进行深刻的爱党爱国教育。同时,组织学生前往红色主题馆、革命纪念馆、革命历史教育基地等场所,参观学习红色文化,学习先烈的英勇事迹。

红色情怀。通过日常活动固化。以提升学生敬畏生命的意识为出发点,将革命先烈的良好习惯注入学生日常行为规范,充分利用晨会、班会、国旗下讲话等途径有计划、有针对性地对学生进行爱国主义教育、诚信教育、感恩教育。在主题班会、团课中开展校本课程——《秋萍精神不朽》,向队员介绍周大根的生平事迹,让学生了解周大根、学习周大根坚定理想信念、用鲜血和生命践行誓言的革命精神。

将"传承红色精神"同主题教育"学思想"主线结合起来,引导学生坚定中国特色社会主义共同理想,坚定听党话、跟党走的政治信念。

红色意志。通过仪式活动、仪式教育启迪学生的心灵,为师生发展铺就精神底色。在日常教育教学中,学校举办入学礼、入队礼、十岁成长礼、毕业典礼等仪式活动传承红色基因,拓展仪式教育的内涵与外延,结合"清明节""儿童节""建党节""建军节""国庆节""一二九"等重大纪念节日,从节日、纪念日中挖掘红色教育元素,突出"听党话、跟党走"的核心,在全年教育活动中打造特色"红色节日"。

红色行动。通过社会实践强化。以提升学生勇于担当的责任品格为落脚点,强化社会实践,组织以少先队为主体的小小志愿者下社区、学生社团进部队、寻访红色足迹、班级义务劳动等社会服务活动。分学段精心设计"社会实践活动任务卡",有序开展以"红色传承"为主题的实践活动。同时,作为民族精神教育基地,学校加大资源整合力度,将学校周大根烈士陈列室打造为教育学生热爱祖国、缅怀英雄的重要场所。学校成立红领巾宣讲团,一是面向来校参观的校外团队学习进行讲解,二是面向本校队员进行宣讲,抓实理想信念教育,在秋萍学子心中埋下爱党爱国的种子。坚定"为党育人、为国育才"的初心使命,赓续红色血脉,做积极传播者。纸上得来终觉浅,绝知此事要躬行。学校结合寒暑假做精"研学游",定制红色之旅,平时开展红色寻访实践,如"红色精神永相传,重阳敬老心赓续""走进周大根,传承革命精神"等传承红色文化主题活动,组织师生进行红色教育研学,重温党所走过的百年壮阔历程,弘扬和传承红色革命精神。

六、创意"红心探究",实施项目学习课程

学校的"红心探究"旨在探索学习方式的革新,力求通过实施项目化学习来深化教育教学改革,以此促进学生创新思维和创新能力的发展。该课程依托具体项目,让学生在真实情境下进行深入研究和体验,从而不断学习新知识,探究未知世界,达到提升核心素养的目标。此外,跨学科教研组的联合研讨则为项目的创设提供有力支持。为确保项目的有效实施,学校的"红心探究"主要包含内容、活动、情境和结果四个要素。

一是内容。"红心探究"依据现实生活中的实际问题,结合学生的兴趣和需求,设计以"问题解决能力"为核心培养目标的学习内容。

二是活动。"红心探究"活动旨在解决生活中的实际问题。我们搭建了小组探

究学习框架,鼓励学生通过合作,在"做中学",从而积累经验并培养终身成长观。

三是情境。"红心探究"倡导真实情境的营造,为实现问题的有效解决来营造探究学习的情境,如物质实体环境或者信息技术虚拟环境,丰富学生的综合体验。

四是结果。"红心探究"注重学生能力的培养,鼓励学生结合实践分享并展示学习经历,以此培养他们的各项技能,最终促成能力的全面提升。

在具体实施过程中,学校的"红心探究"主要包含规划、执行、监控和评估阶段。

一是规划。首先明确项目的核心目标和期望达成的成果,清晰地界定项目的范畴与边界。同时,对项目在技术实施、资源配置、经济效益等方面进行全面的可行性评估。基于这些分析,我们会制定出一套详尽的时间推进表、资源调配计划和保障机制,以确保项目的顺利进行。

二是执行。我们注重资源的合理分配,确保项目所需的人员、教具以及各类设备都能得到妥善安排。学校严格按照时间表,有序推进各项任务与活动,并持续监控项目的实施状态。此外,我们强调团队成员之间的沟通与协作,以及与相关利益方的信息共享,确保项目的透明度和效率。

三是监控。我们定期审核项目的进展情况,对照计划检查是否存在偏差,以便及时调整。坚持高质量的项目管理标准,确保每一阶段的成果都符合预期的质量要求。同时,保持高度的风险意识,关注项目中的潜在风险,并制定相应的应对策略。

四是评估。我们对项目的整体成果进行全面的评估,以确保目标的顺利达成。此外,我们会深刻总结项目实施过程中的经验与教训,为未来的项目提供宝贵的参考。为了满足项目的后续需求,我们还会提供必要的维护与支持服务,确保项目的持续性和稳定性。

通过以上四个步骤的有序推进,我们希望切实提升学生的创新能力和问题解决能力。

总之,"红心探究"项目作为学校统筹实施"润红心课程"的重要途径,致力于实现教育方式的创新,为学生提供更多的实践和探索机会,从而促进学生核心素养的提升。

七、创建"红心军校",传承红色基因

"红心军校"即军事特色创建活动,学校赓续红色传统,创建"少年军校"特色育

人平台,通过编制军事特色课程,开展军事主题活动,将军事特色创建融入学校教育,提升学生的综合素质。

开展红色教育特色活动。作为民族精神教育基地,校内建有周大根烈士事迹陈列室,是教育少先队员热爱祖国、缅怀英雄的重要场所。学校通过党带团、团带队的形式,成立中队辅导员团员志愿者队伍以及少先队员红领巾宣讲团。队员们向校内外队员、团队进行讲解,赓续红色血脉,做积极的传播者。结合红色活动基地,队员们自主设置了红色示范员、红色守护者、红色考察员、红色监督员等服务岗位,并逐渐走向自主管理和工作的自动化模式。例如,队员们自发组织开展“一讲、二唱、三画、四做、五传”活动,以周大根红色阵地为圆心、队员活动为半径,共绘“红色”同心圆。还特聘校外辅导员周大根之孙周亚南爷爷,和队员们一起讲解、观摩,参与到传承活动中来。在重阳节当天,队员们来到周大根的儿子周到老战士家中,感受白首不忘初心的精神和老一辈的革命奋斗精神,更加理解了传承与发展的重要性。

编制校本“军校”课程,提升育人水平。确定“少年军校”校本课程的目标和内容,在“五育并举”的理念下,将学科学习与德育进行有效融合;落实“少年军校”校本课程的编制与实施,结合“少年军校”活动进一步提升校本课程的价值。

拓展活动基地,开展“军创”活动。依据“五育”并举理念以及学校目标厘定育人主题,从学校育人的全局着眼,搭建“少年军校”活动基地的育人框架,组织基地育人活动,适时安排各年龄段学生活动。

八、创意“红心工坊”,培育实践创新精神

为培养学生的科学素养,学校建设了各类科技特色设施,包含一系列激发学生科技兴趣和创新思维的活动。这不仅是知识的探索与实践,更是青春的激情与创新思维的碰撞,不仅锻炼学生的动手能力、观察能力和想象力,还培养了学生的耐心和毅力,让学生在享受艺术创作的过程中,不断提升自己的综合素质,为师生提供了良好的科技创新实践平台,营造了浓厚的科技氛围。

“红心工坊”在基础课程中落实科创教育,同时组织开展丰富多彩的科创活动,包括科技节、科普讲座、科普展览、科技社团、科技竞赛等,以激发学生的创新精神和实践能力,为国家培养科技创新后备人才。“红心工坊”主要围绕以下几个方面开展。

首先,营造科创特色氛围。持续推进校园科技空间的打造,建设各类科技特色设施,如创客实验区、科技展厅、科技馆,创新实验室等,为师生提供良好的科技创新实践平台。大力普及宣传科技知识,设立科普专栏、科普墙贴、科学家雕像等,营造浓厚的科技特色氛围。

其次,在基础课程中落实科创教育。基于综合考虑,主要选择劳动技术、自然,信息技术、生命科学,科学等课程作为科技创新教育的课程载体,在日常教学中落实科创教育。这些课程与科技创新教育契合度较高,有更多可以投入并使用的资源和自主设计的课时。

再次,举办学校科技节活动。根据学校课程计划,结合学校自身特点,每年四、五月份,组织开展丰富多彩的科技节活动,激发广大学生爱科学、讲科学、用科学的热情,培养学生的创新精神和实践能力,推进学校素质教育的深入开展,促进学生科学素养的全面提升。

同时,举办科技竞赛活动。学校通过丰富的科技类社团,培养学生的综合能力和科创思维,全面提升学生的科技理论知识储备和解决实际问题的能力。共开设8门科技类社团:DI知识储备创新思维社团、人工智能社、小鼠标电脑社、空中竞技社、趣味科学社、科技之光社、智能科技社、电动机能车社,并积极组织学生参与各级各类科创比赛,开阔学生眼界,培养合作意识和团队精神。

最后,举办科普展览及讲座。学校充分利用各类社会资源积极举办各类科普展览、讲座。如承办南汇新城镇"全国科普日"启动仪式,和上海科技馆合作科技进校园活动等,激发学生亲近科学、运用科学的意愿,以及探究科技、探索未来的浓厚兴趣。

第五节　守护每个生命的成长之路

一、价值引领

"红心课程"秉承"给予每一个生命积极向上的力量"的课程理念,通过建设"润红心"多元育人课程,为学生搭建可供学习、体验、实践的多种成长平台,最终实现培养"有赤诚之心、有创新之能、有盎然之趣、有强健之体的自觉少年"的育人目标。

二、组织建设

学习成立以校长为组长,各科室领导、学科骨干教师为组员的课程领导小组。

课程领导小组既是组织领导者,又是课程建设的实施者和引路人。通过带头学习先进理念、定期召开课程建设研讨会,交流课程研发实施心得,并成立开发小组和评价小组。

各处积极帮助教师制订教学计划,负责协调安排和组织指导教学的执行。学校聘请专家到校开设课程理论与实践问题培训,指导学校工作,学校相关领导、骨干教师参加课程建设的培训。

三、制度建设

为保障学校课程扎实有效地实施,在"润红心课程"的研发与实施过程中,建立健全以下基本制度。

1. 审议制度。教师提出课程申请,向课程领导小组提交课程方案。学校课程领导小组对其可行性进行评议并作出回复。

2. 考核制度。将教师参与课程开发和实施的水平作为学校绩效考核内容之一,并与绩效工资挂钩。制定课程评价制度,包含对课程的过程性和终结性评价。

3. 课程成果展示制度。每学年开展一次学生课程成果展示活动,展示学生在课程中的收获、体验和成长。

4. 最受欢迎的课程(社团)评选制度。从课程方案评审、教师指导过程记录表、学生成果展示效果、反思总结等指标入手,对课程一学年的开展情况进行整体评价。

四、课程评价

随着时代的快速发展和教育理念的不断更新,我们越来越认识到,教育的核心不仅仅是传授知识,更重要的是培养学生的综合素质和自主发展能力。为此,学校特别推出了"润红心"课程,旨在通过全方位的教育引导,帮助学生成长为"有赤诚之心、有创新之能、有盎然之趣、有强健之体的自觉少年",为了更好地实施这一课程,我们制定了科学有效的评价方案。

(一) 评价原则

全面性原则:评价内容涵盖学生的德、智、体、美、劳等多方面,确保评价的全面性和综合性。

过程性原则:重视学生在学习过程中的表现和努力,而非仅仅关注结果。

发展性原则:评价着眼于学生的进步和成长,而非仅仅停留在当前水平。

激励性原则:通过评价激发学生的内在动力,鼓励学生不断进步和超越自我。

(二)评价思路

跳出将评价窄化为分数评价的窠臼,强化学习评价对学生的积极引导功能,更加注重以学生为中心,尊重他们的差异性和多样性。

1. 创新多维评价目标

创新多维评价目标体系,摆脱传统评价中重智育、轻他育的局限,协调整体评价与个体评价之间的关系。一方面,以五育并举为目标,以学生综合素质评价为导向,充分融入德育、智育、美育、体育及劳动教育等多元内容,帮助学生全面发展。另一方面,以促进发展为目标,充分考虑学生个性,采用差异化的评价标准并设立加分项,如鼓励学生用健康行为的高分来弥补运动能力的不足。在此基础上改革教学,力求既减轻学生负担又发展学生素养。善用综合评价结果,发掘学生的潜能,增加学生的收获感,促进他们全面且有个性地成长。

2. 创新多维评价主体

创新多维评价主体,解决传统评价中以教学为基础、教师为主体的不足,积极完善更加客观、全面的评价机制。以服务学生成长为核心,从学生的学业水平、文明行为、体质健康、品德修养、生活能力等多维度出发,综合参考社会、教师、家长、同伴、自我的多维评价,同时开展诊断性评价、过程性评价和成长性评价,逐步构建起完整覆盖、动态智慧、客观翔实的评价模型,充分激发、调动教师和学生的成长活力,体现教育评价的人文关怀。

3. 创新多维评价方式

创新多维评价方式,突破传统评价过分倚重定量评价而造成的僵化、表面化的局限,将定性和定量相结合,书面与口头相结合,课堂内、外相结合,结果与过程相结合。提倡用多角度、多元化的方式进行教学评价。为了更全面地了解学生的思维过程和成长过程,我们采用作业分析、成长记录、课堂观察、活动参与、情境测试等多样化的定性分析方法,对学生的学习成果、合作沟通能力、学习态度、价值观等作出合理评价。

(三)评价方式与方法

日常观察:教师、家长和同学通过日常观察,记录学生在各方面的表现和进步。

作品展示:学生定期展示自己的学习成果和实践作品,接受教师、家长和同学的评价。

实践活动:组织学生参与各种实践活动,通过实际表现评价学生的能力和素质。

自我评价:引导学生进行自我反思和评价,培养学生的自我认知和自我管理能力。

(四) 实施步骤与保障措施

加强宣传培训:对教师、家长和学生进行宣传和培训,确保他们了解并认同本评价方案。

建立档案袋:为每个学生建立成长档案袋,记录学生的成长过程和进步。

定期总结反馈:定期对评价结果进行总结和反馈,及时调整和改进评价方案。

定期评估与修订:评价方案在实施过程中不断接受实践的检验和修正。学校定期组织专家、教师、家长和学生代表对方案进行评估,根据反馈意见及时进行修订和完善。

与时俱进的发展:随着教育理念的不断更新和社会的发展变化,本评价方案将保持与时俱进的发展态势,不断吸收新的教育理念和评价方法,确保评价工作的科学性和有效性。

"润红心"课程的评价是学校在全面育人理念指导下的一次重要尝试,我们希望通过这一方案的实施,引导学生树立正确的价值观,提升学生的综合素质和能力,培养学生的社会责任感和担当精神。同时,我们也期待这一方案能够在实践中不断完善,为学生的全面发展提供更加科学有效的评价支持。

(撰稿人:上海市秋萍学校　唐广贤　刘瑞云　赵文波　陈琰)

后 记

上海临港新片区作为中国(上海)自由贸易试验区的重要组成部分,其战略意义不言而喻。2023年6月,上海市浦东教育发展研究院临港分院正式揭牌,一批实验基地被授牌,标志着临港教育将开启新篇章。

随着《义务教育课程方案与各学科课程标准(2022年版)》的发布,我国中小学将进一步深化课程改革。2022年,本人的《问题导向的初中学校APPR课程模式的建构与实践》课题获得上海市基础教育教学成果奖,我们利用新课程的推广,以浦东新区名校长基地校和浦东教育发展研究院临港分院实验基地校为核心,结合"强校工程"等项目,建立了一个由涵盖高中、初中、小学、幼儿园四个学段的14所不同类型的学校(幼儿园)组成的项目攻坚小组。一年内,我们将原有的初中教师和学生问卷改编为适用于高中、初中、小学、幼儿园的四套问卷,通过整合数据,我们对每所学校(幼儿园)进行了情境分析,并在此基础上根据各校(园)的特色和需求制定了各自的课程规划与实施细则,形成了《"一校一策"课程规划》与《"一校一策"课程实施》两本书。

在整个实践过程中,我要特别感谢上海市教育科学研究院普通教育研究所杨四耕老师给予的全程指导。同时,也要对以下14所学校(幼儿园)的各级领导及师生表达深深的谢意:上海中学东校、上海市泥城中学、上海市临港第一中学、上海市书院中学、上海市浦东新区懿德中学、上海市秋萍学校、上海市三墩学校、上海市浦东新区建平临港小学、上海师范大学附属浦东临港小学、上海市浦东新区冰厂田滴水湖幼儿园、上海市临港新城海音幼儿园、上海市浦东新区方竹幼儿园、上海市浦东新区潮和幼儿园、上海市浦东新区万祥幼儿园。

刘玉华

2024年8月